Relações Internacionais 15
direção de
Rafael Duarte Villa

RELAÇÕES INTERNACIONAIS

TÍTULOS PUBLICADOS

A Antártida no Sistema Internacional, Rafael Duarte Villa
Panorama Brasileiro de Paz e Segurança, Clóvis Brigagão & Domício Proença Jr. (orgs.)
Paz & Terrorismo, Clóvis Brigagão & Domício Proença Jr. (orgs.)
Os Excluídos da Arca de Noé, Argemiro Procópio (org.)
Ensaios Latino-Americanos de Política Internacional, Rafael Duarte Villa & Suzeley Kalil (orgs.)
A Política Externa da Primeira República e os Estados Unidos: a Atuação de Joaquim Nabuco em Washington (1905-1910), Paulo José dos Reis Pereira
Políticas de Imigração na França e nos Estados Unidos (1980-1998), Rossana Rocha Reis
Movimento Cocaleiro na Bolívia, Vivian Urquidi
¿Obligación de Proteger o Caballo de Troya?, Miryam de Souza Minayo
Estados Unidos e Israel: uma Aliança em Questão, Samuel Feldberg
Clássicos das Relações Internacionais, Marcelo de Almeida Medeiros, Rafael Duarte Villa, Marcos Costa Lima & Rossana Rocha Reis
Segurança Internacional. Práticas, Tendências e Conceitos, Marco Cepik (ed.)
Democracia e Política Externa de Direitos Humanos. México, 1988-2006, Bruno Boti Bernardi
A Dimensão Internacional do Conflito Armado Boliviano. A Internacionalização dos Processos de Paz Segundo as Agendas Hemisférica e Global, Manuela Trindade Viana
Vozes do Sul e Agenda Global: África do Sul, Brasil e Índia, Monica Hirst, Maria Regina Soares de Lima, Marco Antonio Vieira

vozes do sul e agenda global
áfrica do sul, brasil e índia

MONICA HIRST
MARIA REGINA SOARES DE LIMA
MARCO ANTONIO VIEIRA
organizadores

vozes do sul e agenda global
áfrica do sul, brasil e índia

HUCITEC EDITORA
São Paulo, 2012

© 2012, da organização, de
Monica Hirst
Maria Regina Soares de Lima
Marco Antonio Vieira.

© desta edição da
Hucitec Editora
Rua Gulnar, 23 – 05796-050 São Paulo, Brasil
Telefone (55 11 5093-0856)
www.huciteceditora.com.br
lerereler@huciteceditora.com.br

Depósito Legal efetuado.

Coordenação editorial
MARIANA NADA

Assessoria editorial
MARIANGELA GIANNELLA

Circulação
SOLANGE ELSTER

IESP
INSTITUTO DE ESTUDOS SOCIAIS E POLÍTICOS

Ficha catalográfica elaborada por
Mônica Nascimento – CRB 8.ª/7015

V949 Vozes do Sul e agenda global: África do Sul, Brasil e Índia / Monica Hirst, Maria Regina Soares de Lima e Marco Antonio Vieira (orgs.) – São Paulo: Hucitec, 2012.
316p. (Coleção Relações Internacionais; n. 15)

1. Ciência política. 2. Relações internacionais. 3. Cooperação internacional. I. Hirst, Monica. II. Lima, Maria Regina Soares de. III. Vieira, Marco Antonio. Título. V. Série.

CDD – 320
– 327
– 327.1

ISBN 978-85-64806-07-8

Índices para Catálogo Sistemático

1. Ciência política – 320
2. Relações internacionais – 327
3. Cooperação internacional – 327.1

SUMÁRIO

	PÁG.

OS DESAFIOS INTERNACIONAIS E DOMÉSTICOS DA COOPERAÇÃO SUL-SUL. 9
Monica Hirst, Maria Regina Soares de Lima & Marco Antonio Vieira

ÍNDIA, BRASIL E ÁFRICA DO SUL (IBAS) NA NOVA ORDEM GLOBAL: INTERESSES, ESTRATÉGIAS E VALORES DA COALIZÃO DE EMERGENTES 27
Daniel Flemes

ÍNDIA, BRASIL E ÁFRICA DO SUL (IBAS): COOPERAÇÃO SUL-SUL E O PARADOXO DA LIDERANÇA REGIONAL . 60
Marco Antonio Vieira & Chris Alden

A POLÍTICA EXTERNA PÓS-APARTHEID DA ÁFRICA DO SUL: O PASSADO COMO PRÓLOGO? . . . 90
Garth Le Pere

COMPARANDO A EMERGÊNCIA DO BRASIL E DA ÁFRICA DO SUL COMO POTÊNCIAS MÉDIAS . . . 124
Janis van der Westhuizen

CONEXÃO ENTRE O DOMÉSTICO E O INTERNACIONAL: INTERESSES E ESTRATÉGIAS DO BRASIL E DA ÍNDIA NA CONSTRUÇÃO DO G-20 147
Taiane Las Casas Campos

IBAS E QUESTÕES GLOBAIS: POTÊNCIAS EMERGENTES E O FUTURO DO REGIME DA MUDANÇA CLIMÁTICA GLOBAL 193
ROMY CHEVALLIER

MUDANÇA CLIMÁTICA E A POSIÇÃO DA ÍNDIA NAS NEGOCIAÇÕES 232
UTTAM KUMAR SINHA

OS ANTECEDENTES POLÍTICOS, ESTRATÉGICOS E ECONÔMICOS DO FÓRUM IBAS: UM EXAME DO PAPEL DO HIV/AIDS NESTA COALIZÃO 252
ADRIANA MESQUITA CORRÊA BUENO

A ARTICULAÇÃO DOMÉSTICA DA BUROCRACIA BRASILEIRA PARA A IMPLEMENTAÇÃO DAS AÇÕES POLÍTICAS DO FÓRUM IBAS 284
JOANA LAURA MARINHO NOGUEIRA

SOBRE OS AUTORES 313

OS DESAFIOS INTERNACIONAIS E DOMÉSTICOS DA COOPERAÇÃO SUL-SUL

Monica Hirst
Maria Regina Soares de Lima
Marco Antonio Vieira

OS TEXTOS REUNIDOS NESTE LIVRO CORRESPONDEM às versões definitivas dos trabalhos apresentados no seminário internacional "Novos Caminhos no Sul? Uma Avaliação da Importância e das Consequências do Fórum de Diálogo Índia-Brasil-África do Sul (IBAS) para as Relações Internacionais", realizado em junho de 2009 na sede do antigo IUPERJ, hoje IESP-UERJ, no âmbito do Programa de Apoio à Pesquisa sobre Países Intermediários, apoiado pela Fundação Ford. Nesse encontro, um grupo de acadêmicos brasileiros, da África do Sul e da Índia debateu um leque de temas, de natureza abrangente e específica, relacionados à criação e funcionamento da iniciativa IBAS, com o objetivo de compreender as implicações de médio e longo prazos deste empreendimento. Além da preocupação em identificar as motivações das políticas externas de cada um dos três países participantes, que levaram à constituição do grupo em 2003, foram abordadas áreas temáticas pontuais nas quais a articulação de interesse e as posições políticas encontram graus diferenciados de convergências e discretas discrepâncias.

A realização desse evento e a publicação de seus resultados no Brasil contribuem para aprofundar o acompanhamento crítico de nossa sociedade do processo IBAS, seja no âmbito acadêmico, seja com relação ao público interessado em geral. O seminário também buscou estabelecer pontes analíticas entre o pensamento do governo, a consequente ação diplomática dos três países, e a produção acadêmica na área de Relações Internacionais. Nesse sentido, a participação no evento dos embaixadores da África do Sul e da Índia no Brasil, como também de representantes diplomáticos brasileiros que tratam diretamente do fórum trilateral, permitiu um debate aberto e construtivo sobre a importância econômica e estratégica, como também das implicações normativas, presentes no fortalecimento da solidariedade Sul-Sul por meio da parceria IBAS. Os trabalhos apresentados no seminário, e agora publicados nesse volume, incorporam elementos desse debate, o que os tornam particularmente importantes, em termos da atualidade de suas contribuições teóricas e empíricas para o estudo não apenas do projeto IBAS mas também dos novos modelos de cooperação Sul-Sul que se apresentam no contexto da política mundial contemporânea.

De uma perspectiva mais geral, a Iniciativa IBAS pode ser concebida a partir de duas dimensões relevantes na compreensão dos processos de transformação em curso na política internacional contemporânea. Em primeiro lugar, pelo ângulo do fenômeno da difusão de poder mundial, cuja face mais expressiva é a ascensão da China no plano global, mas que aponta também para um movimento mais geral de crescente nivelamento, em termos de capacidade de influência política, de vários países em desenvolvimento, aí incluídos África do Sul, Brasil e Índia. Dessa perspectiva, importa avaliar, por exemplo, como esse processo de mobilidade internacional impacta sobre as estruturas de governança global e os vários regimes internacionais. Essas preocupações estão presentes no debate contemporâneo não apenas entre os "emergentes", como têm sido denominados na literatura atual, sem muita preocupação com os necessários refinamentos conceituais, como nos países do Atlântico Norte.

Duas grandes narrativas com implicações opostas emergem desse debate. Por um lado, a que tem por base a dimensão do poder e que enfatiza o processo de transferência do poder e da riqueza do Norte e do Ocidente para o Oriente — em especial para a região da Ásia-Pacífico — e o Sul. Dessa perspectiva, a antiga ordem dominada pelos EUA e União Europeia estaria dando lugar a uma outra, de formato incerto, mas dominada pelos países emergentes e não ocidentais. Sem entrar no mérito desta leitura, importa destacar quais as implicações que dela se seguem. A mais relevante é que esse processo de desconcentração geraria maior instabilidade internacional, uma vez que os "emergentes" seriam Estados revisionistas, anti-*statu quo*.[1] Uma outra leitura, ao contrário, enfatiza a interdependência econômica, com a globalização do capitalismo, e da segurança, consequência do surgimento de novas ameaças transnacionais que não respeitam as fronteiras nacionais, como por exemplo, as epidemias, o narcotráfico, os tráficos ilícitos, o terrorismo internacional, a mudança climática, a proliferação de armas, as migrações em massa oriundas de Estados em processo de falência institucional. Para esta leitura, a complexa interdependência entre os Estados levaria ao aumento da demanda por cooperação em formatos multilaterais renovados. Os países "emergentes" teriam muito a ganhar com as características da "ordem mundial liberal", aberta e baseada em regras, ordem que é também suficientemente flexível para acomodar os novos aspirantes. Nessa leitura, os emergentes não necessariamente ameaçam a estabilidade internacional, pois não buscam a mudança da ordem, mas a sua reforma para ganhar nela mais autoridade e *status*.[2]

Novamente não se quer aqui iniciar uma discussão crítica das duas narrativas dominantes na literatura corrente, mas salientar suas implicações absolutamente opostas e, em alguns casos, impregnadas de forte normatividade e com base no que se quer como resultado preferido.[3] Assim sendo, cremos que este volume, em especial os capítulos que analisam a posição negociadoras dos países IBAS nos

---

[1] Para uma análise que sugere a prevalência de estratégias revisionistas dos principais emergentes, China e Índia, ver Narlinkar (2010).

[2] O melhor representante da leitura institucionalista liberal das consequências da difusão de poder é John Ikenberry (2011).

[3] Outras leituras sobre o processo de transformação em curso também podem ser agregadas ao debate como, por exemplo, a perspectiva neomarxista do sistema mundo e a recriação da relação centro e periferia; bem como leituras construtivistas que enfatizam os elementos de identidade e solidariedade entre os países do Sul na atualidade e a importância do legado das experiências passada de coordenação internacional do Terceiro Mundo, denominação que no período da Guerra Fria distinguia os países em desenvolvimento dos países capitalistas avançados e dos socialistas. Para um mapeamento crítico das diversas leituras teóricas usadas para entender as mudanças na configuração de poder e o impacto normativo das potências emergentes, ver Vieira (2012).

regimes de comércio e de mudanças climáticas, tem muito a oferecer de subsídio empírico para a postura negociadora desses três "emergentes" acrescentando nuances e maior complexidade ao debate contemporâneo sobre o processo de difusão de poder em curso na política internacional.

Uma outra dimensão considerada no estudo das transformações do "Sul Global" enfatiza a crescente densidade e diversidade das relações entre os países do Sul, uma consequência da crescente assimetria entre eles e maior heterogeneidade desse conjunto de países. O tema das relações Sul-Sul admite pelo menos duas variações empíricas. Por um lado, a formação de coalizões entre alguns dos países emergentes para as negociações em fóruns de governança global. Essa variante é uma atualização da aliança terceiro-mundista dos anos 60 e 70, cujo exemplar mais significativo foi o Grupo dos 77 em que a principal demanda era a reforma da ordem liberal com base em um princípio de justiça distributiva de que era injusto tratar desiguais como iguais. Na atualidade, as coalizões dos países do Sul têm assumido formato variado, atuam muitas vezes com posturas demandantes, com base em interesses concretos e não princípios gerais, como no caso da liberalização do comércio agrícola e exibem graus variados de coesão o que as diferenciam relativamente às experiências passadas. Exemplos dessas coalizões são o G-20 no comércio, o BASIC na discussão do aquecimento global, o BRICS, em particular no âmbito do G-20 financeiro e a iniciativa IBAS, por exemplo. Também observamos a expansão de posições coordenadas entre os poderes médios em contextos de decisões políticas de alto nível, especialmente no Conselho de Segurança da ONU.

A outra variante das relações entre países do Sul constitui uma novidade nesse relacionamento, qual seja a sua participação no amplo universo da assim chamada cooperação para o desenvolvimento em que alguns países do Sul aparecem como doadores relevantes em suas respectivas regiões e fora dela, incluindo além da ajuda ao desenvolvimento também a ajuda humanitária. São diversas as temáticas tratadas neste universo da cooperação Sul-Sul tais como os distintos padrões de ajuda entre os países doadores, as áreas geográficas privilegiadas, o desenho institucional da cooperação e o papel das burocracias domésticas diretamente ligadas às temáticas da ajuda externa, além de questões relacionadas às dimensões normativas da própria cooperação.

Ainda que este livro não aprofunde a temática da cooperação para o desenvolvimento entre países do Sul, seu foco na iniciativa IBAS ilumina aspectos relevantes das duas modalidades de relações Sul-Sul, uma vez que a iniciativa IBAS agrega em um mesmo arranjo cooperativo estas duas variantes da cooperação. A coordenação política de posições comuns no plano internacional foi uma motivação importante para a constituição do Fórum IBAS em 2003. Entre elas, a demanda pela reforma do Sistema das Nações Unidas, em especial do Conselho de Segurança na direção da ampliação do número de membros permanentes. A mesma coordenação de posições comuns presidiu a formação do G-20 na Rodada de Doha, no âmbito da Organização Mundial do Comércio. Ademais, as inúmeras iniciativas de cooperação, em temas de políticas públicas diversificadas, são uma indicação de que a iniciativa IBAS foi concebida para transcender o nível das chancelarias, articulando as respectivas burocracias, representantes dos setores privados e da sociedade civil. Tal configuração tende a criar potencialmente maior possibilidade de institucionalização deste arranjo cooperativo, ao contrário da formação de coalizões negociadoras *ad hoc,* sujeitas ao risco da instabilidade e perda de coesão. Por outro lado, a iniciativa IBAS também opera no plano da cooperação para o desenvolvimento com a constituição do Fundo IBAS de Combate à Fome e à Pobreza em 2004, sob a administração do PNUD, no estabelecimento de um arranjo trilateral destinando fundos específicos para projetos reservados a países de menor desenvolvimento relativo como Guiné-Bissau e Haiti por exemplo. A experiência do IBAS exemplifica uma vantagem comparativa da cooperação para o desenvolvimento quando envolve apenas os países do Sul, qual seja o conhecimento comum compartilhado entre doadores e receptores, o que não ocorre na cooperação Norte-Sul que não detém o mesmo conhecimento contextualizado com respeito aos recipientes no Sul.

Dessa forma, o livro apresenta evidências empíricas e pistas para investigações futuras seja com relação ao amplo debate sobre as consequências sistêmicas da difusão de poder internacional, seja no que diz respeito às variantes da cooperação Sul-Sul. Nesse sentido, aponta para os alcances e limites enfrentados pela coalizão IBAS nos fóruns de governança global e nos processos de negociação internacional, bem como em seu novo protagonismo na cooperação para o desenvolvimento.

De uma perspectiva mais específica relacionada à nossa política externa, é de extrema pertinência vincular a presença do Brasil nesta coalizão ao desenho de sua política externa, especialmente levando em conta as prioridades estabelecidas durante o governo Lula e que foram renovadas na administração de Dilma Rousseff. A novidade da política externa implementada a partir do início dos anos 2000 foi a definição de um modelo de ação internacional que combinava três vertentes legitimadoras principais:[4]

1. Em primeiro lugar, o resgate de aspectos tradicionais da identidade internacional do Brasil, no que diz respeito a uma posição independente e não alinhada, voltada ao desenvolvimento econômico e à afirmação soberana do país no sistema internacional.

2. Em segundo, a articulação dessa visão tradicional a uma diplomacia presidencial que associava desafios domésticos de desenvolvimento humano, e a trajetória pessoal do presidente Lula, com padrões históricos de desigualdade global principalmente no que concerne às relações centro e periferia. Nesse sentido, o carisma de Lula e o apelo de sua associação com as classes trabalhadoras do mundo em desenvolvimento, foram fontes importantes de poder brando durante o seu mandato. Esse legado da política externa do governo Lula, vinculando a questão da inclusão social à agenda internacional do desenvolvimento, foi reafirmado no governo atual que aprofundou as políticas sociais de eliminação da pobreza absoluta, bem como o compromisso com a cooperação com os países do Sul.

---

[4] Para a análise e avaliação do legado da política externa do governo Lula ver Hirst, Lima & Pinheiro (2010).

3. Por último, o Itamaraty promoveu a efetiva institucionalização dos dois aspectos acima mencionados a partir da sua incorporação a modelos de ação multilateral inovadores estabelecidos por via de parcerias com países-chave do Sul. O IBAS representa precisamente a tentativa de coordenação diplomática em áreas específicas da governança global pautada pelas semelhanças nas identidades externas e desafios domésticos dos três países da parceria. Esses modelos diferem fundamentalmente dos grandes grupos do passado como o movimento Não Alinhado e G-77 que, apesar da legitimidade moral/normativa do movimento terceiro-mundista, não dispunham de efetiva coordenação programática e poder econômico/político para efetivamente alterar padrões de desigualdade entre o centro e a periferia das relações internacionais.

A temática da difusão do poder e suas consequências para os países que integram a Iniciativa IBAS são examinadas nos capítulos iniciais do livro, que analisam as posições dos três países em questões globais, bem como suas respectivas inserções regionais. Para Daniel Flemes, cujo texto enfatiza a dimensão global da iniciativa, a atuação do grupo não se dá necessariamente com o intuito de transformar a ordem internacional de forma que favoreça o mundo em desenvolvimento. Seu capítulo enfoca três temas: os valores e as ideias que informam o discurso internacional do IBAS; as estratégias de política externa de seus membros; e o universo da cooperação setorial — em temas como saúde, transporte, segurança energética e comércio. Nos três casos, o autor adota uma postura crítica; aponta para a ambiguidade do discurso dos países IBAS e sua identidade híbrida que se apresenta como representando o mundo em desenvolvimento e, simultaneamente, aspira tornar-se membro do clube das potências. Talvez se possa acrescentar que essa ambivalência é constitutiva destes países e não simplesmente uma estratégia discursiva. Por outro lado, o texto valoriza os arranjos bilaterais paralelos entre eles como um aporte e novidade nas relações entre potências médias. Também reconhece uma relativa capacidade de agregação de poder do IBAS em âmbitos multilaterais, destacando as agendas controvertidas na governança global nas quais o grupo ocupa lugar de liderança em iniciativas tais como o G-3 e o G-21. Flemes insiste nos desafios desse grupo ao lidar simultaneamente com as assimetrias do sistema internacional e com os movimentos de transformação em curso e questiona a real diferença entre as aspirações e os comportamentos de seus membros.

O autor expressa suas dúvidas com relação ao sentido genuíno da representação de um coletivo do Sul por parte do IBAS e, simultaneamente, de sua capacidade de promover uma real redistribuição de poder. É nessa linha de argumentação que sugere como comportamento dominante dos países IBAS a assim denominada estratégia de "equilíbrio brando"[5] uma espécie de "plano B", ou melhor, um jogo de "segunda divisão"; uma atuação que não pretende competir mas conter os excessos do exercício de poder dos que dominam a cena mundial e simultaneamente contribui para ampliar sua capacidade de influenciar a agenda global. Contudo, esta capacidade potencial poderia ser minada pelas diferenças intra-IBAS fundadas nos interesses nacionais de cada um, tanto em temas de comércio, como de segurança. Estas especificidades, entretanto, não impedem um conjunto de coincidências entre os três como as que foram manifestadas em relação à guerra no Líbano e à questão palestina, além de programas conjuntos no setor de defesa, e complementaridades setoriais nas áreas de serviços, indústria, tecnologia e comércio. Ainda que o texto aponte para sérios desafios e mesmo para alguns limites da Iniciativa IBAS reconhece, porém, que essa aliança do Sul inspirou uma mudança no caráter do multilateralismo e nos seus padrões de procedimento.

Já o capítulo de Marco Antonio Vieira & Chris Alden realiza uma avaliação do desempenho do IBAS a partir de sua faceta inter-regional, chamando atenção para o desnível entre os resultados do grupo em arenas multilaterais globais e a capacidade de liderança de cada um de seus membros em seus respectivos contextos geográficos. De acordo com os autores, esta constitui uma deficiência compartilhada pelos membros da coalizão trilateral que afeta a sua legi-

---

[5] Tradução da expressão *soft balancing*, estratégia apontada pela literatura especializada para designar uma forma de contenção das potências sem o uso da coerção e força militar.

timidade, especialmente diante das expectativas criadas pelas grandes potências. Este capítulo abre caminho para uma visão comparativa da relação dos três países IBAS em suas respectivas áreas de influência. Nessa matéria, o caso mais espinhoso seria o da Índia, em função da conflitiva agenda que mantém com todos os seus vizinhos. Enquanto a América do Sul e o Sul da África poderiam ser consideradas como formando uma comunidade de segurança, o Sul da Ásia deve ser identificado como um complexo de segurança. Por outro lado, essa diferença explica a atração exercida pela Índia como parceiro estratégico por grandes poderes, sobretudo os Estados Unidos.

De modo semelhante, Índia, Brasil e África do Sul enfrentam contextos regionais nos quais outros países contestam suas respectivas lideranças e nos quais se somam circunstâncias de crises de governabilidade nem sempre de fácil desenlace e mediação. Para a África do Sul a contestação parte de Zimbábue e Nigéria, para a Índia, da China e do Paquistão e para o Brasil, da Venezuela e da Argentina. Vieira & Alden mostram especial interesse pelo empenho brasileiro por edificar uma liderança normativa no âmbito sul-americano, retomando, se bem que empregando de forma diversa, o conceito de poder brando utilizado por Flemes. O vínculo do Brasil com seus vizinhos seria fortalecido por sua estabilidade macroeconômica e suas credenciais democráticas, considerados como bens públicos regionais cruciais para assegurar sua projeção como líder.

Outro ponto de preocupação neste texto refere-se à competição que os membros do IBAS enfrentam com a China por mercados, recursos naturais e influência política, muito especialmente no contexto africano. De fato, os autores questionam a solidez de uma agenda IBAS neste particular, quando a competição entre os três e a China empurra exatamente na direção contrária à construção solidária Sul-Sul. Tanto o capítulo de Flemes como o de Vieira & Alden sugerem questões importantes sobre a legitimidade, motivações individuais e coletivas e as barreiras regionais à consolidação do IBAS enquanto veículo de ação internacional do Sul.

O capítulo de Garth le Pere e o seguinte, de Janis van der Westhuizen, são os únicos no volume a analisar a política externa específica de um dos países IBAS, no caso, a África do Sul. Ambos se debruçam sobre os grandes desafios da política externa no período pós-*apartheid*. Para le Pere esses desafios podem ser agrupados em quatro áreas temáticas. A primeira está referida à relevância para a política externa do plano multilateral quase uma necessidade, depois de décadas de exclusão e ostracismo na comunidade internacional. A segunda diz respeito à diplomacia da paz e do conflito, em especial no contexto do continente africano e em vista da assimetria econômica entre o país e seus vizinhos na região. Uma outra dimensão diz respeito ao papel da África do Sul como "doador emergente" campo ainda pouco explorado nos trabalhos correntes mas que sugere vários pontos de contatos com outros doadores do Sul e lança pistas relevantes para estudos mais específicos da cooperação Sul-Sul. A última área examina os impactos de eventos de xenofobia contra estrangeiros no país na sua imagem internacional, tendo em vista a importância estratégica que a política externa dedica à construção da imagem de um novo país no concerto das nações. O autor salienta as implicações do empreendedorismo normativo da África do Sul e sua adesão às normas cosmopolitas na atualidade, mas também aponta para os limites da ambição de uma participação ampliada na governança global em face das graves carências no plano doméstico.

O capítulo seguinte, de autoria de Janis van der Westhuizen, mantém um interessante diálogo com os anteriores, enfocando comparativamente as dimensões globais e regionais das inserções externas do Brasil e da África do Sul. O autor apresenta inicialmente o processo histórico da construção, nos dois casos, da identidade de potências médias que se autopercebem como bastiões ocidentais, que em ambos os casos levou a pretensões protagônicas em temas mundiais e regionais, a um forte sentido de excepcionalismo e à busca de laços especiais com os Estados Unidos durante a Guerra Fria. A trajetória posterior percorrida pelos dois países com o intuito de distanciar-se deste "passado" também constitui uma fonte de ricas reflexões comparativas; enquanto o Brasil ziguezagueia ao longo de três décadas, a África do Sul inicia seu caminho tardiamente mas em uma única direção. Por uma ou outra via, Pretória e Brasília se encontram no presente, compartilhando os mesmos desafios de se afirmarem como "potências emergentes", em contextos domésticos de democracias recentemente consolidadas e marcados por relevantes contrastes sociais, o que sugere limitações e algumas contradições quando se considera as perspectivas de projeção regional de ambos.

Não obstante, o autor reconhece também que a natureza social-democrata dos projetos políticos brasileiro e sul-africano abre um conjunto de expectativas positivas com respeito à projeção regional e global. Existiria uma lógica entre os processos de reforma social e consolidação da democracia em curso e a defesa de transformações do sistema de governança global. Este autor também faz uso do conceito de poder brando na identificação dos atributos de ambos os poderes emergentes, sugerindo a coincidência no plano simbólico e das opções econômicas que outorgam substância às políticas externas da África do Sul no pós-*apartheid* e do Brasil na etapa democrática recente. Autoestima do lado brasileiro e afirmação africana (rotulada como a *renascença africana*) do lado sul-africano produzem um *pendant* que fortalece articulações Sul-Sul, em especial como a experiência IBAS. Ao mesmo tempo, os dois países enfrentam contradições identitárias e obstáculos, como a existência de competidores intrarregionais, quando tratam de aprofundar laços com os vizinhos, seja via o NEPAD no âmbito africano ou a UNASUL na América do Sul. A relutância manifestada nos dois casos do exercício de lideranças regionais leva Van der Westhuizen a questionar as respectivas capacidades de preencher os requisitos necessários para que um e outro possam assumir a condição de poderes emergentes.

Um contraste entre os desafios enfrentados no manejo das agendas regionais e globais pode ser enganoso, se partimos da ideia de que seria mais fácil para a Índia, Brasil e África do Sul somarem esforços quando negociam questões de envergadura mundial, que fogem do cotidiano imposto pelas circunstâncias regionais. O fato de que os três países revelem novas desenvolturas quando transitam pelos tabuleiros que lidam com temas internacionais de ponta não significa que seja fácil e automática a configuração de interesses e posturas convergentes com respeito aos temas globais. Este constitui precisamente o ponto central da conclusão a que se chega com a leitura dos quatro textos que seguem neste volume: o de Taiane Las Casas Campos, que aborda o impasse Norte-Sul enfrentado nas negociações comerciais Doha-Cancún, especialmente no que tange à liberalização do mercado de produtos agrícolas; o de Rommy Chevalier e Uttam Kumar Sinha que lidam com a problemática da governança global nos temas de meio ambiente; e o de Adriana Mesquita Corrêa Bueno cujo estudo se dedica às posições sul-africanas e brasileiras ante o tratamento utilizado contra a propagação do HIV/aids.

No caso das negociações Gatt/OMC, a criação do G-20 em Cancún (2003) correspondeu a instrumento crucial para a construção de uma visão consensual Sul-Sul ante a proposta da UE e dos EUA com respeito ao tema agrícola. Como se sabe, os membros do IBAS foram atores protagônicos dessa iniciativa, apesar das notáveis diferenças entre os interesses e realidades no Brasil e na Índia nessa matéria. Las Casas Campos procura explicar por que os dois países puderam sustentar posições internacionais semelhantes com cenários domésticos tão díspares, seja com respeito a seus aspectos estruturais e de produtividade, políticos, especialmente no que se refere a graus de proteção *vis-à-vis* o mercado internacional de produtos agrícolas. A comparação realizada pela autora coloca sobre a mesa o entremeado observado nos dois países de posturas negociadoras e aspirações dos grupos de interesse agrícolas e industriais, que conduzem eventualmente a pressões e insatisfações quanto às orientações mantidas pelos respectivos representantes governamentais comprometidos com as bandeiras do desenvolvimento (e não do livre mercado) nos foros multilaterais. O efeito de difusão dessas controvérsias sobre os segmentos político-partidários domésticos mostra ademais a viva articulação entre negociações comerciais internacionais e pluralismo político no caso destas duas democracias e também poderes emergentes. A autora mostra que a amplitude dos consensos na Índia e no Brasil não foi a mesma como também não o foi o caráter cambiante dos posicionamentos de um e outro ao longo das negociações multilaterais, primeiro em Doha, depois em Cancún. Mas o principal ponto sublinhado no capítulo é que essas diferenças não necessariamente impedem o empenho de ambos em assegurar a coesão e criatividade tática do G-20 no esforço de conter a pressão do Norte, o que de fato significou um trunfo de médio e longo prazo para o IBAS numa frente estratégica para sua consolidação. Com respeito ao tema da governança global em meio ambiente, os textos de Romy Chevallier e Uttam Kumar Sinha seguem caminhos paralelos, com pontos que ora se completam ora abrem a discussão. O primeiro considera a possibilidade de um posicionamento único IBAS uma meta especialmente difícil em função do caráter espinhoso da matéria. Nesse quadro, torna-se crucial as posturas assumidas ante o Protocolo de Kyoto com vistas a que se possa desenvolver uma visão comum do mundo em desenvolvimento no que diz respeito à mitigação dos Gases de Efeito Estufa.

Índia, Brasil e África do Sul são países que integram o grupo dos principais responsáveis pelas emissões de dióxido de carbono no mundo em desenvolvimento, apesar de enormes diferenças *vis-à-vis* as nações industrializadas quando se leva em consideração a variável histórica nessa quantificação. A dependência de Índia e África do Sul com respeito ao carvão mineral como recurso energético fundamental coloca desafios importantíssimos aos seus respectivos modelos de desenvolvimento sustentável. O Brasil, por outro lado, apresenta um perfil de sua matriz energética menos poluente em função de sua imensa infraestrutura hidroelétrica e do investimento histórico em biocombustíveis. Contudo, o Brasil é o maior responsável mundial por emissões derivadas do desmatamento e da agropecuária, sobretudo no que diz respeito ao desmatamento da região amazônica. A diferença do perfil energético de cada um dos países IBAS e os desafios específicos que enfrentam na redução de suas contribuições ao aquecimento global demonstram claramente as dificuldades da cooperação trilateral em termos da busca de uma agenda normativa comum compatível com as especificidades socioeconômicas e políticas de cada um deles.

As diferenças apontadas anteriormente também propiciam oportunidades de efetiva cooperação Sul-Sul na área de políticas compartilhadas para lidar com o problema do clima. De acordo com Chevallier, um papel a ser desempenhado pelo grupo será o de promover projetos de energia limpa e novas tecnologias voltadas para fontes energéticas renováveis, além de uma atuação proativa para que a comunidade internacional mobilize recursos e iniciativas com o fim de reduzir as vulnerabilidades a que os países do Sul estão expostos ante as consequências impostas pela mudança climática. Nesse caso, as áreas a merecer mais atenção são: agricultura e segurança alimentar, acesso à água e exposição a desastres naturais em zonas costeiras. Também é defendido um apoio explícito ao Mecanismo de Desenvolvimento Limpo (CDM), criado pelo UNFCCC com vistas a gerar financiamentos para projetos de energia limpa em países em desenvolvimento o que significa investimentos em capacitação, *know-how* e empreendimentos inovadores.

Individualmente os membros do IBAS mostram diferenças quanto a suas respectivas capacidades e compromissos de redução de emissão. Entre os três, o Brasil se destaca por suas políticas de controle e seus esforços de criação de fontes alternativas não poluentes, enquanto a África do Sul lançou recentemente o plano mais abrangente de redução de emissões em prazos futuros. A Índia sustenta um conjunto de princípios mais rígidos quanto à necessidade de estabelecer prioridades e diferenciações que flexibilizem a pressão sobre os países do Sul. O texto de Uttan Sinha reflete tais orientações, além de contestar o sentido de ameaça imposta pelo Norte à mudança climática, coloca sobre a mesa um conjunto de exigências que impõe um sentido de negociação às "concessões" que se esteja disposto a fazer em nome de um regime ambiental global. Para Chevallier, os três países poderão e deverão somar esforços e conhecimentos para projetar em âmbitos multilaterais uma voz com autoridade e legitimidade capaz de melhorar os resultados ainda notavelmente insatisfatórios neste campo de governança global. Não obstante, a ênfase desenvolvimentista que marca a posição indiana — como bem destaca Uttan Sinha — indica que poderão surgir diferenças que obstem a consolidação de uma posição IBAS neste campo.

O capítulo de Adriana Mesquita Corrêa Bueno analisa as políticas dos países do IBAS no combate e prevenção do HIV/aids. O texto aponta primeiramente o desequilíbrio intra-IBAS com respeito ao tema a princípio. O Brasil é o membro cuja trajetória e resultados obtidos lhe outorgam posição privilegiada como ofertante de cooperação para os países em desenvolvimento. O sucesso do programa brasileiro na luta contra a doença posicionou mundialmente o país como doador nesta matéria para outros países em desenvolvimento desde o fim dos anos 90. Posteriormente, iniciativas de cooperação horizontal foram estabelecidas entre o Brasil e a Índia na área farmacêutica envolvendo também a África do Sul, levando a que os três países selassem uma sólida troca de experiência e conhecimento de suas respectivas políticas de fabricação e distribuição de medicamentos genéricos.

A autora sublinha o efeito cascata dessa linha de intercâmbio na cooperação Sul-Sul já que engloba questões de direitos de propriedade e patenteamento, pesquisa científica e saúde pública. Mais uma vez, recorre-se ao conceito de poder brando, desta feita como um insumo que fortalece a musculatura do IBAS em negociações internacionais. A questão do HIV/aids no âmbito da parceria IBAS também revela a necessidade constante de coordenação entre áreas de interesse comum no âmbito internacional, como no caso das disputas sobre quebra de patentes de medicamentos, e sensibilidades culturais e políticas domésticas. Em relação ao problema do HIV/aids, tema delicado no contexto político sul-africano, a cooperação trilateral entre os três países foi bastante limitada notadamente em função da posição defensiva e altamente politizada do governo Thabo Mbeki em relação à matéria.

Finalmente, o texto de Joana Laura Marinho Nogueira, a partir do estudo do caso brasileiro, examina a estrutura intraburocrática erguida para implementar a cooperação IBAS, como um modelo de ação externa. Do ponto de vista substantivo, a participação brasileira no Fórum IBAS está intimamente relacionada à importância atribuída ao eixo Sul-Sul da inserção internacional do Brasil. No que tange à base institucional foram realizados ajustes na estrutura funcional do Itamaraty, destacando-se a criação do DIBAS em 2008 que assume o papel de órgão "líder" na gestão cotidiana dos assuntos IBAS. O texto da autora narra o rápido erguimento de uma estrutura para agilizar as deliberações do grupo, mas também sublinha as dificuldades enfrentadas na articulação doméstica do IBAS, seus dezesseis grupos de trabalho (GTs) e as dinâmicas intraministeriais e intragovernamentais tendo em vista a abrangência temática e as carências de coordenação em sentido vertical e horizontal. Ao mesmo tempo, a autora chama a atenção para o entrecruzamento desses percalços com as diferenças intra-IBAS no que respeita aos campos de cooperação considerados prioritários por cada um de seus membros.

O texto, ainda que referido apenas ao caso brasileiro, é ilustrativo de uma tendência que tende a se aprofundar com a expansão da cooperação Sul-Sul, qual seja a crescente participação das burocracias domésticas na implementação da política externa. No caso do Brasil, é particularmente notório o insulamento burocrático da principal agência responsável pela política externa. Ora, à medida que a própria política externa se expande para outras áreas de atuação internacional, em particular a cooperação em políticas públicas variadas, também aumenta o número de atores e agências domésticas envolvidos com as questões internacionais. Esse processo é crucial na geração de novas *constituencies* domésticas e também de novos instrumentos de controle e prestação de contas das ações externas do país.[6]

De modo geral, o modelo de cooperação IBAS constitui um processo de aprendizagem em todos os sentidos, que inclui ponderáveis desafios internos e externos para seus membros e mais do que nada a necessidade de articulação de ambas as dimensões. No plano internacional, representa um sentido de oportunidade na criação de um instrumento idealizado por potências médias, em um contexto internacional relativamente favorável, tendo em vista o processo em curso de deslocamento e difusão do poder, a configuração multipolar da ordem mundial combinada com o crescente entrelaçamento das agendas globais e regionais.

O presente volume apresenta, por via de angulações teóricas variadas e estudos de caso específicos, os dilemas, as oportunidades

---

[6] Para um mapeamento compreensivo dos órgãos públicos federais envolvidos nos processos de formação das posições negociadoras brasileiras, bem como na implementação de compromissos assumidos no plano internacional, ver França & Sanchez Badin (2010).

e os desafios presentes na consolidação do IBAS como instrumento efetivo de ação coordenada entre três países-chave do Sul. De forma geral, os capítulos que seguem analisam estratégias coletivas de inserção soberana no sistema internacional contemporâneo de países que compartilham uma identidade semelhante, definida em termos de suas posições como potências emergentes, mas que ainda enfrentam problemas típicos de países pobres. O objetivo do IBAS de promover a reforma das instituições de governança global, de acordo com as aspirações e interesses dos países em desenvolvimento, representa a tradução dessa identidade comum em termos de um projeto compartilhado de política externa.

Esses interesses e aspirações comuns estão expressos nos objetivos de desenvolvimento do milênio estabelecidos pela Organização das Nações Unidas em 2000. Alem da visão geopolítica e estratégica tradicional, os países IBAS conferem importância fundamental a questões de cunho social e humanitário como a erradicação da pobreza, a manutenção da paz, e o perdão da dívida externa dos países pobres. Da mesma forma, as credenciais democráticas dos membros do IBAS elevam o seu poder de barganha coletivo e a legitimidade de suas políticas externas individuais, o que não acontece com outras iniciativas Sul-Sul como no caso dos BRICS.[7]

Contudo, o desafio maior da parceria será o de avançar em questões substantivas da agenda trilateral. Como sugerido na análise de Vieira & Alden, as resistências regionais à reivindicação dos países do IBAS a um assento permanente no Conselho de Segurança da ONU são exemplo claro da recorrente incongruência entre valores ditos compartilhados e a crescente competição entre os países em desenvolvimento por mercados, poder militar e influência política.

Ao fim e ao cabo, o que as contribuições deste livro sugerem é que as ambiguidades, os limites e os dilemas da Iniciativa IBAS decorrem da natureza multifacetada de sua concepção. Esta última combina a articulação de posições comuns em uma série de regimes

---

[7] Como se sabe, a África do Sul foi recentemente incorporada a este grupamento que a partir de então passou a denominar-se BRICS (Brasil, Rússia, Índia, China e África do Sul).

internacionais; a cooperação trilateral em áreas variadas de políticas públicas; e projetos de cooperação voltados para os países de menor desenvolvimento relativo. Evidentemente que nem todos estes campos terão o mesmo sucesso e níveis de institucionalização. Mas se este é seu calcanhar de Aquiles é também o seu maior mérito na implementação de um inovador modelo de relação Sul-Sul.

Para a elaboração deste volume contamos com o inestimável apoio da Fundação Ford e, em especial de sua representante no Brasil, Ana Toni, responsável pela iniciativa de apoiar uma linha de trabalho voltada para os países emergentes e a cooperação Sul-Sul no antigo IUPERJ, hoje IESP-UERJ e no contexto brasileiro em geral. Este livro é um dos produtos dessa colaboração. O fortalecimento das áreas de pesquisa em Relações Internacionais e política comparada muito devem ao seu empenho à frente da Fundação Ford. Não podemos deixar de agradecer também ao apoio recebido por Jairo Nicolau e Fabiano Santos, em suas respectivas gestões à frente do Instituto. Nossos agradecimentos também a Márcia Rinaldi pelo trabalho de revisão, a Thiago Nasser pela tradução dos textos escritos originalmente em inglês e pela assistência editorial de Claudia Boccia.

Referências

FRANÇA, Cassio Luiz de & SANCHEZ BADIN, Michelle Ratton. A inserção internacional do Poder Executivo Federal brasileiro. *Análises e Propostas*, n.º 40, Friedrich Ebert Stiftung, 2010.

HIRST, Monica; LIMA, Maria Regina Soares de & PINHEIRO, Letícia. A política externa brasileira em tempos de novos horizontes e desafios. *Nueva Sociedad*, número especial em português, dezembro, 2010.

IKENBERRY, John G. The future of the liberal world order. *Foreign Affairs*, vol. 90, n.º 3, 2011.

NARLINKAR, Amrita. *New powers: how to become one and how to manage them*. Nova York: Columbia University Press, 2010.

VIEIRA, Marco Antonio. Rising States and distributive justice: reforming international order in the 21st century". *Global Society*, vol. 26, n.º 3 (no prelo).

ÍNDIA, BRASIL E ÁFRICA DO SUL (IBAS) NA NOVA ORDEM GLOBAL: INTERESSES, ESTRATÉGIAS E VALORES DA COALIZÃO DE EMERGENTES

Daniel Flemes

IBAS: Evoluindo no contexto de uma mudança da ordem mundial

Os países com papel de liderança internacional, no sentido de formulador de regras, recebem consideração especial quando estão em jogo as soluções de problemas transnacionais. Isso se aplica tanto a questões de comércio mundial, quanto a ameaças à segurança transnacional. Tentativas de solucionar esses problemas podem ser organizadas não só no nível regional, mas também no global. Em ambos os casos, alguns países têm um papel mais importante do que os outros no curso dos processos de cooperação e negociação, e, por conseguinte, mais influência nos resultados. E a razão pode ser o maior poderio militar e econômico desses agentes. Da mesma forma, a legitimidade deles, a eficiência em termos diplomáticos, a autoridade moral, assim como a função de representação que exercem em uma região ou grupo de países podem gerar vantagens em termos de barganha internacional.

Recentemente, muitos estudos vêm apontando para um deslocamento do poder global em favor do BASIC (antigo BRICs) e de outros países em ascensão (Goldman Sachs, 2007; Cooper

& Antkeiwicz, 2008; Mahbubani, 2008). Desse modo, a expectativa é de que os polos de poder existentes na Europa e na América do Norte perderão relativa importância militar e econômica, e até a predominância da cultura e dos valores do Ocidente é contestada (Cox, 2007; Ikenberry, 2008; Zakaria, 2008). O Fórum de Diálogo Índia, Brasil e África do Sul (IBAS) é uma coalizão de países emergentes, determinados a se beneficiarem das mudanças ocasionadas pelo deslocamento do poder internacional. O IBAS foi lançado em junho de 2003, em Brasília. Três meses depois, os presidentes Luiz Inácio Lula da Silva, Thabo Mbeki, e o primeiro-ministro Atal Bihari Vajpayee criaram o G3 durante a 58.ª Assembleia Geral da ONU e contribuíram decisivamente para o fracasso da Conferência da Organização Mundial de Comércio (OMC), em Cancún, ao pressionarem por mudanças fundamentais na política de subsídios para a agricultura dos países desenvolvidos. Após numerosas reuniões ministeriais, da Silva, Mbeki, e o primeiro-ministro Manmohan Singh, eleito em 2004, realizaram em Brasília a Primeira Cúpula IBAS, em setembro de 2006. Os três governantes coordenaram seus pontos de vista e seus votos para a Conferência do Movimento dos Países Não Alinhados (NAM), em Havana, e para a 61.ª Assembleia Geral da ONU, na qual a África do Sul foi eleita membro não permanente do Conselho de Segurança da ONU (2007-2008), pela primeira vez. Desde então, o IBAS vem mantendo reuniões ministeriais regulares, além das reuniões de cúpula com os chefes de governo em Pretória (2007) e Nova Délhi (2008).

Uma olhada rápida na programação do IBAS põe em relevo o fortalecimento das relações diplomáticas entre os três países emergentes do Sul, nos últimos anos. Juntos, Índia, Brasil e África do Sul tentam influenciar uma reforma das Nações Unidas, com a finalidade de dar aos países em desenvolvimento um papel mais forte, já que esse grupo compõe a maioria dos Estados membros da ONU. Apesar disso, o trio não está planejando uma ordem mundial alternativa que privilegie o mundo em desenvolvimento. Em vez disso, seus propósitos estão firmemente localizados na ordem internacional existente, conforme sugere a Declaração de Brasília:[1] "Respeito às regras do Direito Internacional e fortalecimento das Nações Unidas e do Conselho de Segurança, e priorização do exercício da diplomacia como meio de manter a paz e a segurança internacionais".

Embora o mecanismo IBAS possa, por conseguinte, ser visto como uma tentativa de aumentar o poder de barganha dos países emergentes, a coalizão entre África do Sul, Índia e Brasil enfoca, de igual modo, a efetiva colaboração em determinadas áreas. Comércio, segurança energética, saúde e transporte são os tópicos mais proeminentes da colaboração setorial do IBAS. Sendo assim, o IBAS pode ser caracterizado tanto como uma coalizão estratégica para consolidar interesses comuns a países em desenvolvimento nos organismos internacionais, como também uma plataforma de cooperação Sul-Sul, seja ela bilateral, trilateral ou inter-regional. A cooperação setorial deve gerar bases sólidas para a diplomacia trilateral em escala global.

Será que a diplomacia dessa coalizão de emergentes vai provocar impacto na ordem global? E em que medida? Foram sugeridos diferentes cenários de uma futura ordem internacional: a transformação sistêmica pode revelar uma união ou um cartel de potências (Kagan, 2008), "um mundo não polarizado" (Haass, 2008), "multipolaridade instável" (Humphrey & Messner, 2006) ou "multimultipolaridade" (Friedberg, 1994; Nolte, 2008), ou uma "ordem mundial multirregional" (Hurrell, 2007; Flemes, 2008). Entretanto, o ponto de partida é a ordem global atual, que reflete uma mistura de união entre potências desenvolvidas e estruturas multirregionais. Consiste, por um lado, da União Europeia como uma região relativamente funcional e, por outro, de muitas potências desenvolvidas sem regiões funcionais, tais como

---

[1] Para o texto da Declaração que se seguiu à reunião dos ministros do Exterior do Brasil, África do Sul e Índia, em Brasília, em 6 de junho de 2003, ver <http://www.dfa.gov.za/docs/2005/IBAS_brasilia.htm>.

os EUA, a China, a Rússia e a Índia. Brasil e África do Sul encontram-se agora em um momento crítico e podem ativamente buscar estratégias globais, em conjunto, ou não, em suas respectivas regiões. As opções e as estratégias dos condutores da política internacional brasileira e sul-africana podem influenciar o equilíbrio entre as concepções de ordem internacional acima mencionadas.

As posições das potências emergentes do Sul — de certo ponto de vista entre o centro e a periferia da ordem internacional atual e, de outro, no ponto de conexão entre a política internacional e a política regional — demandam, sobremaneira, estratégias complexas de política internacional. Suas abordagens estratégicas têm de levar em consideração, pelo menos, três fatores contextuais: primeiro, a progressiva superioridade dos atores globais estabelecidos (EUA) e emergentes (China), em termos de poderio material; segundo, o fato de que as questões regionais e globais estão cada vez mais inter-relacionadas; e, terceiro, o fato de que as estratégias de política externa são traçadas com base em um sistema internacional que está se deslocando de uma ordem unipolar para uma ordem multipolar.

Baseado nessas observações, destacarei, em primeiro lugar, as ideias e valores comuns que vêm dando forma ao discurso global do IBAS; em segundo, abordar as estratégias de política externa buscadas pelo IBAS; em terceiro, salientar interesses comuns e divergentes dos três agentes no campo da governança global e cooperação setorial; e, em quarto lugar, analisar o impacto das políticas da coalizão IBAS sobre a ordem internacional.

Discurso orientado pelos valores das potências médias do IBAS

O objetivo maior das potências médias é a criação de regras e instituições de governança internacional. Assim sendo, os objetivos da política externa das potências médias cobre uma parte da política externa com "finalidades civis" (Wolfers, 1962, pp.

73-4), tais como responsabilidade pelo meio ambiente global e a propagação da equidade e da justiça. Essas são "metas de *milieu*", e não "metas de dominação", para usar a distinção feita por Arnold Wolfers (Schoeman, 2003, p. 351). Metas de dominação promovem o interesse nacional, por exemplo, através da agregação de poder. Metas de *milieu* almejam ajustar o ambiente no qual os países operam. Metas de *milieu* podem ser apenas meios de alcançar metas de dominação, ou podem ser também metas que transcendem os interesses nacionais e são largamente compartilhadas. Em outras palavras, o sentimento de "responsabilidade global" está presente no caso das potências médias. De acordo com a definição comportamental, as potências médias estão comprometidas com o *empoderamento médio*: "[...] a tendência de buscar soluções multilaterais para problemas internacionais, a tendência a abraçar posições de conciliação em disputas internacionais e a tendência a abraçar noções de «boa cidadania internacional» para orientar a diplomacia" (Cooper, Higgott & Nossal, 1993, p. 19)

Em um primeiro momento, a categoria de potências médias parece espacialmente promissora para explicar os padrões de comportamento comum dos membros do IBAS, que realizaram suas aspirações em um discurso orientado por valores como democracia, paz e desenvolvimento. Na Declaração de Brasília de 2006, Singh, da Silva e Mbeki reafirmaram seus compromissos com a promoção da paz, da segurança, dos direitos humanos e do desenvolvimento social e econômico sustentável para o mundo. No que tange a desenvolvimento sustentável, eles salientaram a importância de abordar os desafios da mudança climática sob a Convenção do Clima das Nações Unidas e seu Protocolo de Kyoto. Além disso, o IBAS conclamou os países doadores a cumprirem suas metas de ajuda, a fim de implantarem integralmente as decisões da Cúpula Mundial sobre Desenvolvimento Sustentável, em Johannesburgo. Os países do IBAS também concordaram, em Brasília, em coordenar suas contribuições para o Conselho de Direitos Humanos das Nações Unidas e enfatizaram o entendimento comum com relação à universalidade e à indivisibilidade dos direitos humanos. O primeiro-ministro Singh[2] argumentou, inclusive, que a abordagem normativa do IBAS reflete uma identidade comum entre os países membros: "O IBAS é um modelo singular de cooperação transnacional, baseado numa identidade política comum. Nossos três países vêm de três diferentes continentes, mas compartilham visão de mundo e aspirações similares".

A liderança funcional do IBAS/G3 se tornou mais evidente durante as negociações da Organização Mundial de Comércio (OMC). Na liderança da coalizão de países em desenvolvimento do G21, na Rodada de Doha, a Índia, o Brasil e a África do Sul exigiram a definição de condições globais de mercado que permitissem que os países emergentes se beneficiassem de suas vantagens comparativas na agricultura, indústria e serviços. Assim, o trio atuou em conjunto com vistas a eliminar as barreiras não tarifárias ao comércio impostas pelos países desenvolvidos. Outras exigências têm por objetivo reformular as instituições criadas em Bretton Woods: a legitimidade do FMI depende de uma reforma de seu sistema de quotas, para se tornar mais representativo do mundo em desenvolvimento; o presidente do Banco Mundial sempre foi um cidadão norte-americano escolhido pelo governo dos EUA, assim como o diretor-executivo do FMI sempre foi um europeu; para haver legitimidade, ambos os cargos deveriam ser ocupados por cidadãos eleitos pelos membros da instituição, independentemente de suas nacionalidades.

Mas a abordagem das potências médias só em parte consegue explicar a estratégia dos países do IBAS. Há alguma evidência de que o engajamento do IBAS/G3 no *empoderamento médio* (Cooper, Higgott & Nossal, 1993), a fim de defender os

---

[2] Observações finais de Manmohan Singh na Segunda Cúpula do IBAS, em outubro de 2007.

princípios da boa cidadania global e do multilateralismo democrático, é meramente um recurso discursivo na busca de metas de dominação e de satisfação dos interesses nacionais. De uma perspectiva neorrealista, a meta principal dos países consiste em agregação de poder, em detrimento de outros países (Mearsheimer, 2001, p. 2), e a ascensão da hierarquia internacional dos países.

Primeiramente, o G3 nem sempre falou em nome do Sul global: é verdade que as negociações da OMC falharam porque os países industrializados não estavam dispostos a reduzir seus subsídios agrícolas a níveis suficientes, mas o G3 não está representando Países em Desenvolvimento Importadores Líquidos de Alimentos (NFIDCs), a maioria Países de Menor Desenvolvimento Relativo (LDCs), que não estão interessados na redução de subsídios agrícolas na Europa e nos EUA, que mantêm os preços para baixo. A maioria dos Países de Menor Desenvolvimento Relativo (LDCs) são países da África Subsaariana, do Sul Asiático e da América Latina, que não se sentiram representados por seus respectivos "líderes regionais".

Em segundo lugar, se por um lado as negociações da OMC tiveram desempenho pífio em termos de conteúdo, os membros do IBAS conseguiram melhorar suas posições na hierarquia do comércio internacional. Na Conferência da OMC de Genebra, em 2004, o Brasil e a Índia foram convidados a formar o grupo de preparação do G5, junto com a União Europeia, os EUA e a Austrália. E na Cúpula do G8 na Alemanha, em 2007, o Brasil, a Índia e a África do Sul (com China e México) foram convidados a formalizar o diálogo que havia entre eles com o clube da elite dos ricos países industrializados através do chamado *Heiligendamm* ou processo Outreach (O-5). Apesar de esses convites refletirem o aumento da aceitação de seus *status* de (prováveis) potências maiores pelos países já considerados como grandes potências, a Cúpula do G20 em Pittsburgh, em setembro de 2009, estabeleceu o papel de protagonista dos países do IBAS e de cinco outras economias emergentes da Ásia e da América Latina (China, Indonésia, Coreia do Sul, Argentina e México). O G20 vai se tornar o novo conselho permanente para a cooperação econômica internacional e vai, em essência, substituir o G8, que continuará a se reunir para tratar de graves problemas de segurança, mas com influência reduzida. O G20 decidiu, em Pittsburgh, fornecer apoio político para uma troca na representação do país no FMI, de pelo menos 5%, na direção dos dinâmicos mercados emergentes.

Em terceiro lugar, o discurso sobre justiça global do IBAS é questionável, haja vista que Brasil e Índia vêm se empenhando (ao lado da Alemanha e do Japão) para se tornarem membros permanentes do Conselho de Segurança da ONU. Índia e Brasil convidaram a África do Sul para fazer parte do grupo, mas este país teve de se submeter às normas de procedimento da União Africana, que impede que ela se candidate como país individual. O Painel de Alto Nível das Nações Unidas sugeriu um plano alternativo mais participativo, para um sistema regular de rotatividade dos membros, que foi rejeitado pela Índia e pelo Brasil. Seja como for, a expansão do Conselho de Segurança da ONU privilegiaria somente alguns agentes. Com a finalidade de se conseguir uma duradoura democratização da organização, a Assembleia Geral teria de ser fortalecida.

Esses exemplos de comportamento dos membros do IBAS em questões de política externa sugerem que as proposições das potências médias são basicamente de cunho argumentativo ou "estratégico", dado que a agregação de poderes é, na verdade, a meta final da política externa da coalizão dos emergentes. Desse modo, a abordagem global dos países do IBAS consistiria, em linhas gerais, em uma estratégia discursiva que salienta sua função representativa para o mundo em desenvolvimento como um todo e suas regiões em particular, enquanto — ao mesmo tempo — os países objetivam tornar-se membros do clube das grandes potências. Contudo, um discurso ambíguo provavelmente não é suficiente para mudar a distribuição de poder em favor dos países do IBAS, nem para capacitá-los a se tornarem tomadores de decisão globais. Quais opções estratégias complementares podem ser exploradas por Índia, Brasil e África do Sul, com o propósito de ganharem poder de influenciar e de barganhar, além de prestígio?

Equilíbrio suave: construção de uma coalizão flexível nos organismos globais

As opções, em política externa, que estão disponíveis aos membros do IBAS são limitadas em razão da preponderância esmagadora do "poder duro" da atual potência suprema. Embora o Brasil, a Índia e a África do Sul desfrutem de influência crescente, esses países ainda estão localizados na periferia do atual sistema mundial e possuem recursos materiais relativamente modestos. Um motivo crucial para a hegemonia dos EUA nas relações internacionais é a supremacia militar desse país. Washington responde por mais da metade dos gastos globais com defesa (SIPRI, 2008) e por 60% das despesas mundiais com pesquisa e desenvolvimento (BICC, 2008). Em termos militares convencionais, os EUA continuarão como potência mundial dominante por um longo tempo. Por conseguinte, o equilíbrio duro baseado em alianças militares de compensação (equilíbrio externo) e escalada armamentista (equilíbrio interno) não é uma opção viável a médio prazo. Huntington usa o conceito de um sistema unimultipolar para descrever a estrutura atual do sistema internacional (1999, p. 37). De uma perspectiva realista, um sistema multipolar somente pode ser obtido mediante o surgimento de unipolaridades regionais que montem coalizões para equilibrar a superpotência (Wohlfort, 1999, p. 30).

Conforme argumenta Nye (2004), a verdadeira unipolaridade global requer a dominância hegemônica em duas esferas adicionais: economia global e outros problemas transnacionais tais como: terrorismo, crime, aquecimento global e epidemias.

Conforme demonstra a crise econômica atual, problemas transnacionais só podem ser resolvidos por meio da cooperação entre muitos agentes. Consequentemente, essas devem ser as esferas nas quais as potências emergentes adquirem poder de influência internacional; o sucesso delas vai, em grande medida, depender da solidez da sua atuação como time. Índia, Brasil e África do Sul já provaram habilidade em levar adiante seus propósitos — especialmente metas econômicas — dentro da ordem atual. Em comparação, os ganhos a serem esperados de uma reviravolta violenta da atual ordem internacional são bem limitados (Ikenberry & Wright, 2008). Por isso, as estratégias institucionais parecem ser as mais promissoras para causar impacto na hierarquia internacional entre os países.

O equilíbrio suave não desafia diretamente a preponderância militar dos EUA; mas, em vez disso, usa instrumentos não militares para retardar, frustrar e minar as políticas unilaterais das superpotências (Pape, 2005, p. 10). O equilíbrio suave envolve estratégias institucionais tais como a formação de coalizões diplomáticas limitadas ou entendimentos diplomáticos, como o IBAS, o G3 e o G21, para refrear o poderio dos EUA e de outras grandes potências. Esse tipo de estratégia institucional é também conhecida como *buffering* ou proteção, cujo objetivo é ampliar o espaço de manobra dos países mais fracos *vis-à-vis* os países mais fortes (Greenfield Partem, 1983; Gries, 2005). Envolve também o fortalecimento de laços econômicos entre países emergentes, por meio de colaboração setorial. Isso poderia deslocar o equilíbrio do poder econômico em médio prazo. Paul (2005, p. 59) define três precondições para o modo de ação equilíbrio suave:

> (1) a posição de poder hegemônico e a conduta militar são preocupações crescentes, mas ainda não oferecem sérios desafios à soberania das potências de segunda linha; (2) o país dominante é a principal fonte de bens públicos tanto na área econômica, quanto na de segurança, que não pode

ser substituída com simplicidade; e (3) o país dominante não pode retaliar com facilidade, seja porque os esforços dos outros países em busca do equilíbrio não são evidentes, seja porque eles não ameaçam diretamente a posição de poder por meio militar. Enquanto buscam o equilíbrio suave, os países de segunda linha poderiam atrair o país hegemônico e desenvolver laços institucionais com ele, a fim de prevenir retaliações.

A finalidade das estratégias de "binding", ou aproximação, é de refrear países mais fortes mediante acordos institucionais (Ikenberry, 2003). E, de fato, Brasil, Índia e África do Sul mantêm coalizões com os EUA em uma variedade de áreas problemáticas e em diferentes graus de institucionalização. Em março de 2006, os EUA e a Índia assinaram uma "Parceria Estratégica" que incluiu cooperação para o uso pacífico de energia nuclear e fornecimento de armas pelos EUA. Acordos de cooperação na área de energia nuclear para fins pacíficos com o Brasil e a África do Sul (esses dois últimos países assinaram o Acordo de Não Proliferação) foram assinados nos anos 1990. Os presidentes Bush e da Silva assinaram um acordo de cooperação em biocombustíveis em março de 2007. Além disso, a Organização dos Estados Americanos (OEA) conecta Washington com Brasília de diversas maneiras, e os dois países foram os principais negociadores do processo da Área de Livre Comércio das Américas (ALCA). Uma dinâmica similar está acontecendo nas negociações EUA-SACU[3] (União Aduaneira do Sul da África), iniciadas em junho de 2003. A África do Sul é o agente dominante da SACU. Críticos da abordagem equilíbrio suave estão corretos ao argumentar que outras categorias, tais como interesses econômicos e preocupações com a segurança regional, são explicações alternativas para o

---

[3] A União Aduaneira Sul-Africana (SACU) inclui a África do Sul, Botsuana, Lesoto, Suazilândia e Namíbia.

comportamento dos países de segunda linha em termos de política externa (Brooks & Wohlforth, 2005, p. 74). Mas essas explicações não excluem umas às outras: são, outrossim, complementares e sinérgicas.

Washington não ameaça a soberania dos países em desenvolvimento, e a coalizão equilíbrio suave mantém-se discreta. Após o primeiro encontro ministerial do Fórum IBAS, o ministro das Relações Exteriores do Brasil, Amorim, foi zeloso ao enfatizar que o IBAS não pretende criar novas divisões geopolíticas: "Este é um grupo destinado a disseminar o espírito de boa vontade e a mensagem de paz — não somos contra ninguém" (apud Miller, 2005, p. 52).

A declaração do diplomata pode ser contestada até certo ponto, ao se examinar os instrumentos de equilíbrio suave usados pelos membros do IBAS. Pape (2005, pp. 36-7) menciona negativa territorial, diplomacia confusa e fortalecimento econômico como mecanismo do equilíbrio suave. Os países podem negar acesso a seus territórios para concentração de tropas dos EUA ou para trânsito das forças aéreas e navais. Embora essas medidas um tanto severas sejam raras nas relações bilaterais dessas três potências do Sul com Washington, há evidências de negativa de território, pelo menos no caso do Brasil. Um pedido da secretária de Estado norte-americana, Madeleine Albright, foi indeferido em 2002: ela havia solicitado a Brasília o direito de usar bases aéreas e outras instalações militares brasileiras na região amazônica, mas Brasília rigorosamente não só se recusou a permitir o estabelecimento de bases militares dos EUA em seu território, como também proibiu que aviões militares envolvidos no conflito colombiano sobrevoassem o espaço aéreo brasileiro (Flemes, 2006, p. 243). O Brasil também assumiu uma postura contrária a um acordo bilateral para uso de sete bases militares colombianas pelas Forças Armadas dos EUA, em setembro de 2009. A expansão das ações militares norte-americanas na América do Sul levou a discussões duras na União das Nações Sul-Americanas (UNASUL) (Flemes & Nolte, 2009). E apesar do constante interesse do Pentágono nos problemas da Índia, não há nenhuma base militar dos EUA nem na Índia, nem na África do Sul. Entretanto, os instrumentos mais importantes de política externa empregados pelo diálogo IBAS são os que Paul (2005, p. 57) denominou "diplomacia intrincada" e "fortalecimento econômico", e o último objetiva deslocar um relativo poder econômico por meio de blocos comerciais e outros tipos de cooperação setorial que fomentam o crescimento econômico dos membros, ao mesmo tempo que direciona os negócios para longe dos não membros. Já o primeiro instrumento descreve o uso de regras e procedimentos dos organismos internacionais, com o propósito de influenciar a política externa do país:

> De fato, a soberania pode estar sendo, cada vez mais, definida não pelo poder de isolar um país das influências externas, mas pelo poder de participar efetivamente de organismos internacionais de toda natureza. [. . .] Não há nenhuma dificuldade em se compreender as vantagens que normalmente levam países emergentes intermediários a favorecer o multilateralismo e os organismos [. . .]: a intensidade com que os organismos fornecem espaço político [. . .] para constituir novas coalizões a fim de experimentar e efetivar normas emergentes em formas que sejam congruentes com seus interesses e para contrabalançar ou desviar as preferências dos mais poderosos; e na medida em que os organismos propiciam "oportunidade de expressão" para fazer conhecidos seus interesses e para conseguir apoio político no mercado mais amplo das ideias (Hurrell, 2000, pp. 3-4).

Índia, Brasil e África do Sul usam organismos internacionais de governança e as cúpulas para construir novas coalizões, com o objetivo de satisfazer interesses comuns: o Diálogo IBAS foi lançado na reunião do G8 de 2003, em Evian, e o G3 foi criado durante a Assembleia Geral da ONU, no mesmo ano. A estratégia de usar os organismos internacionais para montar coalizões Sul-Sul culminou com a criação do G21, e seu amplamente conhecido impacto na governança da economia mundial na Conferência da OMC em Cancún. A Rodada de Doha demonstrou abertamente a capacidade do trio de países de determinar a pauta institucional, a fim de influenciar padrões emergentes internacionais em favor de seus interesses.

Os líderes do IBAS usam os organismos internacionais como plataformas para desafiar a legitimidade da atual ordem internacional e para alterar os padrões atualmente dominantes. Na qualidade de presidente do G77, o ex-presidente Mbeki disse o seguinte, na Conferência do Movimento dos Países Não Alinhados (NAM) de setembro de 2006, em Havana:

> O fortalecimento da cooperação Sul-Sul ajudou a criar uma voz mais forte para os países em desenvolvimento nos fóruns multilaterais [. . .] especialmente com referência ao processo de reformas fundamentais em andamento não só da ONU, como também das instituições criadas em Bretton Woods (citado em *Cape Times*, 18 de setembro de 2006).

As potências emergentes contrabalançam os interesses e as preferências das grandes potências nos organismos internacionais. Brasil e Índia são, respectivamente, a quarta e a quinta nações mais querelantes sob o mecanismo de acordo de disputas da OMC. Junto com outros países, eles usaram os organismos internacionais para resistir às tentativas dos EUA de promover novas normas com relação ao uso da força, inclusive guerra preventiva, a condicionalidade da soberania, ou o direito do uso da força para promover mudança de regime (Hurrell, 2006, p. 11). Ao se oporem à intervenção do Iraque pelos EUA, em 2003, nas Nações Unidas, os três países (e outras grandes potências) negaram legitimidade à superpotência e buscaram frustrar os planos de guerra ao reduzirem o número de países dispostos a lutar ao lado dos EUA. Por exemplo, o Brasil e a África do Sul foram bem-sucedidos ao endossar a atitude de desaprovação de países menores da América Latina e da África, apesar da forte pressão de Washington.

Resumindo: primeiro, os países membros do IBAS têm um papel de grande importância em uma multiplicidade de organismos internacionais. Eles estão bastante integrados na ordem global e operam dentro de organismos globais únicos com o propósito de intensificar o gradual deslocamento de poder. Em última análise, essa linha de ação tenciona transformar a ordem global de modo que permita ganhos de poder em médio prazo. Para alcançar essas metas, a Índia, o Brasil e a África do Sul estão desenvolvendo, com dinamismo e inovação, novos mecanismos de cooperação, tais como o G3 e o G21. Os países emergentes correm atrás de uma estratégia de "multi-institucionalização latente" (Flemes, 2007), que está refletida na sua onipresença nos palcos globais em alianças flexíveis, todas elas caracterizadas por baixos níveis de institucionalização (G3, G4, G5, G20, G21, G77). Essa estratégia garante um máximo de soberania nacional, flexibilidade e independência dos estrategistas responsáveis pela política externa dos países do IBAS.

Interesses comuns e divergentes em governança global e cooperação setorial

O interesse comum de agregação de poder dos países do IBAS e sua parcialmente bem-sucedida transformação em tomadores de decisão da nova ordem global foram analisados acima. Mas como será que esses países vão usar os adquiridos poderes de influência em termos de conteúdo? Será que o IBAS é uma aliança de interesses quando estão em discussão questões de governança global, ou será que os três países seguirão buscando interesses unilaterais e divergentes, na base do maior *status* de poder conquistado em conjunto? Uma indagação similar se refere às potenciais sinergias da cooperação setorial e complementaridade das economias da Índia, Brasil e África do Sul.

Questões de governança global: comércio e segurança

Durante as negociações da OMC, as divergências entre as posições nacionais das três potências do Sul se tornaram evidentes na Rodada de Doha. Por exemplo, no tópico agricultura, o Brasil defende a total liberalização do agronegócio global; já a Índia exige proteção contra as importações de produtos agrícolas. As *commodities* agrícolas representam um terço das exportações brasileiras e apenas 13% das exportações indianas. Ao mesmo tempo, 70% da força de trabalho indiana está localizada no setor agrícola; no Brasil essa fatia cai para 40% (Las Casas Campos, 2009). A alta produtividade e a competitividade do agronegócio no Brasil explica a tarifa agrícola média de 10%. A tarifa agrícola da Índia de 61% é uma das mais altas do mundo. Diferentemente dos casos da Índia e do Brasil, o setor agrícola da África do Sul contribui apenas com 3% do PIB e não representa uma grande fatia das exportações do país. A tarifa média da África do Sul para produtos agrícolas chega a 40% (WTO, 2008a). Considerando os altos interesses domésticos, sobretudo na Índia, onde milhões de agricultores dependem da agricultura para o próprio sustento, e no Brasil, onde as federações ligadas ao agronegócio gozam de grande influência política, uma posição comum do IBAS com relação à questão agrícola dificilmente será concretizada a médio prazo.

No geral, a economia da Índia ainda sofre os efeitos de quatro décadas de política de industrialização mediante substituição das importações e é bem menos liberalizada do que a economia da África do Sul. Entretanto, no segmento de bens industriais, Índia (14%), Brasil (13%) e África do Sul (16%) defendem tarifas médias similares (ibidem), mas praticam tarifas mais altas em setores industriais específicos. Os três países consideram os setores automotivos como sensíveis e os protegem com tarifas de 35% (Brasil), 40% (África do Sul) e até de 100% (Índia) — as tarifas específicas de outros setores industriais variam bastante (Mildner & Husar, 2009).

Além do exposto, os países do IBAS trabalham com diferentes estratégias de negociação na OMC, como um todo: de um lado, a Índia apresenta reclamações e não está disposta a barganhar. Do outro, Brasil e África do Sul empregam fórmulas de barganha mais complexas e flexíveis, ao contrabalançar interesses defensivos e interesses ofensivos durante a Rodada de Doha. Por exemplo, o Brasil defende, comparativamente, altas tarifas para bens industriais e serviços, mas promove a liberalização do setor agrícola. Os interesses da Índia no setor de serviços — tecnologia da informação, engenharia, etc. — são menos defensivos porque o país está se aproveitando da economia do conhecimento. Com suas vantagens comparativas em termos de potencial humano e de tecnologia, a Índia quer se tornar líder da "revolução do conhecimento" (Shovon Ray, 2006, p. 100). Seja como for, Nova Délhi não está pronta para fazer concessões no que tange à questão agrícola em troca de maior acesso ao mercado de serviços dos países industrializados. E embora o Brasil se junte a algumas iniciativas indianas de liberação dos serviços, negociar serviços não é uma prioridade dos representantes brasileiros na OMC (Mildner & Husar 2009, p. 254). A África do Sul tem interesse em liberalizar o comércio de serviços na Modalidade 3 (presença comercial), mas fechou as portas à participação estrangeira na área de construção, que faz parte das negociações da Modalidade 4 (presença física de pessoas) (Dupas, 2006, p. 334).

Com relação ao Acordo sobre Aspectos de Direito de Propriedade Intelectual Relacionados ao Comércio (TRIPS), Índia, Brasil e África do Sul criticaram a cessão de direitos de propriedade intelectual sobre recursos biológicos e conhecimentos tradicionais, sem a devida obediência à Convenção sobre Biodiversidade.

Os países do IBAS, entre outros, propuseram a introdução de requisitos compulsórios para a divulgação da origem dos recursos biológicos na OMC. Os interesses dos três países com relação ao HIV/aids são bem convergentes. A Índia tem o segundo maior número de pessoas HIV positivo (2,4 milhões), e também a maior indústria de medicamentos genéricos. O Brasil desenvolveu um modelo exemplar de política pública na luta contra a aids e exporta seu *know-how* para inúmeros países africanos, asiáticos e latino-americanos. A África do Sul tem necessidades imensas nessa questão, pois é o país com o maior número de indivíduos soropositivo ao HIV do mundo (5,7 milhões) e sérias dificuldades para a democratização dos serviços públicos de saúde com referência a essa epidemia (Bueno, 2009).

Há alguns anos, os países do IBAS lideraram o *lobby* no G21 que resultou na redução dos efeitos negativos do TRIPS, com relação às patentes que impõem alto custo dos medicamentos para HIV/aids em países em desenvolvimento, sobretudo na África. Uma explicação da decisão da Declaração de Doha de 2001 indica que o TRIPS não deveria impedir os países de combater as crises da saúde pública. Desde então, o TRIPS dispõe sobre "licenças compulsórias" permitindo aos governos emitirem licenças para a produção de medicamentos sem consentimento do dono da patente. Um acordo de 2003 liberou a restrição ao mercado doméstico e permitiu que os países em desenvolvimento exportassem seus genéricos produzidos internamente para outros países assolados por epidemias como HIV/aids, malária e tuberculose. Contudo, essa história de sucesso pontual não garante a sustentabilidade da posição comum do IBAS em se tratando de direitos de propriedade intelectual. Sobretudo a economia indiana depende da aplicação de tecnologias inovadoras. Para promover o aprendizado tecnológico e para gerar capacidade inovadora, a Índia carece de flexibilidade da lei de propriedade intelectual. O objetivo do TRIPS é endurecer as regras de direito autoral.

Apesar dos mencionados atritos nos processos da OMC, a proposta do IBAS está confirmando as experiências anteriores de cooperação Sul-Sul dos anos de 1970 e 1980, e demonstrando mais boa vontade de união em torno de uma pauta econômica do que em torno de questões de segurança. Uma explicação para essa observação é que, para a maioria dos países hoje, suas preocupações com segurança são quase totalmente regionais, e as regiões são unidades cada vez mais importantes de análise de segurança (Lake & Morgan, 1997; Lemke, 2002; Buzan & Weaver, 2003). Particularmente, a situação de paridade estratégica do Sul Asiático e a autossuficiência da Índia em segurança militar tornam praticamente impossível uma abordagem comum do IBAS, já que Brasil e África do Sul buscam políticas de segurança cooperativas em suas respectivas regiões (Flemes & Wojczewski, 2009).

Não obstante, Índia, Brasil e África do Sul assumiram pontos de vista comuns com relação a alguns problemas de segurança global. Por exemplo, com referência ao conflito do Oriente Médio, o uso excessivo de força durante a Guerra do Líbano (2006), que resultou na morte de grande número de civis e na destruição da infraestrutura libanesa, foi condenado na Declaração de Cúpula de Brasília. Israel foi indiretamente acusado de violar os princípios do Direito Internacional Humanitário. Com relação ao conflito Israel-Palestina, da Silva, Singh e Mbeki criticaram os castigos coletivos e os ataques a civis. Salientaram também a crescente deterioração das condições de vida da população palestina e prometeram presteza no exame do lançamento de projetos de cooperação técnica em Gaza e na Cisjordânia. Os ministros do Exterior do IBAS apelaram para o fim da contínua expansão dos assentamentos israelenses nos territórios ocupados da Palestina, na última reunião de setembro de 2009, em Brasília.

Além disso, os chefes de governo do IBAS salientaram seu compromisso com a meta de desarmamento e não proliferação na Declaração Conjunta da Reunião de Cúpula, manifestando suas preocupações com a falta de progresso na Conferência sobre

Desarmamento. Eles enfatizaram que a meta de não proliferação seria mais bem servida mediante a eliminação sistemática e progressiva de armas nucleares de forma não discriminatória e sujeita a verificação. Ao mesmo tempo, os três líderes reafirmaram o direito de todos os países de aplicar a energia nuclear para fins pacíficos e pediram uma solução diplomática para a questão nuclear iraniana dentro do contexto da AIEA.

De fato, Brasil e África do Sul têm pontos de vista comuns em se tratando de não proliferação e desarmamento, após terem abandonado seus respectivos programas de armas nucleares. A África do Sul colaborou como intermediário em um acordo entre os chamados grupos "minimalista" e "maximalista" durante a Conferência de Revisão e Extensão do TNP, de 1995. Pretória foi bem-sucedida ao fazer com que a conferência adotasse uma extensão indefinida do TNP e contraísse duas outras decisões relativas ao fortalecimento do processo revisional e um conjunto de objetivos e de princípios (não obrigatórios) sobre não proliferação e desarmamento. Em direção quase contrária, a Índia, país não signatário do TNP, se decidiu pela "opção nuclear". Isso coloca a Índia e os dois outros países do IBAS em lados opostos da fronteira nuclear (Sahni, 2006, p. 102). A Índia e o Paquistão poderiam aprender com o Brasil e a Argentina, quando esses países abriram mão mediante acordo bilateral, o que levou ao Acordo Quadripartite sobre Restrição Nuclear,[4] em 1990.

O acordo nuclear assinado entre os EUA e a Índia, em março de 2006, tem o potencial de "regularizar" a força nuclear dissuasiva da Índia e de abrir os canais para a comercialização de tecnologia nuclear para fins civis com a Índia. Em termos mais

---

[4] A negociação nuclear entre Argentina e Brasil iniciada em meados da década de oitenta levou a um processo cumulativo de negociações sobre não proliferação, que hoje em dia são consideradas o arquétipo das zonas livres de armas nucleares. Em novembro de 1990, os dois países assinaram o chamado Acordo Quadripartite, com a AIEA e a ABACC (Agência Brasil-Argentina de Contabilidade e Controle). Hoje, Brasil e Argentina formam o centro gravitacional da comunidade de segurança do sul da América Latina (Flemes, 2006).

específicos, a África do Sul está entre os mais influentes membros do Grupo de Fornecedores Nucleares (da sigla em inglês NSG). O NSG teve de aprovar o acordo nuclear EUA-Índia, e as decisões do Brasil e África do Sul foram vistas como críticas quanto à viabilidade do IBAS da perspectiva indiana (ibidem). Quando o primeiro-ministro Singh visitou Pretória duas semanas após a Cúpula de Brasília do IBAS, o presidente Mbeki anunciou que a África do Sul apoiaria o pedido da Índia no NSG para ter acesso à tecnologia internacional para um programa civil de energia nuclear (*Business Day*, 3 de outubro de 2006). O apoio ao acordo entre os EUA e a Índia, que não é signatária do TNP, indica uma grande mudança de uma regra e princípio teórico, para uma política sobre proliferação mais pragmática de Pretória.

Outras áreas de cooperação em defesa e segurança foram reconhecidas no Novo Plano de Ação de Nova Délhi (2004) do IBAS, como sendo especialmente favoráveis para a cooperação trilateral:

- ◆ Treinamento conjunto de operações de paz e intercâmbio de militares;
- ◆ Promoção da segurança marítima e aérea, inclusive combate contra armamento ilegal e tráfico de drogas e transporte marítimo de material químico tóxico nos oceanos Índico e Atlântico;
- ◆ Cooperação entre as indústrias de armamentos, pesquisa e desenvolvimento e comércio e *marketing*.

O segundo exercício militar naval do IBAS — IBASMAR II — ocorrido em setembro de 2010, na África do Sul, sendo a Índia o país responsável pelo seu planejamento. Seja como for, essa pauta de trabalho bastante ambiciosa para a cooperação em defesa, ainda não foi posta em ação até agora; mas mesmo quando entrar em ação, a cooperação trilateral em defesa que poderia contribuir para a segurança global, funcionará mais como cooperação setorial do que como uma abordagem comum em questão de governança global da segurança.

Consolidação da coalizão mediante a cooperação setorial?

A colaboração setorial do IBAS objetiva reforçar mutuamente o poder econômico, ao sinergizar suas complementaridades nos setores da indústria, serviços, comércio e tecnologia. Analistas otimistas preveem a criação de um mercado IBAS formado por 1,2 bilhão de pessoas; um PIB de US$ 1,2 trilhão; e um comércio internacional de quase US$ 400 bilhões a longo prazo (Kumar, 2006, p. 18). A coalizão trilateral tem a intenção de construir as bases da colaboração Sul-Sul, que se presume vá se espalhar por suas respectivas regiões e promover coalizões econômicas inter-regionais e transregionais. Os países do IBAS criaram um Acordo Comercial Trilateral para facilitar a aproximação e promover o comércio entre as suas respectivas regiões. Durante as reuniões do IBAS em Brasília, Pretória e Nova Délhi, foram realizados seminários comerciais. E as visitas que os chefes de Estado da Silva, Mbeki e Singh fizeram uns aos outros nos últimos anos sempre vieram acompanhadas de um grande contingente de empresários.

A cooperação setorial do IBAS estimula a exploração de sinergias em áreas de interesse mútuo, pela troca de experiências e das melhores práticas dos três países. Nos vários encontros de ministros do IBAS, desde 2003, foram criados grupos de trabalho trilaterais, com o objetivo de discutir a cooperação nas áreas comercial e de investimentos, segurança energética, infraestrutura e transporte, tecnologia da informação e comunicações, ciência e tecnologia, defesa, administração pública, educação, saúde, agricultura, turismo, temas sociais e culturais. Esses grupos de trabalho avançaram em diferentes graus. Memorandos de Entendimentos (MOU) e acordos similares foram assinados para os setores alvos do IBAS: saúde, comércio, transporte e segurança energética.

O comércio entre Índia, Brasil e África do Sul soma atualmente US$ 10 bilhões por ano.[5] O Plano de Ação para Facilitação dos Negócios assinado na Primeira Cúpula IBAS é uma etapa importante dos membros do IBAS em direção a um acordo de livre comércio trilateral, cujo objetivo é expandir ainda mais os negócios entre os três países e suas regiões. Simultaneamente, Índia-Mercosul e Mercosul-SACU assinaram acordos de comércio preferencial. Índia e SACU têm intenção de assinar um acordo de preferências tarifárias. São esperados ganhos econômicos decorrentes desses acordos inter-regionais. Mas os diferentes graus de internacionalização econômica da Índia, Brasil e África do Sul podem refrear as relações comerciais bilaterais e trilaterais entre eles, do mesmo jeito que limitam os interesses comuns desses países na OMC. Apesar do exposto, os países IBAS previram na Cúpula de Pretória, em outubro de 2007, um crescimento comercial, passando de US$ 10 bilhões para US$ 15 bilhões, em 2010.

Em razão da sua comparativamente menor, e liberalizada, economia, a África do Sul se encontra em uma situação de déficit em relação à balança comercial com a Índia e com o Brasil. Um estudo realizado por grande instituição de pesquisa sul-africana sobre o impacto potencial dos acordos de livre comércio com a Índia e com o Brasil (Stern & Stevens 2000) concluiu que os benefícios para a economia sul-africana seriam "relativamente modestos" se comparados com outras oportunidades regionais. O estudo também identificou as dificuldades de negociar reduções tarifárias com indústrias protegidas da Índia. Dupas (2006, p. 334) argumenta de forma parecida que a economia sul-africana e indiana são pouco complementares. Entretanto, Pretória negocia acordos de preferências comerciais com Nova Délhi e Brasília. A longo prazo, o acesso preferencial a essas grandes economias visa a transferência de tecnologia, conhecimentos e energia.

---

[5] Indian Deputy Foreign Minister Anand Sharma, citado em *Business Day*, 14 de setembro de 2009.

Apesar do prognóstico negativo, as relações econômicas entre África do Sul e Índia[6] floresceram desde o estabelecimento de relações diplomáticas em 1993. De praticamente zero, nesse ano, o comércio bilateral em 2007 chegou a US$ 2,9 bilhões (WTO, 2008b). Referentemente às relações entre África do Sul e Brasil,[7] há de se levar em conta a existência de diferentes circunstâncias: a renda *per capita* da África do Sul é muito mais alta do que a do Brasil, mas o tamanho da sua economia é menos de um terço da do Brasil. O volume total de negócios da África do Sul é quase metade do comércio total do Brasil. Mas apesar dessas diferenças, o comércio do Brasil com a África do Sul aumentou significativamente no período que se seguiu à desvalorização da moeda Real brasileira, alcançando US$ 2,3 bilhões em 2007 (ibidem).

Muitos entraves, tais como distância, língua, custo de transporte e a não disponibilidade de conexão aérea direta, dificultam as ligações comerciais entre Brasil e Índia.[8] Além disso, a comunidade empresarial brasileira manifestou sérias reservas a respeito de qualquer mudança mais profunda nas prioridades econômicas de seus mercados tradicionais (Alden & Vieira 2005, p. 1092). Apesar disso, o comércio entre Brasil e Índia mais que triplicou entre 2001 e 2007, passando para US$ 3,1 bilhões e dando a impressão de ritmo acelerado de crescimento. Em 2004, Índia e Brasil assinaram um acordo para a redução de barreiras tarifárias do agronegócio, indústria química e automóveis. Na

---

[6] As empresas sul-africanas investiram na Índia em minas de diamante e produção de joias, bebidas alcoólicas e serviços financeiros. As empresas indianas investiram em automóveis, tecnologia da informação, bebidas alcoólicas, produtos farmacêuticos, infraestrutura, seguros e hotéis.

[7] Atualmente, três quartos das exportações sul-africanas para o Brasil consistem de produtos minerais, produtos químicos e metais comuns, e suas importações do Brasil compõem-se, predominantemente, de maquinário, veículos, peças para veículos e também de produtos químicos.

[8] As empresas brasileiras investem nos setores de construção, infraestrutura e energia da Índia. Por outro lado, o governo brasileiro convidou empresas indianas a investirem em setores como agronegócio, tecnologia da informação e indústria automotiva.

sequência, em março de 2005, foi assinado um tratado bilateral de livre comércio entre Brasília e Nova Délhi (WTO 2005, p. 148). Os tomadores de decisão indianos veem o fortalecimento dos laços com o Brasil, sobretudo, como uma ponte para o grande mercado norte-americano. Na verdade, a cooperação econômica entre Índia, Brasil e África do Sul é dificultada pelo fato de que esses países produzem produtos similares e competem entre si para terem acesso aos mercados da Organização para a Cooperação e Desenvolvimento Econômico (OCDE).

Por causa das distâncias geográficas, o fortalecimento de conexões para o transporte é uma questão importante para a exploração dos potenciais de comércio e investimentos. Na primeira Cúpula de Brasília, um Acordo de Transporte Marítimo foi concluído com a finalidade de melhorar a logística e o aperfeiçoamento da base de competências marítimas. O Grupo de Trabalho Trilateral sobre Transporte preparou um Memorando de Entendimento sobre aviação civil, com o propósito de estabelecer serviços aéreos regulares entre os três países. Já em 2004, foram assinados tratados de cooperação entre companhias aéreas nacionais dos três países, a fim de simplificar o tráfego de pessoas e produtos. O setor de transporte dá oportunidade, também, para a troca de ideias sobre as melhores práticas.[9]

O setor de energia é outra área central de cooperação que foi discutida na Cúpula de setembro de 2006, na qual um Memorando de Entendimento sobre biocombustíveis foi assinado. Aproximadamente 62% das necessidades de energia do Brasil são atendidas por fontes renováveis; e dessas, 10% vêm do etanol da

---

[9] A experiência da Índia na automação de estradas de ferro pode ser estendida à África do Sul e ao Brasil. Paralelamente, a Índia e a África do Sul podem aprender com a experiência brasileira na introdução de capital privado para aprimorar a eficiência das estradas de ferro. A Índia, com seus renomados institutos de treinamento marítimo, pode oferecer treinamento marítimo moderno para marinheiros da África do Sul e do Brasil. Além disso, a experiência da África do Sul em gestão portuária pode ser estendida às autoridades portuárias da Índia (Kumar, 2006, p. 19).

cana-de-açúcar. Em abril de 2002, Índia e Brasil assinaram um Memorando de Entendimento para troca de tecnologia sobre a técnica de misturar gasolina e diesel ao etanol. A Índia é a maior produtora de cana-de-açúcar do mundo. Energia solar e liquefação de carvão são outras áreas com potencial para cooperação.[10]

No que diz respeito à futura cooperação em tecnologia nuclear, a Declaração Conjunta emitida na Cúpula de Brasília, em 2006, afirma que:

> Eles [os três chefes de Estado e de governo] concordaram que a cooperação nuclear civil internacional, sob as devidas salvaguardas da AIEA, entre os países comprometidos com o desarmamento e os objetivos da não proliferação, poderia ser realçada através de abordagens aceitáveis, voltadas para o futuro, consistentes com as respectivas obrigações nacionais e internacionais.

A África do Sul pretende superar a falta de energia nos seus centros urbanos por meio de grandes investimentos para a construção de novas usinas nucleares, e o Brasil controla todo o ciclo do combustível nuclear desde março de 2006 (Flemes, 2006). As três potências do Sul parecem determinadas a buscar sinergias em larga escala na produção de energia nuclear.

Conclusão

Os resultados referentes às sinergias em potencial entre os

---

[10] A competência indiana no campo da energia solar fotovoltaica poderia ser de grande interesse para o Brasil e África do Sul, considerando-se o clima e o imenso território desses países. A África do Sul tem uma indústria altamente desenvolvida de combustíveis sintéticos. Essa indústria se aproveita dos recursos abundantes de carvão no país e desenvolve especialização em tecnologia de liquefação de carvão. Tendo em vista os altos preços do petróleo, essa tecnologia pode ser comercialmente viável, vindo a ser explorada por empresas indianas.

países do IBAS em cooperação setorial são variados. Especificamente, as perspectivas de comércio bilateral e trilateral são limitadas por uma série de problemas. Diferentes magnitudes e graus de integração internacional das economias levam a diferentes graus de vantagens comerciais. Mas o maior obstáculo consiste na reduzida complementaridade entre os três mercados, porque Índia, Brasil e África do Sul produzem bens similares e competem por acesso aos mercados da OCDE. Mas o comércio é meramente um dos muitos negócios dessa coalizão multidimensional. Índia, Brasil e África do Sul não são parceiros comerciais naturais, e os limites de trocas comerciais entre eles devem ser levados em consideração. Conquanto um acordo comercial trilateral tenha sido mencionado em diversas ocasiões, um projeto tão grandioso quanto esse tem poucas chances de se materializar entre esses três países que estão tecnicamente vinculados a blocos comerciais regionais. Uma abordagem mais realista seria tomar a direção de facilitação comercial e melhoria do transporte e da infraestrutura entre os três agentes.

Com efeito, o mais provável é que os países do IBAS não vão se concentrar nas relações comerciais. Outros fatores como segurança energética, infraestrutura de transporte, políticas de saúde parecem oferecer maior sinergia. O sucesso do IBAS em cooperação setorial vai depender da habilidade de seus membros de se concentrarem, de maneira pragmática, em áreas distintas de cooperação e evitarem as de complementaridade duvidosa e que têm a tendência de atrapalhar o processo de cooperação. Resumindo, os interesses convergentes com relação ao projeto de reforma multilateral em âmbito internacional são muito mais óbvios do que as esperadas sinergias da cooperação setorial. Mas se definirmos cooperação setorial como um mecanismo para consolidar uma estratégia mais abrangente de equilíbrio suave, com o propósito de deslocar a distribuição dos poderes globais, as vantagens a curto prazo do comércio comum não são um parâmetro imprescindível para determinar o sucesso do IBAS.

Recentemente, a abordagem do equilíbrio suave pela coalizão dos emergentes deixou sua marca na ordem global. A eficiente participação do IBAS em organismos internacionais via "comitês de gestão" informais (Ikenberry & Wright, 2008), que são mais fáceis de reunir do que, por exemplo, o Conselho de Segurança da ONU, pode ter impacto sobre o caráter de multilateralismo e, mais especificamente, sobre seus valores processuais a longo prazo. A criação do G20 como o novo comitê de gestão para a governança econômica global, na Cúpula de Pittsburgh, em 2009, por um lado, refletiu esse novo modelo de multilateralismo global; por outro, veio a confirmar a chegada dos países do IBAS ao clube dos tomadores de decisão globais. Índia, Brasil e África do Sul têm estado entre os mais poderosos condutores da gradual mudança da diplomacia mundial e eles se beneficiam bastante das mudanças de poder global a eles relacionadas. Equilíbrio suave por meio da combinação de discurso das potências médias e da multi-institucionalização latente foi, e ainda é, uma estratégia eficiente e bem-sucedida contra um histórico de ordem internacional controlada pelas grandes potências e moldada por intermédio de organismos internacionais. Esses agentes que efetivamente operam dentro desses organismos globais e dos comitês de gestão como inovadores, edificadores de coalizões e porta-vozes — enquanto preservam grandes quantidades de soberania e de independência —, têm o potencial de influenciar substancialmente o desdobrar das futuras políticas globais.

A coalizão IBAS tem funcionado como a plataforma de lançamento para a ascensão de seus membros na hierarquia internacional dos países e vai continuar sendo a força motriz de reformas dos organismos internacionais no futuro. Os países do IBAS vão lutar coletivamente para o estabelecimento de sistemas internacionais financeiros e comerciais regulamentados e transparentes, e também para a reformulação do Conselho de Segurança da ONU. Mas esses objetivos são compartilhados por muitos outros países (por exemplo, Alemanha e Japão) e é pouco provável que se materialize a médio prazo. Na expectativa de questões relacionadas às negociações da OMC, é provável que Índia, Brasil e África do Sul concebam coalizões com propósitos definidos em áreas específicas, caracterizadas por interesses comuns, tais como o caso do TRIPS com relação a patentes de medicamentos para HIV/aids.

Contudo, em virtude de interesses nacionais divergentes, de diferentes estratégias de barganha e de assimetrias de poder entre seus membros é improvável que a coalizão IBAS vá ter sucesso nas negociações das questões de governança global na base de posições comuns. Isso se aplica à maioria dos tópicos da Rodada de Doha: agricultura, tarifas industriais e serviços. Na atual conjuntura, a função do IBAS/G3 pode ficar limitada à de formulador de propostas e presença de veto nas negociações da OMC. Problemas de segurança global, como não proliferação nuclear geralmente têm papel secundário nas políticas da aliança trilateral. Especificamente, a Índia cuida de seus interesses de segurança nacional e de suas ambições de poder, a expensas dos acordos multilaterais, porque seu *status* de potência nuclear enfraquece os regimes que adotam a não proliferação. Além disso, a importância nacional do IBAS, especificamente no que diz respeito à pauta de política econômica externa dos três agentes, difere consideravelmente entre eles. O IBAS repercute de forma discreta na Índia; no Brasil tem maior importância econômica e política; já o impacto global do IBAS é extremamente importante para a África do Sul.

Referências

ALDEN, Chris & VIEIRA, Marco Antonio. The new diplomacy of the South: South Africa, Brazil, India and Trilateralism. *Third World Quarterly*, vol. 26, n.º 7, pp. 1077-95, 2005.
BONN INTERNATIONAL CENTER FOR CONVERSION (BICC). *Conversion survey 2008: global disarmament, demilitarization, and demobilization*. Baden-Baden: Nomos, 2008.

BROOKS, Stephen G. & WOHLFORT, William C. Hard times for soft balancing. *International Security*, vol. 30, n.º 1, pp. 72--108, 2005.

BUENO, Adriana. The role of HIV/AIDS in the India-Brazil-South Africa Partnership (IBAS). *Paper* apresentado no seminário internacional "New Directions in the South? Addressing the Importance and Consequences of the Fórum de Diálogo IBAS to International Relations". Rio de Janeiro: Iuperj, jun., 2009.

BUZAN, Barry & WAEVER, Ole. *Regions and power: the structure of international security*. Cambridge: Cambridge University Press, 2003.

COOPER, Andrew F. & ANTKEIWICZ, Agata (eds.). *Emerging powers and global governance*. Waterloo: Wilfried Laurier University Press, 2008.

COOPER, Andrew F.; HIGGOTT, Richard A. & NOSSAL, Kim R. *Relocating middle powers: Australia and Canada in a changing world order*. Vancouver: UBC Press, 1993.

COX, Michael. Is the United States in decline – again? *International Affairs*, vol. 43, n.º 4, pp. 643-53, 2007.

DUCHÊNE, Francois. The European Community and the uncertainties of interdependence. In: KOHNSTAMM, Max & HAGER, Wolfgang (eds.). *A nation writ large? foreign policy problems before the European Community*, pp. 19-20. Londres: Macmillan, 1973.

DUPAS, Gilberto. South Africa, Brazil and India: divergence, convergence and alliance perspectives. In: VILLARES, Fábio (ed.). *India, Brazil and South Africa – perspectives and alliances*, pp. 311-39. São Paulo: Institute for the Study of International Economics, 2006.

FLEMES, Daniel. *Brazil's cooperative leadership in Southern Latin America's security policies*. Doutorado. University of Hamburg, 2006. Disponível em: <http://www.dissertation.de/englisch/index.php3?active_document=buch.php3&sprache=2&buch=4580>; acesso em 15-3-2009.

—. Conceptualising regional power in international relations: lessons from the South African case. GIGA Working Paper No. 53. Hamburgo: German Institute of Global and Area Studies, 2007.

—. Brazil's strategic options in a multiregional world order. *Paper* apresentado na 1st Regional Powers Network (RPN) Conference "Ideas, Interests, Resources and Strategies of Regional Powers – Analytical Concepts in Comparative Perspective", German Institute of Global and Area Studies, setembro, Hamburg, 2008.

FLEMES, Daniel & DETLEF, Nolte. Externe Rüstungs- und Militärallianzen: eine neue Dimension in Lateinamerikas Sicherheitsagenda. GIGA Focus Lateinamerika No. 9. Hamburgo: German Institute of Global and Area Studies, 2009.

FLEMES, Daniel & WOJCZEWSKI, Thorsten. Contested leadership in international relations: power politics in South America, South Asia and sub-Saharan Africa. GIGA Working Paper No. 115. Hamburgo: German Institute of Global and Area Studies, 2009.

FRIEDBERG, Aaron L. 1994. Ripe for Rivalry: Prospects for Peace in a Multipolar Asia. *International Security*, vol. 18, n.º 3, pp. 5-33, 1994.

GOLDMAN SACHS. *BRICs and beyond*. Londres: Goldman Sachs, 2007.

HAASS, Richard N. The age of nonpolarity: what will follow U.S. dominance? *Foreign Affairs*, vol. 87, n.º 3, pp. 44-56, 2008.

GREENFIELD PARTEM, Michael. The Buffer System in international relations. *The Journal of Conflict Resolution*, vol. 27, n.º 1, pp. 3-26, 1983.

GRIES, Peter Hays. China eyes the hegemon. *Orbis*, vol. 49, n.º 401-12, 2005.

HUNTINGTON, Samuel. The lonely superpower. *Foreign Affairs*, vol. 78, n.º 2, pp. 35-49, 1999.

HURRELL, Andrew. Some reflections on the role of intermediate powers in international institutions. Working Paper No. 244 "Paths to Power: Foreign Policy Strategies of Intermediate States", pp. 23-41. Washington, D.C.: Latin American Program, Woodrow Wilson International Centre, 2000.

—. Hegemony, liberalism and global order: what space for would-be great powers? *International Affairs*, vol. 82, n.º 1, pp. 1-19, 2006.

—. *On global order: power, values and the constitution of international society*. Oxford: Oxford University Press, 2007.

HUMPHREY, John & MESSNER, Dirk. Instabile Multipolarität: Indien und China verändern die Weltpolitik. Die Analysen und Stellungnahmen No. 1. Bonn: Deutsches Institut für Entwicklungspolitik, 2006.

IKENBERRY, G. John. Strategic reactions to American pre-eminence: great power politics in the age of unipolarity. Disponível em: <http://www.odci.gov/nic/confreports_stratreact.html>; acesso em 15-3-2009, 2003.

—. The rise of China and the future of the West. *Foreign Affairs*, vol. 87, n.º 1, pp. 22-37, 2008.

IKENBERRY, G. John & WRIGHT, Thomas. *Rising powers and global institutions*. Nova York: The Century Foundation, 2008.

KAGAN, Robert. *The return of history and the end of dreams*. Londres: Atlantic Press, 2008.

KUMAR, Nagesh. Sectoral co-operation within IBAS: some explorations in South-South co-operation. *Synopsis*, vol. 8, n.º 2, pp. 18-21, 2006.

LAKE, David A. & MORGAN, Patrick M. The new regionalism in security affairs. In: LAKE, David A. & MORGAN, Patrick M. (eds.). *Regional orders – building security in a new world*, pp. 3-19. University Park, P.A.: Pennsylvania State University Press, 1997.

LAS CASAS CAMPOS, Taiane. Brazil and India: interests and strategies in G20 process. *Paper* apresentado no seminário internacional "New Directions in the South? Addressing the Importance and Consequences of the Dialogue Forum IBAS to International Relations". Rio de Janeiro: Iuperj, jun. 2009.

LEMKE, Douglas. *Regions of war and peace*. Cambridge: Cambridge University Press, 2002.

MAHBUBANI, Kishore. *The new Asian hemisphere: the irresistible shift of global power to the East*. Nova York: Public Affairs, 2008.

MAULL, Hanns. Germany and Japan: the new civilian powers. *Foreign Affairs*, vol. 69, n.º 5, pp. 67-88, 1990.

MEARSHEIMER, John J. *The tragedy of great power politics*. Nova York: W. W. Norton, 2001.

MILDNER, Stormy Annika & HUSAR, Jörg. Indien, Brasilien und Südafrika in der Doha-Runde: Handelspolitische Interessen und Entscheidungsstrukturen. *Aussenwirtschaft*, vol. 63, pp. 69-98, 2009.

MILLER, Darlene. South Africa and the IBAS initiative: constraints and challenges. *Africa Insight*, vol. 35, pp. 52-7, 2005.

NOLTE, Detlef. Ideas, interests, resources and strategies of regional powers. *Paper* apresentado na 1st Regional Powers Network

(RPN) Conference "Ideas, Interests, Resources and Strategies of Regional Powers – Analytical Concepts in Comparative Perspective", German Institute of Global and Area Studies, setembro, Hamburg, 2008.

NYE, Joseph S. *Soft power. The means to success in world politics.* Nova York: Public Affairs, 2004.

PAPE, Robert A. Soft balancing against the United States. *International Security*, vol. 30, n.º 1, pp. 7-45, 2005.

PAUL, T. V. Soft balancing in the age of U.S. primacy. *International Security*, vol. 30, n.º 1, pp. 46-71, 2005.

SAHNI, Varun. Drag anchor or launching pad? regional dynamics of emerging powers. Manuscrito inédito. Nova Délhi, 2006.

SCHOEMAN, Maxi. South Africa as an emerging middle power: 1994-2003. In: DANIEL, John; HABIB, Adam & SOUTHALL, Roger (eds.). *State of the Nation: South Africa 2003-2004*, pp. 349-67. Cidade do Cabo: HSRC Press, 2003.

SHOVON RAY, Amit. Going global: India's economic aspirations and apprehensions in the new millennium. In: VILLARES, Fábio (ed.). *India, Brazil and South Africa – perspectives and alliances*, pp. 61-134. São Paulo: Institute for the Study of International Economics, 2006.

STERN, Matthew & STEVENS, Christopher. FTAS with India and Brazil: an initial analysis. Working Paper No. 10. Johannesburgo: Trade and Industrial Policy Secretariat, 2000.

STOCKHOLM INTERNATIONAL PEACE RESEARCH INSTITUTE (SIPRI). *SIPRI Yearbook 2008: armaments, disarmament, and international security.* Oxford: Oxford University Press, 2008.

WOHLFORT, William C. The stability of a unipolar world. *International Security*, vol. 24, n.º 1, pp. 5-41, 1999.

WOLFERS, Arnold. *Discord and collaboration: essays on international politics.* Baltimore, MD: The Johns Hopkins Press, 1962.

WORLD TRADE ORGANIZATION. *World Trade Report 2005.* Genebra: WTO, 2005

—. *World Tariff Profiles 2007.* Genebra: WTO, 2008a.

—. *World Trade Report 2008: trade in a globalizing world.* Genebra: WTO, 2008b.

ZAKARIA, Fareed. *The Post-American world.* Nova York: W.W. Norton & Company, 2008.

ÍNDIA, BRASIL E ÁFRICA DO SUL (IBAS): COOPERAÇÃO SUL-SUL E O PARADOXO DA LIDERANÇA REGIONAL

Marco Antonio Vieira
Chris Alden

EM JUNHO DE 2003, EM REUNIÃO REALIZADA NA capital brasileira, os ministros de Relações Exteriores da Índia, do Brasil e da África do Sul lançaram formalmente uma nova iniciativa diplomática. O Fórum IBAS, uma parceria trilateral entre as economias industrializadas emergentes, foi baseada numa definição comum das possibilidades e ganhos atingíveis por cooperação. Seus líderes esperam que mediante a formação de um diálogo formalizado entre os países em desenvolvimento seria possível construir a fundação para a coordenação de políticas de comércio e segurança no cenário internacional (IBAS, 2006). Três meses após o encontro em Brasília, durante a 58.ª Sessão da Assembleia Geral das Nações Unidas, os líderes dos três países anunciaram a formação do IBAS para a comunidade internacional. Nas palavras de Thabo Mbeki (2006),

> O IBAS é uma ideia cuja hora chegou. Trata-se de uma resposta necessária para o atual estado da economia global e o seu propósito e objetivos são ainda mais relevantes no contexto do fracasso das negociações na Rodada Doha [. . .] Felizmente, os interesses de Índia, Brasil e África do Sul coincidem na medida em que compartilhamos as mesmas

esperanças, aspirações e desafios e com o IBAS criamos uma plataforma a partir da qual podemos enfrentar esses muitos e variados desafios.

Um compromisso foi assumido de inserir o processo do IBAS dentro das burocracias ministeriais de cada participante e identificar setores nos quais elas ativamente buscariam criar políticas coesivas. O resultado foi o estabelecimento de catorze grupos de trabalho trilaterais nas áreas de agricultura, defesa, temas sociais, saúde, turismo, energia, transporte, sociedade da informação, ciência e tecnologia, educação, cultura, comércio e investimento. Encontros ministeriais, em Nova Délhi em 2004, 2007 e 2008, na Cidade do Cabo em 2005 e no Rio de Janeiro em 2006, reforçados por três encontros de cúpula realizados em Brasília em setembro de 2006, Tswante/Pretória em outubro de 2007 e Nova Délhi em outubro de 2008, confirmam o compromisso dos países com esse processo, ao passo que a tomada de posições conjunta nas reuniões da OMC mostra a influência do fórum na política global (IBAS, 2007).

Ao mesmo tempo, esse esforço de formalmente inserir o processo IBAS em vários níveis governamentais, combinado com os compromissos de liderança dessa empreitada, não é acompanhado por um impulso similar nas regiões dos países do IBAS. Esse descompasso com o nível regional tem impacto considerável na legitimidade do trio IBAS, pois a sua principal justificativa de liderança é baseada numa plataforma compartilhada de reconhecimento mútuo combinado com certa retórica de solidariedade entre países do Sul. Mesmo sem contar com um endosso equivalente do seu papel de liderança de sua região, os países do IBAS são cobrados por países ricos para desempenhar um papel seminal na representação dos interesses econômicos da região e também na administração de desafios de segurança. Esses fatores introduzem obstáculos importantes para o IBAS e para a possibilidade de o fórum atuar como uma parceria efetiva e capaz de influenciar processos internacionais.

Neste texto argumentamos que a sustentabilidade do IBAS depende de um claro reconhecimento da necessidade de legitimar a iniciativa tripartite em termos contemporâneos e, conjuntamente, um engajamento mais consciente com seus parceiros regionais para ganhar seu apoio. Do nosso ponto de vista, a construção de um papel de "liderança regional" para o IBAS baseado nas posições estratégicas dos seus membros *dentro* do sul da Ásia, América do Sul e sul da África é o ponto de convergência apropriado para legitimar a parceria diplomática entre os Estados do IBAS e uma base mais firme a partir da qual representar os interesses nacionais perante os países desenvolvidos.

A crescente importância econômica do Brasil, Índia e China, e a expansão de sua influência para além de seus redutos geográficos tradicionais, acrescentam maior complexidade para a relação trilateral em termos de competição intragrupo por mercados regionais, recursos naturais e influência política. Como descreveremos adiante, a crescente competição entre esses Estados do sul por oportunidades econômicas, particularmente no continente africano, tem implicações claras para o futuro da parceria. Apesar dessas diferenças, a formalização das relações trilaterais entre a Índia, Brasil e África do Sul em 2003 é uma prova de que esses Estados acreditam que juntos podem incrementar sua contribuição para a reformulação dos mecanismos de governança global em várias áreas sensíveis da política global, como o comércio internacional, finanças e a reforma das estruturas decisórias de organismos multilaterais.

Em seguida exploraremos o contexto histórico e as principais motivações por trás da emergência do IBAS. Continuamos com uma explicação do paradoxo que é o apoio dado pelo norte ao papel de liderança dos Estados do IBAS e a falta de reconhecimento dessa liderança pelos vizinhos regionais. Ela é seguida de uma breve análise dos atuais contextos geopolíticos da Índia, Brasil e África do Sul. Na terceira seção, discutimos os desafios à frente do IBAS causados pela crescente competição interna entre o trio e com a China por mercados, recursos naturais e influência política, especialmente no continente africano. Concluímos com um resumo dos temas principais aqui discutidos.

IBAS: história e lógica

A ideia de criar um fórum trilateral permanente entre Índia, Brasil e África do Sul foi inicialmente promovida pelo presidente sul-africano, Thabo Mbeki. Durante a sua visita ao Brasil em janeiro de 2003, para assistir à posse de Lula, foram estabelecidos os primeiros contatos bilaterais para discutir assuntos relevantes às políticas externas e domésticas de ambos os países (Amorim, 2003). Ainda em 2003, várias reuniões entre o ministro sul-africano de Relações Exteriores, Nkosazana Dlamini-Zuma e os seus equivalentes brasileiro e indiano solidificaram a ideia de estabelecer um fórum regular. A presença dos chefes de Estado da Índia, Brasil e África do Sul na Cúpula do G8 em Evian, em 2003, criou a oportunidade para o primeiro encontro de alto escalão em que a agenda política comum do IBAS foi apresentada para as nações mais ricas do norte. Isso eventualmente levou à formalização da parceria, realizada com a Declaração de Brasília em junho de 2003.

De acordo com o primeiro-ministro da Índia, Manhiman Singh, "o IBAS é um modelo único de cooperação transnacional baseado numa identidade política comum. Nossos três países vêm de continentes diferentes, mas compartilham da mesma visão do mundo e aspirações" (Singh, 2007). Historicamente, essas semelhanças são enraizadas na suas experiências comuns com o colonialismo/imperialismo e as desigualdades econômicas que as acompanharam e se acentuaram com o tempo. Eles também compartilham o *status* de poderes emergentes do Sul em razão da crescente importância de suas economias e o papel central desempenhado por suas políticas externas em negociações multilaterais. Índia, Brasil e África do Sul tradicionalmente mantinham-se à margem das instituições internacionais, cujo funcionamento tem sido ditado pelo Norte, e estiveram mais profundamente envolvidos com o internacionalismo terceiro-mundista. A Índia estava na vanguarda da Conferência Bandung de Nações Africanas e Asiáticas em 1955 e depois se tornou um dos mais fortes proponentes do "não alinhamento" no início da Guerra Fria. Nesse mesmo sentido, o partido que atualmente governa a África do Sul, o Congresso Nacional Africano (African National Congress — ANC), é um dos símbolos mais importantes da luta do terceiro mundo contra o colonialismo e racismo no continente africano.

O Brasil, por sua vez, tem sido historicamente um crítico aberto da distribuição desigual de poder econômico entre o Norte e o Sul e um forte proponente de uma Nova Ordem Econômica Internacional (NIEO). A personalidade semelhante desses Estados na cena mundial é o resultado de suas persistentes críticas à ordem global contemporânea e seu engajamento político com os desafios políticos e econômicos dominantes do Sul. A expressão *o Sul* funciona para eles como um símbolo mobilizador e expressão ideológica que abrange uma gama de desafios que precisam ser enfrentados por seus governos.

Tais processos de construção de instituições e identidade aconteceram tendo como pano de fundo grandes mudanças na estrutura normativa e na economia política das relações internacionais depois do fim da Guerra Fria. A origem do IBAS remonta às mudanças nos fluxos de comércio e desenvolvimento, e os esforços concomitantes para lidar com os desafios criados pela globalização. Depois de um período prolongado de euforia liberal, que levou a interesse renovado em um regionalismo direcionado ao mercado, muitos países no Sul começaram a reavaliar suas opções políticas e demonstrar uma atitude mais ativista diante do mundo desenvolvido. Os catalisadores dessa mudança de perspectiva foram: primeiro, uma série de consecutivas crises financeiras nos mercados exportadores asiáticos a partir de 1997, seguidos quatro anos depois pelo colapso de um dos seguidores mais ferrenhos do neoliberalismo, a Argentina. O que aumentou ainda mais esse descontentamento foi o fracasso dos países desenvolvidos no cumprimento dos compromissos feitos na Rodada Doha da OMC, especialmente as promessas de abrir seus mercados para as exportações agrícolas de países em desenvolvimento. Ficou claro na Conferência Ministerial de Cancún em 2003 — quando os países em desenvolvimento do G20 resistiram às tentativas dos Estados Unidos e da União Europeia de consolidar suas políticas de subsídios agrícolas — que o período de acomodação das relações Norte/Sul estava chegando ao fim. Na verdade, a posição unida de resistência demonstrada em Cancún pelos países em desenvolvimento mais poderosos marcou o começo de uma nova era nas relações internacionais do Terceiro Mundo (Alden & Vieira, 2005).

Após um período de crise institucional e falta de coordenação eficiente Sul-Sul, vários governos no mundo em desenvolvimento adotaram os princípios do liberalismo de mercado e houve muito poucas "histórias de sucesso" em termos de melhorias reais dos padrões de vida de pessoas comuns. Na verdade, o fracasso do "Consenso de Washington" elaborado pelo Norte, cujo objetivo era o desenvolvimento econômico (causou o contrário em vários casos), obrigou os países do Sul a formularem novas ideias, modelos institucionais e estratégias de desenvolvimento para combater o paradigma liberal dominante. No início do século, apesar das tentativas anglo-americanas e europeias de suprimir o pensamento clássico do Sul, países importantes do mundo em desenvolvimento têm reafirmado vigorosamente suas demandas tradicionais a respeito do comércio internacional, da reforma de organizações multilaterais e do desenvolvimento econômico enquanto adotam novos modelos institucionais para ação coletiva como o G20 e o IBAS.

Essa "nova onda de politização" entre os países intermediários reflete-se nos vários desafios feitos ao Norte em negociações e também em instituições internacionais-chave, no FMI, Banco

Mundial e o Conselho de Segurança das Nações Unidas. Em Cancún, o tipo de solidariedade terceiro-mundista que definiu as relações Norte-Sul durante os anos 1970 parece ter ressurgido na política coletiva de resistência demonstrada pelos países em desenvolvimento.

Tabela 1. Cenário do PIB dos países IBAS, China, UE e EUA

País	PIB (2003) (bilhões USD)	Crescimento médio do PIB (2004-2015) (bilhões USD)	Percentagem atual do PIB Mundial	Percentagem Prevista do PIB Mundial (2015)
Índia	600,6	6,1%	1,64%	2,3%
Brasil	510	4,0%	1,51%	1,6%
África do Sul	160	3,5%	0,47%	0,5%
China	1.370	6,5%	4,02%	5,8%
UE	9.796	2,0%	28,81%	25,5%
EUA	10.652	2,3%	31,32%	29,0%

Fonte: Banco Mundial e Goldman Sachs (2003).

Nos últimos 25 anos, líderes proeminentes do Sul se tornaram uma força política e econômica importante, completamente inserida na sociedade liberal predominante. Uma das principais características do novo Sul é a sua crescente estratificação, com alguns países obtendo altos níveis de crescimento econômico e industrialização, como a China, que está rapidamente se tornando uma potência industrial, enquanto outros ainda lidam com extrema pobreza e instabilidade política, especialmente na África subsaariana. Aumentos nos preços de *commodities*, orçamentos equilibrados com dívidas sob controle, e economias cada vez mais diversificadas ajudaram países em desenvolvimento como a Índia, África do Sul, Brasil e a maior parte do Sudeste Asiático a entrar num processo de "desacoplamento" gradual de suas economias das do Norte.

A Tabela 1 mostra que as impressionantes taxas de crescimento econômico, especialmente na China e na Índia, estão aumentando a participação das economias emergentes no PIB mundial. De fato, alguns especialistas preveem que a China, Índia, Brasil e Rússia vão se tornar os motores do crescimento mundial num futuro próximo.[1] Eventos contemporâneos na economia global indicam não só o fim da dominação econômica americana e europeia de grandes partes do Sul, mas também a reordenação das relações políticas e econômicas entre os países do Sul (Martin, 2008, pp. 339-56).

Uma nova tríade pós-bipolar de tipos distintos de Estado está evoluindo gradualmente: um clube do primeiro mundo de membros da Organização de Cooperação Econômica e Desenvolvimento (OCDE): um novo nível secundário de economias emergentes; e um terceiro mundo extenso e heterogêneo formado pelo resto (Cooper, Antkiewicz & Shaw, 2007). De acordo com essa perspectiva, a divisão Norte-Sul está evoluindo numa nova e mais complexa hierarquia internacional que tem um nível intermediário formado por potências médias do Sul cujos interesses, influência e capacidade de negociação estão mais próximos do mundo industrial avançado do que das necessidades de desenvolvimento do "velho Sul". Em 2006 o investimento externo direto (IED) das economias emergentes atingiu 14% do total mundial comparado a 5% em 1990.[2] O grupo indiano Tata, as empresas brasileiras Petrobras e Vale e a sul-africana De Beers são apenas alguns exemplos de multinacionais das economias emergentes conquistando espaço no cenário mundial. Nesse sentido, a identificação do IBAS com uma noção ideológica "do Sul", em termos de demandas econômicas e políticas de países neocoloniais, não é totalmente representativa dos verdadeiros interesses e *status* de Índia, Brasil e África do Sul na ordem global mundial.

---

[1] Em 2003, por exemplo, o banco de investimento Goldman Sachs cunhou o termo "BRICs" para designar o Brasil, a Rússia, a Índia e a China como as economias emergentes que se tornariam dominantes na economia mundial até 2050.

[2] The Challengers. *The Economist*, 10 de janeiro de 2008.

Tabela 2. Cenário do comércio global dos países IBAS, China, UE e EUA

País	Comércio total (bilhões USD)	Percentagem do comércio mundial	Porcentagem prevista em 2015
Índia	157	0,9	1,3
Brasil	131	0,8	1,1
África do Sul	66	0,4	0,3
China	715	4,4	6,2
UE	2.180	13,6	10,7
EUA	2.170	13,5	13,2

Fonte: Organização Mundial do Comércio (OMC) e Conferência das Nações Unidas para o Comércio e Desenvolvimento (UNCTAD).

A Tabela 2 indica que, até 2015, os parceiros IBAS e a China (excluindo a África do Sul) provavelmente terão aumentado suas participações no comércio global *vis-à-vis* a UE e os EUA. Nesse tipo de estrutura econômica internacional, é compreensível que essas economias emergentes desejem alcançar as potências estabelecidas e ser reconhecidas como parceiros iguais em organizações multilaterais, financeiras e políticas-chave como o FMI, Banco Mundial, OMC e o Conselho de Segurança da ONU. A realidade, no entanto, é que essas instituições têm sido utilizadas para promover e consolidar a hegemonia das potências tradicionais do Norte.

O Banco Mundial e o FMI têm seguido uma agenda neoliberal que promove a liberalização do comércio e contas de capital que, com a exceção de alguns poucos, não foi benéfico para os países em desenvolvimento. O resultado, em termos econômicos, das políticas dessas instituições internacionais nas últimas décadas foi tal que agora muitos acreditam que as IFIs (instituições financeiras internacionais) e a OMC defendem os interesses, de modo geral, dos países capitalistas do G7 e das suas corporações (Glenn, 2008, pp. 217-38).

Os governos da Índia, Brasil e África do Sul têm demonstrado (pelo menos retoricamente) forte disposição para confrontar essas disparidades de poder e influência em instituições multilaterais ao reafirmar a dimensão de solidariedade Sul-Sul de sua política externa. Como já foi dito, o problema é que o papel do Sul na economia global mudou significativamente nos últimos 25 anos. Apesar de a divisão Norte-Sul ainda ser uma característica predominante das relações internacionais do século XXI, sobretudo em termos do controle das estruturas de governança global exercido pelo Norte, as motivações ideológicas do passado (relacionados às questões residuais do colonialismo, racismo e dependência econômica) não são mais elementos constituintes das aspirações internacionais dos países mais importantes do Sul.

Afinidades ideológicas anacrônicas e uma agenda vagamente comum de confrontação com o Norte acabaram sendo um vínculo fraco demais para unir países do Sul com interesses diferentes (e muitas vezes conflitantes). Em julho de 2008, essas diferenças ficaram claras quando as negociações na Rodada Doha entraram em colapso expondo as fissuras na coalizão G20 de países do Sul. Para conseguir fechar um acordo multilateral, o Brasil estava disposto a fazer concessões para o Norte na liberalização do seu setor industrial. No entanto, a resistência da Argentina, o maior parceiro do Brasil no Mercosul, quanto à negociação de medidas protecionistas de importações não agrícolas e a insistência da Índia, Indonésia e China em introduzir mais salvaguardas para proteger fazendeiros de subsistência levaram ao colapso das negociações.[3]

Dada a ambivalência das relações contemporâneas Sul-Sul, o reconhecimento internacional do *status* dos poderes emergentes será mais bem atingido com a consolidação da liderança nos "exteriores próximos". As diplomacias do Brasil, Índia e África do Sul têm enfrentado graus variados de resistência de vizinhos mais fracos quando tentaram afirmar sua liderança regional. A Índia é o caso mais complexo no Sul Asiático por causa do seu longo conflito com o Paquistão e a competição estratégica com

---

[3] Bleak outlook after collapse in Doha. *Financial Times*, 3 de agosto de 2008.

a China. O papel de líder regional do Brasil e da África do Sul também está longe de ser consolidado. Na América do Sul, a administração brasileira na provisão de "bens públicos regionais" tem mostrado alguns sinais de progresso relativo, enquanto o governo da África do Sul ainda está enfrentando sérios obstáculos para agir como um definidor de agenda e construtor de coalizões no sul da África.

O paradoxo da liderança regional

Desde o fim da Guerra Fria, é pela interação regional que se tem forjado a legitimidade, liderança e *soft power* dos poderes emergentes do Sul. O fim do período em que rivalidade entre superpotências interferia nas funções de Estados significa que poderes locais viram aumentar a margem de manobra dentro da política regional. Isto é particularmente verdadeiro no caso da Índia, Brasil e África do Sul, países que têm procurado desempenhar um papel de liderança na representação de interesses regionais em negociações de comércio e administração da paz e segurança em suas respectivas regiões. Apesar dessa tendência, os governos destes três Estados têm tentado descrever o IBAS como um instrumento de promoção de interesses de todos os países em desenvolvimento, o que demonstra um engajamento com o aprofundamento da cooperação Sul-Sul e não meramente uma tentativa de inserir a parceira privilegiada numa fonte regionalmente definida de ação legítima.

Da economia internacional à segurança, a ordem regional tem se tornado um dos níveis da governança global contemporânea (Katzenstein, 2005). O impacto e a importância de se levar em conta a dimensão regional está refletida no foco cada vez maior dado pela política externa das principais potências a líderes regionais consolidados (ou em potencial). De fato, os convites feitos aos presidentes do Brasil, Índia e África do Sul a reuniões internacionais de destaque como o G8 e o Fórum Econômico

Mundial refletem o já amplo reconhecimento por parte das nações mais ricas e poderosas do papel de liderança regional destes Estados. Em termos de assuntos de segurança e políticos, os governos dos parceiros do IBAS têm sido encorajados por poderes ocidentais a assumirem responsabilidade na reação a crises regionais. O governo dos EUA tem a tradição de investir em alianças estratégicas com líderes regionais cuja influência ajudaria a promover seus interesses/sua segurança em determinadas conjunturas geopolíticas. É justamente este o caso da Índia no sul da Ásia, da África do Sul na África meridional e do Brasil na América do Sul (a Colômbia seria vista mais como um *proxy state* do que um líder regional). Como observado por Hurrell,

> Os Estados Unidos enxergam o poder regional e a ideia de devolução regional [*regional devolution*] como uma maneira de adequar suas ambições em escala global aos recursos que efetivamente possui. De igual modo, recentemente tem havido uma reivindicação por formas oligárquicas de governança global construída em torno de um grupo relativamente pequeno de países ocidentais (como no G8/G10) que seria ampliado para incluir poderes regionais-chave, principalmente para favorecer a legitimidade de representação (Hurrell, 2007, p. 141).

Todavia, a capacidade dos Estados pertencentes ao IBAS de efetivamente atuar como gestores de suas respectivas regiões permanece sem o aval completo de Estados vizinhos, e em algumas esferas eles são abertamente contestados. O reconhecimento limitado da Índia, Brasil e África do Sul como líderes regionais por outros Estados regionais põe um freio à realização de suas aspirações individuais e coletivas e ao mesmo tempo contradizem as expectativas internacionais quanto ao seu *status*. Sem dúvida, os três Estados se consolidaram como "poderes regionais" em termos de suas posições de domínio econômico e militar *vis-à-vis* outros Estados regionais. Sem concorrência regional, a diplomacia do IBAS transforma seus integrantes em intermediários autoindicados entre o Norte e o Sul, e não líderes do Sul, que eles afirmam representar. Por essa razão é evidente que, apesar de protestos, a supremacia regional dos Estados do IBAS não tenha se traduzido em "liderança", ou seja, a capacidade da Índia, do Brasil e da África do Sul de construir um consenso em torno de um projeto regional único e coeso (Sahni, 2007). As assimetrias de poder dentro de cada região em que residem os membros do IBAS representam limites para cada integrante agir como definidores de agenda, construtores de coalizões, negociadores e pontos de equilíbrio na cena internacional.

Como as reivindicações do grupo tripartite estão sujeitas à contestação em suas respectivas regiões, a tendência tem sido que o IBAS projete sua iniciativa em termos ideológicos mais amplos. Os ideais tradicionais da política externa, que datam dos primeiros momentos do ativismo sulista, influenciaram as concepções da elite governante de quais seriam suas aspirações comumente definidas. Os governos da Índia, Brasil e África do Sul, numa encruzilhada histórica crítica e bastante incerta, recriaram "a nova ordem mundial de ontem" (Ikenberry, 1993). Nas palavras de Cooper, Antkiewicz & Shaw (2007, p. 686), "a Índia exibe características de uma *persona* híbrida [...] Ela quer se juntar a novos clubes bilaterais, mais notavelmente o arranjo de segurança com os Estados Unidos. No entanto, a Índia continua apegada à capacidade de manobra dos Estados intermediários de oposição do G77 — um legado das décadas de não alinhamento pós-colonial".

Brasil e África do Sul também têm discrepâncias similares no que diz respeito às suas identidades internacionais, o que prejudica a coerência e legitimidade do IBAS. Estas disjunções permanecem uma limitação à sustentabilidade da parceria trilateral, na medida em que outros atores regionais hesitam em apoiar a aspiração dos membros do IBAS de se tornarem uma grande potência e cada vez mais se voltam para outros lugares para contrabalançar os países IBAS. O caso clássico do Paquistão, que forjou alianças com os Estados Unidos e a China para contrabalançar a Índia, repete-se na África com o Zimbábue cortejando a China para compensar a influência sul-africana e ocidental. De modo parecido, a liderança brasileira na América do Sul tem sido desafiada pela política externa assertiva da Venezuela e seus aliados "bolivarianos", a Bolívia e o Equador. A tradicional resistência argentina em aceitar as aspirações hegemônicas do Brasil na região também minou o esforço brasileiro de consolidar sua proeminência regional. A longo prazo, isso poderá colocar os três países numa trajetória parecida com a do México, que abraçou o Norte ao aderir à OCDE, e não de uma ruptura radical separando o Norte e o Sul. Em seguida, o artigo irá explorar os papéis específicos desempenhados pelo Brasil, África do Sul e Índia em seus respectivos contextos regionais.

O Brasil na América do Sul

A abordagem da política externa brasileira com relação à América do Sul durante o governo Lula tem sido caracterizada por uma espécie de "pragmatismo solidário" com relação a seus vizinhos. Em vez de adotar uma abordagem puramente altruísta, a diplomacia brasileira já produziu uma série de "bens públicos regionais" (*regional public goods*) materiais e simbólicos como uma forma de conquistar o apoio de vizinhos tradicionalmente resistentes ao reconhecimento do papel de liderança exercido pelo Brasil na região. Essa estratégia de política externa foi denominada por Rubens Barbosa, ex-embaixador do Brasil em Washington e Londres, a diplomacia da "generosidade".

Depois que Lula assumiu o poder em 2002, o Brasil adotou postura mais ativa na política da América do Sul. Como poder regional, buscou aumentar sua influência política pelo engajamento em várias missões diplomáticas em toda a região. A diplomacia brasileira interveio em várias crises domésticas e internacionais envolvendo a Venezuela, o Paraguai, a Bolívia, o Equador, a Colômbia e o Haiti. Em 2004, o Brasil enviou uma pequena força-tarefa para o Haiti substituindo tropas francesas e americanas no comando da missão de paz da ONU (MINUTSAH) na ilha caribenha. O papel-chave de liderança ocupado pelo Brasil no Haiti significativamente alavancou o perfil internacional do Brasil como uma potência regional.

Em vez de estar calcado nos atributos clássicos do *hard power*, a influência do Brasil na política regional foi alcançada pela "liderança normativa" assim como pelo uso de "instrumentos de formação de opinião" (Hill, 2003, p. 135). O investimento brasileiro em *soft power* como meio de aumentar sua estatura regional e global é ilustrada pela disposição de promover o governo democrático e a resolução pacífica de conflitos por intermédio de mecanismos multilaterais (Santiso, 2003, pp. 343-58). Mais recentemente, o país teve papel importante dentro do "Grupo do Rio"[4] durante o processo de mediação das disputas entre a Colômbia, o Equador e a Venezuela causadas pela morte de um guerrilheiro da Farc por forças armadas colombianas em território venezuelano.[5]

O ressurgimento do "bolivarianismo" de Hugo Chávez na Venezuela como fonte alternativa de identidade regional constitui um claro sinal de divisão no processo de construção regional liderado pela diplomacia brasileira. Todavia, o poder de atração da economia brasileira e sua postura pragmática na política global e regional têm superado a "revolução bolivariana" na luta para conquistar as mentes e corações de seus vizinhos latino-americanos. Sob a batuta de Lula, o governo brasileiro investiu

---

[4] O "Grupo do Rio" foi estabelecido em 1986, no Rio de Janeiro. Trata-se de um mecanismo permanente de consulta política e coordenação entre Estados latino-americanos e caribenhos.

[5] Colombian leader's raid gamble pays off. *The Washington Post*, 11 de marco de 2008.

na diversificação do já produtivo setor industrial brasileiro e direcionado energia política para estabelecer novas (e reforçar velhas) instituições regionais. Além disso, a recente descoberta de uma massiva reserva de petróleo na costa sudeste do país permitiu a Lula minimizar a importância do único "trunfo" da Venezuela para conquistar influência regional.[6]

Apesar do crescente engajamento do governo brasileiro com a América do Sul, o atual reconhecimento de seu papel de liderança regional ainda não constitui um fato consumado. De acordo com Lima & Hirst, por exemplo, "A expansão do envolvimento político do Brasil em crises locais, em conjunto com o aumento de atividades comerciais e de investimento com seus vizinhos sul-americanos não tem levado a um reconhecimento automático ou fácil da liderança regional do país em assuntos internacionais" (Lima & Hirst, 2006, p. 32).

O advento do regionalismo aberto, ocasionado por mudanças na economia política internacional do comércio e pela reconciliação entre os governos recém-democratizados em Brasília e Buenos Aires no final da década de 1980 resultou na formação de um mercado comum no Cone Sul (Mercosul). Ainda que num primeiro momento o comércio intrarregional tenha aumentado, o domínio da economia brasileira sobre as outras ficou evidente com a decisão de desvalorizar sua moeda em 1999, uma medida que precipitou o colapso da economia argentina e demonstrou que até mesmo o relacionamento benevolente recentemente consolidado poderia ter um impacto negativo em seus vizinhos (Bulmer-Thomas, 2001).

Em maio de 2006 a decisão de Evo Morales de nacionalizar o setor de gás natural e petróleo afetou negativamente as relações bilaterais com o Brasil, cujos investimentos, feitos por intermédio da Petrobras, chegavam a quase um bilhão de dólares. Além disso, o Brasil tem enfrentado dificuldade para obter o

---

[6] Quietly, Brazil eclipses and ally. *The New York Times*, 7 de julho de 2008.

apoio de seus vizinhos na reivindicação de um assento permanente no Conselho de Segurança da ONU, e a Argentina e o México explicitamente rejeitam essa iniciativa. Mais recentemente, a Argentina contrariou os representantes comerciais do Brasil ao unir-se com a Índia, a China e a Indonésia para bloquear um acordo comercial na última rodada de negociações comerciais em Doha. Buenos Aires, em troca, acusou o Brasil de traição por ter se afastado da posição acordada do Mercosul relativa à liberalização do setor industrial.

Apesar da desconfiança em relação aos reais interesses do Brasil na política regional, sua estatura global e sua postura assertiva têm incitado a admiração e o respeito de Estados menores na região. De modo similar, sua estabilidade macroeconômica e credenciais democráticas têm funcionado como poderoso instrumento de *soft power vis-à-vis* seus vizinhos. Até mesmo a Argentina, o mais estridente rival brasileiro, tem se esforçado para emular alguns dos sucessos brasileiros na política externa e doméstica.[7] Nesse sentido, o IBAS representa uma importante peça tendo em vista o objetivo de consolidar a posição de liderança na América do Sul almejado por Brasília. O reconhecimento desse arranjo trilateral pela comunidade internacional irá legitimar o novo papel do Brasil como líder global e como o melhor representante dos interesses da América do Sul.

A África do Sul no Sul da África

Durante seu governo, Thabo Mbeki tornou-se cada vez mais confiante na promoção de sua posição como um líder "natural" do continente africano. A articulação de Mbeki da renascença africana, uma reiteração da recuperação do pan-africanismo que começou a aparecer em seus discursos em 1988, almejava reafirmar

---

[7] Brasil deixa de ser ameaça para virar modelo para os argentinos. *O Estado de S. Paulo*, 4 de agosto de 2008.

a "africanidade" da África do Sul e legitimar seu *status* de líder regional. Desse processo surgiu a New Economic Partnership for African Development (NEPAD), uma iniciativa que se propôs a engajar países industrializados num programa de comércio e assistência ao desenvolvimento em parceria para fomentar o desenvolvimento entre países africanos (De Waal, 2002). Essa iniciativa envolveu a diplomacia em dois níveis, primeiramente dentro da África, para garantir apoio ao NEPAD e, num segundo, com os países do G8 por meio de contatos bilaterais e internacionais como interlocutor reconhecido para os interesses africanos. Este papel baseou-se no ativismo diplomático da África do Sul na esfera multilateral e no desejo de outros Estados de trabalhar com atores *like-minded* e com os meios suficientes para pôr em prática qualquer medida de cooperação.

De fato, as afirmações seminais da política externa sul-africana enfatizam a centralidade da sub-região, da África como um todo e do Sul como os locais adequados para a ação na era pós-*apartheid*. A política econômica e comercial produzida por um Departamento de Comércio e Indústria voltado para fora culminou no lançamento da "estratégia borboleta" (*butterfly strategy*), uma tentativa deliberada de promover laços comerciais com o Brasil e Índia (as asas) e ao mesmo tempo com a África continental (o corpo).

O racha dentro da Southern African Development Community (SADC) causado pela intervenção militar na República Democrática do Congo em 1998 e a incapacidade da "diplomacia silenciosa" (*quiet diplomacy*) de surtir qualquer efeito discernível na conduta do despótico Robert Mugabe no vizinho Zimbábue, aponta para os limites de Pretória. A crise no Zimbábue também ameaça a tessitura social e a coesão da sociedade sul-africana. O aumento drástico no tamanho da comunidade de refugiados na África do Sul, que se estima seja de 3 milhões, já causou grande transtorno doméstico. Em maio de 2008, após atos bárbaros de agressão perpetrados por sul-africanos negros, o governo montou campos de refugiados temporários para proteger os imigrantes deslocados do Zimbábue e de outras partes da África. Em assentamentos dentro e nos arredores de Johannesburgo, o sonho "pan-africanista" nutrido pela ANC tornou-se um pesadelo de violência xenofóbica em grande escala contra estrangeiros negros, o que trouxe à tona lembranças dos dias mais sombrios do domínio da minoria branca.

Regionalmente, a atitude complacente de Mbeki com relação a Harare arranhou um pouco o prestígio do governo sul-africano e sua pretensão de ser o ponto de referência de governo democrático e liderança no Sul da África (Schoeman & Alden, 2003). Em julho de 2008, a crise no Zimbábue teve destaque na pauta da reunião do G8 realizada no Japão. Houve uma crescente sensação de frustração entre os chefes de governo do G8, e principalmente do primeiro-ministro Gordon Brown da Grã-Bretanha, com a falta de uma postura mais firme exigindo democracia e direitos humanos no Zimbábue.[8] É bastante irônico que, nas palavras de Hamill & Lee,

> a sub-região do Sul da África seja onde as tensões e contradições que têm desafiado a política da África do Sul para a África tornam-se mais acentuadas seja onde a percepção é de que Pretória atua não como um poder intermediário administrando a colaboração mas como uma grande potência perseguindo uma agenda própria, muitas vezes em detrimento de interesses comuns (Hamill & Lee, 2001, p. 51).

Os fracassos patentes na imposição de sua visão de política externa para a região podem ser atribuídos à ausência de "valores comuns" ou mais particularmente à má vontade das elites

---

[8] G8 leaders grill Mbeki on Zimbabwe. *Mail & Guardian*, 8 de julho de 2008.

governamentais africanas de abraçar por inteiro ideias e arranjos que são vistos como estrangeiros. O poder de atração da África do Sul é, contudo, evidente em toda a porção sul da África, sendo movido pela expansão de empresas sul-africanas em setores de alta visibilidade como telefonia, hotelaria, televisão e, sobretudo, no comércio de varejo. O sucesso do empresariado sul-africano em penetrar os mercados africanos (e também de outras regiões em desenvolvimento) contrasta com o fracasso da diplomacia sul-africana em conseguir avanços na negociação de conflitos como os que ocorrem no Zimbábue e na Costa do Marfim. Ademais, muitos Estados africanos e ONGs continuam descompromissados, resistentes ou até mesmo sem conhecimento do item de pauta mais emblemático da política externa sul-africana, o programa NEPAD. O resultado é paradoxal, tendo por um lado a inabilidade sul-africana de exercer qualquer influência efetiva em sua região, apesar do emprego de seu peso militar, econômico e da utilização de instrumentos de *soft power* — o que inclui a persuasão — ao mesmo tempo que o país é festejado nas reuniões de cúpula do G8 como a autêntica voz dos interesses africanos.

O acordo de compartilhamento de poder entre Mugabe e o líder da oposição, Morgan Tsvangarai, assinado em setembro de 2008, parece ter finalmente feito valer o esforço de conciliação empreitado por Mbeki. Contudo, a resolução do impasse político no Zimbábue continua fora do alcance com a recente crise decorrente da composição de um novo governo de unidade. A proximidade ideológica de Mbeki com a luta anticolonial de Mugabe tem suscitado dúvidas entre as potências ocidentais quanto a sua vontade de ter um papel neutro no conflito no Zimbábue e contribuiu para manchar sua imagem de figura conciliatória e como a pessoa certa para fazer a ponte unindo o Sul e o Norte.

A Índia no Sul da Ásia

Tendo em vista as preocupações de Nova Délhi com questões de segurança no Sul da Ásia, a política externa da Índia após sua independência sob o Congress Party tem sido orientada por duas vertentes às vezes contraditórias: primeiro, uma orientada pelo poder e interesse nacional e, segundo, uma que adota a ideia de que um papel ativista ("não alinhamento") nas relações internacionais garantiria não apenas os interesses indianos, mas também de toda a humanidade. No entanto, com a eclosão da Guerra Indo-Chinesa em 1962 e em decorrência dos conflitos com o Paquistão, a ênfase de algum modo se deslocou da solidariedade com o Sul para uma expressão mais contundente do nacionalismo. Durante a Guerra Fria, a proeminência indiana no Sul Asiático foi contrabalanceada pela aliança militar do Paquistão com os Estados Unidos e a China, que foi instrumental na reorientação da política externa indiana no sentido de uma aproximação com a União Soviética.

Enquanto a América do Sul e, em grau menor, a região sul da África, assemelham-se a uma "comunidade de segurança" (*security community*) (Adler & Barnett, 1998), em que a guerra se torna cada vez menos provável e regimes de segurança coletiva estão razoavelmente bem estabelecidos, a situação no Sul da Ásia pode ser caracterizada como um "complexo de segurança" (*security complex*), baseado na distribuição de poder (mormente militar) entre cada unidade do sistema regional (Buzan & Weaver, 2004). A hostilidade regional entre a Índia e o Paquistão criou uma versão local da Guerra Fria no sentido de que é a rivalidade que baliza as interpretações dos tomadores de decisões com relação a outros assuntos regionais e que tem afetado a ação de Estados menores.[9]

---

[9] A Guerra Fria na realidade "esquentou" nas três rodadas de guerra entre a Índia e o Paquistão em 1948, 1964-65 e 1971.

A evidência de dificuldades em torno do reconhecimento de Nova Délhi como o representante legítimo das aspirações dos outros Estados da região em questões-chaves no plano internacional. O papel crucial desempenhado pela Índia na divisão do Paquistão com a consequente criação do Bangladesh, assim como sua incorporação forçada de territórios menores em sua órbita formal e informal, contribuíram para intensificar a desconfiança quanto às intenções de Nova Délhi.

A disjunção entre o papel da Índia como líder do Sul e a competição estratégica com seus dois rivais regionais, o Paquistão e a China, tem sido um aspecto recorrente da política externa indiana durante a Guerra Fria e também depois. De fato, a decisão do governo de Nehru de desenvolver armas nucleares — num período durante o qual o investimento indiano na cooperação Sul-Sul manifestava-se fortemente no NAM e nos recém-instituídos UNCTAD e G-77 — atrelava-se à derrota militar diante da China em 1962 e também a considerações mais amplas quanto à segurança no Sul Asiático. As duas guerras com o Paquistão pela região da Caxemira (1947-8 e 1965) e várias outras crises políticas e escaramuças entre os dois exércitos aumentou a instabilidade regional durante a década de 1980. O alto investimento em termos políticos, estratégicos e materiais feitos tendo como finalidade a segurança nacional desviaram o foco indiano do ativismo em nome do Sul, restando apenas a retórica e a utilização de plataformas como o NAM para atacar o bloco de poder dominante. Na realidade, contudo, os determinantes de poder da política externa indiana conduziram ao fortalecimento dos laços com um dos protagonistas da Guerra Fria, a União Soviética, resultando na perda de credibilidade entre seus parceiros não alinhados.

Mais do que qualquer outro Estado do Sul, a Índia tem sido diretamente afetada pelo clima pós-11 de setembro. Particularmente, a invasão da ONU e a ocupação do Afeganistão instigaram um relacionamento mais próximo com Washington.

Também um resultado das mudanças na dinâmica regional e doméstica de poder depois do atentado ocorrido em 2001, o Paquistão deixou de ser um concorrente de peso da Índia na disputa pela supremacia regional no Sul Asiático — em que pese, ou, provavelmente, justamente por causa do apoio militar e econômico renovado dos Estados Unidos a Islamabad. A intensificação da luta sectária e religiosa entre as elites políticas do Paquistão combinada com a ameaça crescente de muçulmanos radicais tem deixado a nação paquistanesa à beira da desintegração. Pervez Musharraf, governante do país desde o golpe militar ocorrido em 1999, não foi capaz de legitimar seu governo e a intensificação de agitações civis revelou uma sociedade brutalizada pela violência étnica e religiosa. De modo oposto, a robustez da democracia na Índia e a importância estratégica cada vez maior do Sul Asiático têm consolidado sua posição como um poder regional. Similarmente, relações bilaterais com a China têm melhorado significativamente durante as últimas décadas. Desde que o acordo de fronteira sino-indiano foi firmado em 1993, as relações diplomáticas entre Nova Délhi e Pequim têm sido relativamente cordiais.

A Índia tem tido mais habilidade do que os outros parceiros do IBAS na utilização de sua influência regional para obter ganhos políticos tangíveis em suas relações com as potências ocidentais. Com dúvidas crescentes em Washington quanto ao futuro do Paquistão como um aliado na guerra contra o Talibã e a Al Qaeda, o governo Bush tem enfatizado a importância estratégica da Índia na resolução de conflitos regionais e no combate a radicais muçulmanos domésticos (Mohan, 2006, pp. 17-32). A diplomacia indiana tem explorado essa renovada importância estratégica do Sul Asiático para realizar seus principais objetivos de política externa, tais como adquirir reconhecimento internacional de seu *status* como potência nuclear. Em outubro de 2008, o congresso dos Estados Unidos finalmente aprovou um acordo cuja negociação se estendia há muito tempo facilitando a cooperação nuclear com a Índia. O acordo é de grande significado simbólico já que ele formalmente reconhece a Índia como um Estado nuclear legítimo. Ao conceder *status* nucelar à Índia, os Estados Unidos esperam conquistar seu apoio em várias questões estratégicas, tal como a limitação das ambições nucleares do Irã, o controle dos conflitos internos no Paquistão, e a questão perene do poder e influência crescentes da China (Carter, 2006, pp. 33-44). Este pacto bilateral tem em grande medida elevado o *status* internacional de Nova Délhi como possível membro do grupo exclusivo das potências nucleares estabelecidas. No entanto, o pacto nuclear entre Índia e Estados Unidos também pode ter um impacto negativo na estabilidade estratégica do Sul Asiático. O Paquistão e a China já levantaram dúvidas quanto às repercussões na área de segurança do alinhamento entre Nova Délhi e Washington.

**China, Índia e Brasil na África:
parceiros estratégicos ou concorrentes da África do Sul?**

Enquanto as condições para a liderança regional podem estar enraizadas na combinação de processos históricos, expressões materiais do poder e fatores ideacionais em conjunto com fontes externas de legitimação, de fato dentro do IBAS este cenário é mais complexo ainda do que sugerido por esta descrição. Outro fator de complicação da relação entre os aspirantes a líderes regionais e suas respectivas vizinhanças regionais é o papel de outros poderes emergentes externos à região cuja capacidade de mobilizar recursos desafia os pressupostos de preeminência dos poderes regionais. Para todos os três países, o espetáculo da China — um gigante global com tremendos meios financeiros a seu dispor, com empresas estatais transnacionais cada vez mais competitivas e uma estratégia agressiva de buscar recursos vitais e fatias de mercado para realizar suas necessidades econômicas — fazendo seu alcance global chegar no interior dessas regiões levanta questões significantes.

Tabela 3. Mercados de exportação chinesa, por região (jan.-out. 2008)

Região	Valor (em centenas de milhões de dólares)	Fatia (%)
Valor total	12.023,3	100
América Latina	611,3	5,1
Ásia (ASEAN)	964,0	8,0
África	422,1	3,5
EUA	2.308,8	19,2
UE	2.466,9	20,5

Fonte: Departamento Geral de Assuntos Econômicos do Ministério de Comércio chinês.

Como indicado na Tabela 3, a penetração chinesa nos mercados do Sul Asiático, América Latina e África e seu impacto na região IBAS é distribuído de forma irregular. As restrições impostas sobre investimentos estrangeiros diretos (IED), ainda evidentes em setores da economia indiana, protegem o país da ação chinesa no mercado doméstico, apesar das crescentes tensões com indústrias locais por causa dos laços comerciais cada vez mais fortes. Dentro do subcontinente, não obstante os laços de longa data entre a China e o Paquistão e o conflito militar aberto com a Índia causado por disputas de fronteira com a Índia, atualmente a mais clara expressão do impacto da ascensão chinesa tem sido suas incursões políticas no Sudeste Asiático. Isso fica particularmente evidente no caso do Mianmar, país historicamente dentro da esfera de influência territorial e cultural da Índia. Essa conjuntura é bem diferente da brasileira em relação à China, pois o seu crescente envolvimento na América do Sul tem sido interpretado como uma oportunidade para promover o estreitamento dos laços econômicos bilaterais. A China tornou-se um dos principais importadores de *commodities* brasileiras e o total de comércio entre os dois países quintuplicou entre 2000 e 2003 atingindo o valor de US$ 8 bilhões.

Finalmente, a África do Sul tem visto os chineses desafiarem seus interesses na África assim como tido experiências de colaboração. Empresas chinesas — notadamente na área de infraestrutura, mas também, de modo mais seletivo, na mineração e no comércio de bens manufaturados e têxteis — tem levado empresas sul-africanas dominantes a perder contratos e fatias de mercado em ritmo alarmante. Ao mesmo tempo, algumas empresas sul-africanas têm conseguido adaptar-se a essas condições, mais notavelmente a principal instituição financeira do país, o Standard Bank, que vendeu uma participação acionária de 20% ao maior banco chinês, o Banco Industrial e da Construção da China e embarcou numa estratégia conjunta de buscar oportunidades financeiras no resto da África.

Talvez tão preocupante da perspectiva sul-africana tem sido a crescente presença econômica da Índia e do Brasil numa região considerada por Pretória como seu quintal. Desde o fim da década de 1990, ambos os países têm buscado recursos naturais africanos como parte da ampliação em todos os segmentos da economia globalizada. Multinacionais de mineração, como a brasileira Companhia Vale do Rio Doce (a atual Vale) e a indiana Vedanta conquistaram posições no Gabão, na Zâmbia e em Moçambique, em alguns casos tomando o lugar de empresas sul-africanas e em outros as desafiando. O governo brasileiro tem habilmente utilizado seus laços históricos com países lusófonos, cujas economias passam por rápida expansão, como Angola, Moçambique e Cabo Verde para facilitar a inserção de empresas. Atualmente, grandes empresas brasileiras, incluindo a Petrobras, a Vale e o grupo Odebrecht de engenharia e construção operam nas regiões africanas de língua portuguesa.

Outras empresas mais modestas de porte médio e pequeno, especialmente indianas, entraram na disputa e têm conseguido conquistar fatias de mercado no Sul e Leste da África, às vezes prejudicando interesses sul-africanos ou suas tentativas de expandir seus interesses. As implicações do enfraquecimento da posição sul-africana causada pelas vicissitudes da dominação econômica e com isso a concomitante redução da influência que a África do Sul é capaz de ostentar na África têm começado a se manifestar em suas políticas. Por enquanto as manifestações públicas de solidariedade a outros países emergentes continuam sendo a regra, mas nos bastidores o governo sul-africano é pressionado pela comunidade empresarial para lidar com a feroz concorrência que estes estão enfrentando de seus velhos parceiros diplomáticos. As reclamações feitas pela África do Sul sobre questões comerciais nas discussões bilaterais com a China estão sendo replicadas, ainda que em patamar mais baixo, em algumas das discussões com a Índia e o Brasil.[10]

Conclusão

Neste texto, argumentou-se que a chave para a construção de uma parceria sustentável entre a Índia, o Brasil e a África do Sul é o reconhecimento da importância de consolidar sua liderança em seus respectivos continentes. Contudo, o paradoxo é que, enquanto potências ocidentais — particularmente os Estados Unidos — se mostram receptivas ao papel de liderança regional dos membros do IBAS, a maioria de seus vizinhos ainda não está convencida das verdadeiras intenções de Nova Délhi, Brasília e Pretória. Como resultado a liderança dentro do IBAS define-se em termos globais como uma reivindicação pela liderança do mundo em desenvolvimento.

Todavia, no nível regional, a reivindicação do IBAS por liderança regional é menos clara e menos imbuída de legitimidade. Isso acaba por ter impacto negativo na capacidade do IBAS de agir efetivamente no cenário global. De fato, como apresentado anteriormente, uma avaliação do papel dos Estados do IBAS no Sul da Ásia, na América do Sul e no Sul da África indica a existência de graus variáveis de influência. A Índia é a região mais instável em comparação com seus parceiros do IBAS. Suas disputas de longo prazo com a China e o Paquistão e a ameaça

---

[10] China blocks subsidy challenge from SA. *Business Day* (Johannesburgo) 16 de fevereiro de 2009.

permanente por militantes islâmicos têm dificultado tentativas de construir uma comunidade regional estável no Sul da Ásia. De fato, a dissuasão nuclear — e não a existência de regiões institucionais — tem sido a fonte da paz relativa entre os Estados da região. Na África do Sul, o governo liderado pelo ANC tem enfrentado fortes críticas pelas potências do Norte por não ter se engajado mais enfaticamente no Zimbábue. Apesar de casos bem documentados de graves violações de direitos humanos e do virtual colapso da economia do Zimbábue, o governo de Robert Mugabe parece ter a última palavra nas relações regionais. O caso do Brasil parece ser o mais promissor. Em que pese o papel decisivo da revolução bolivariana já mostra sinais de evolução na conquista do apoio de seus vizinhos. O papel de outras potências emergentes nas relações regionais também terá um impacto na longevidade e efetividade do IBAS. A política comercial afirmativa da China nas regiões dos países do IBAS tem levantado questões a respeito da capacidade da Índia, do Brasil e da África do Sul de competir com Pequim como a melhor opção de fonte externa de desenvolvimento econômico pela via do comércio bilateral para os vizinhos regionais menores.

Tendo em vista a complexidade da política mundial contemporânea, potências do Norte e instituições multilaterais dependem cada vez mais da atuação de países em desenvolvimento-chave como "gerentes" de seus respectivos contextos regionais. Nessa conjuntura internacional, a legitimidade e o reconhecimento internacional da parceria do IBAS depende em grande medida da capacidade (e vontade) de seus integrantes de promover e manter áreas de segurança no Sul Asiático, América do Sul e sul da África. A adoção de uma postura firme na política regional pelos Estados do IBAS elevaria o *status* da parceria trilateral e assim corresponder a algumas das expectativas do Norte quanto à liderança regional e ao mesmo tempo consolidaria Índia, Brasil e África do Sul como os interlocutores apropriados do Sul *vis-à-vis* o mundo desenvolvido. Investir na resolução de disputas entre vizinhos, garantir a provisão de "bens públicos" regionais e engajar-se no processo de construção de instituições regionais parecem ser as estratégias de política externa fundamentais para alcançar a aceitação do papel de liderança regional destes países.

Referências

ADLER, E. & BARNETT, M. *Security communities*. Cambridge: Cambridge University Press, 1998.

ALDEN, C. & VIEIRA, M. The new diplomacy of the South: South Africa, Brazil, India and trilateralism. *Third World Quarterly*, vol. 26, n.º 7, pp. 1077-95, 2005.

AMORIM, C. Entrevista conjunta dos ministros de Relações Exteriores da Índia, Brasil e África do Sul, Brasília, MRE, 6 de junho de 2003.

BULMER-THOMAS, V. (ed.). *Regional integration in Latin America and the Caribbean: the political economy of open regionalism*. Londres: Institute of Latin American Studies, 2001.

BUZAN, B. & WEAVER, O. *Regions and powers: the structure of international society*. Cambridge: Cambridge University Press, 2004.

CARTER, A. B. America's new strategic partner? *Foreign Affairs*, vol. 85, n.º 4, pp. 33-44, 2006.

COOPER, A.; ANTKIEWICZ, A. & SHAW, T. Lessons from/for BRICSAM about South-North relations at the start of the 21st Century: economic size trumps all else?". *International Studies Review*, vol. 9, n.º 4, pp. 674, 2007.

—. Lessons from/for BRICSAM about South-North relations at the start of the 21st Century: economic size trumps all else? *International Studies Review*, vol. 9, n.º 4, pp. 686, 2007.

DE WAAL, A. What's new in the new partnership for Africa's development?, *International Affairs*, vol. 78, , n.º 3, 2002.

GLENN, J. Global governance and the democratic deficit: stifling the voice of the South. *Third World Quarterly*, vol. 29, n.º 2, pp. 217-38, 2008.

HAMILL, J. & LEE D. A middle power paradox? South African diplomacy in the post-apartheid era. *International Relations*, XV, 4, p 51, 2001.

HILL, C. *The changing politics of foreign policy*. Houndmills: Palgrave Macmillan, p. 135, 2003.

HURRELL, A. One world? many worlds? the place of regions in the study of international society. *International Affairs*, vol. 83, n.º 1, p. 141, 2007.
IBAS. Declaração Conjunta da Reunião do IBAS, Brasília, Brasil, 13 de setembro de 2006.
—. Declaração Conjunta da Reunião do IBAS, Tswane, África do Sul, 17 de outubro de 2007.
IKENBERRY, J. G. Creating yesterday's New World Order: Keynesian "New Thinking" and the Anglo-American postwar settlement. In: GOLDSTEIN, J. & KEOHANE, R. O. (eds.). *Ideas & foreign policy: beliefs, institutions, and political change.* Ithaca: Cornell UP, p. 48, 1993.
KATZENSTEIN, P. J. *A world of regions: Asia and Europe in the American Imperium.* Ithaca: Cornell University Press, 2005.
LIMA, M. R. S. & HIRST, M. Brazil as an intermediate State and regional power: action, choice and responsibilities. *International Affairs*, vol. 82, n.º 1, pp. 32, 2006.
MARTIN, W. G. Africa's future: from North-South to East-South? *Third World Quarterly*, vol. 29, n.º 2, pp. 339-56, 2008.
MBEKI, T. Comentários do presidente da África do Sul durante a reunião de chefes de Estado e governo do IBAS, Brasília, Brasil, 13 de setembro de 2006.
MOHAN, R. C. India and the balance of power. *Foreign Affairs*, vol. 85, n.º 4, pp. 17-32, 2006.
SACHS, G. Dreaming with BRICs: the path to 2050. Global Economics Paper No. 99, out. 2003. Disponível em <http://www2.goldmansachs.com/insight/research/reports/99.pdf>.
SAHNI, V. Ancla flotante o plataforma de lanzamiento? dinámica regional de los poderes emergentes. In: TOLKIAN, Juan (ed.). *India, Brasil y Sudáfrica: el impacto de las nuevas potencias regionales.* Buenos Aires: Zorzal, 2007.
SANTISO, C. The gordian knot of Brazilian foreign policy: promoting democracy while respecting sovereignty. *Cambridge Review of International Affairs*, vol. 16, n.º 2, pp. 343-58, 2003.
SCHOEMAN, M. & ALDEN, C. The hegemon that wasn't: South Africa's foreign policy towards Zimbabwe. *Strategic Review*, XXV, 1, pp. 1-28, 2003.
SIGH, M. (2007) Comentários finais do primeiro-ministro Manmohan Sigh na segunda reunião de cúpula do IBAS, Tswane, África do Sul, 17 de outubro de 2007.

A POLÍTICA EXTERNA PÓS-*APARTHEID* DA ÁFRICA DO SUL: O PASSADO COMO PRÓLOGO?

GARTH LE PERE

EM SEU DISCURSO DO ESTADO DA NAÇÃO PROFErido no parlamento sul-africano no dia 3 de junho de 2009, com a recessão global econômica servindo de pano de fundo sombrio, o presidente Jacob Zuma esforçou-se arduamente para enfatizar a necessidade de continuidade política, referindo-se ao "sistema democrático constitucional funcional" da África do Sul como o fundamento para se celebrar "[. . .] nossa cultura de continuidade e responsabilidade coletiva [. . .] após uma transição sem sobressaltos, nos tornando um país único em vários sentidos". Seguindo adiante, o presidente reiterou os compromissos de seu país, *inter alia*, a priorização da África, o fortalecimento da integração regional no Sul da África, o apoio à paz no continente, o auxílio na reconstrução do Zimbábue, o fortalecimento das relações Sul-Sul, o incremento do diálogo Norte-Sul, e o esforço ativo para melhorar as perspectivas de se chegar a uma conclusão da Rodada de Doha. Seu discurso adquiriu contornos ainda mais incisivos tendo em vista que dentre os vários dignitários presentes encontravam-se os dois ex-presidentes: Nelson Mandela e Thabo Mbeki. As clivagens hostis no interior do partido governante, o Congresso Nacional Africano (African National Congress — doravante ANC) que levaram o ora presidente

Mbeki a convocar um conturbado e controverso *recall* parlamentar e à formação de um partido dissidente, o Congresso do Povo (Congress of the People), parecia uma memória distante no momento em que Zuma invocou o *status* icônico do presidente Mandela "[. . .] que assentou as fundações para as conquistas do país", sem deixar de reconhecer a contribuição de Mbeki "[. . .] que soube construir a partir dessa fundação" (Zuma, 2009).

O significado deste evento para a política externa da África do Sul é que os três presidentes representam e simbolizam três gerações de um novo *Zeitgeist* que sobreveio após a transição democrática de 1994. Um sistema democrático constitucionalmente definido veio repor a frágil e estreita hegemonia do *apartheid*, universalizando a presença do Estado, suas instituições e a sociedade civil. Isto produziu um novo imaginário no qual passaram a ser enfatizados o mercado, as instituições democráticas, liberdades individuais, direitos humanos, racionalidade nas políticas públicas, normas e valores inclusivos e uma identidade nacional comum (Marais, 1998, pp. 83-93). Esta nova arquitetura constitucional foi capaz de dar vários enquadramentos aos imperativos da política externa sul-africana, definindo como o país se engajaria com um mundo radicalmente modificado. A era Mandela foi, desse modo, um tempo de transformação e heroísmo ao tentar converter os princípios da política externa do governo em uma ampla visão universal e cosmopolita. A durabilidade do princípio e sua orientação idealista, com ênfase em direitos humanos, promoção da democracia pelo mundo, forte crença na cooperação e no direito internacional, e um profundo e permanente compromisso com os interesses da África, viriam a ser testados no crivo de uma *realpolitik* e pelas limitações de recursos materiais, habilidades diplomáticas e aquelas oriundas de uma identidade nacional contestada. As restrições de um "universalismo incipiente" (*inchoate universalism*) (Alden & Le Pere, 2003, p. 26) — essencialmente a abertura de portas nacionais e internacionais no mesmo espírito de reconciliação que caracterizou sua própria transformação doméstica — encontrou sua expressão num compasso estratégico elástico; ou como afirmado por um crítico, "pode-se dizer que falta nas relações exteriores da África do Sul uma orientação mais ampla assim como um propósito estratégico" (Mills, 1997, p. 19). Na tentativa de corrigir os impasses e os descompassos da era Mandela, a presidência da Mbeki (1998--2008) incorporou o espírito do pragmatismo na administração institucional, assim como maior coordenação e foco, ao mesmo tempo que inaugurou uma espécie de messianismo quanto às possibilidades de um Renascimento africano, concentrando as forças na criação de sinergias entre países em desenvolvimento paralelo ao reconhecimento da importância estratégica de laços fortes com o eixo de países desenvolvidos — essencialmente o G8.

As ortodoxias e os axiomas que orientaram os dois primeiros períodos presidenciais, ao que parece, serão mantidos e reafirmados na era Zuma, porém adotando um cardápio mais enxuto de opções, despido de palavras de ordem ideológica e do tom de cruzada; ao menos esta foi a resolução tomada durante a última conferência partidária em Polokwane, em dezembro de 2007. A era Zuma assim promete ter um perfil de adaptação e continuidade em termos das tradições e dos pontos de sustentação das cartas normativas que guiaram seus antecessores, cujo centro de gravidade está menos concentrado na presidência, como fora o caso durante os anos de Mbeki. Como prova disso e atento aos déficits de governança global, amplificados atualmente pela crise financeira global, a nova ministra Maite Nkoane-Mashabane do rebatizado Departamento de Relações Internacionais e Cooperação, assinalou: "fomos invocados a desempenhar nosso papel no desenho de uma ordem internacional que irá trazer os benefícios prometidos para os povos do mundo, muitos dos quais ainda vivem em condições da mais abjeta pobreza". A reforma do sistema de governança global tornou-se *a fortiori* praticamente um imperativo, segundo a ministra, baseado "[...] na nossa forte crença na importância do multilateralismo [...] e na nossa busca por uma integração forte e efetiva do nosso continente" (2009).

Este texto busca destacar o caminho percorrido pela África do Sul na condução de uma ambiciosa política externa, iniciada em 1994. Em linhas gerais, ela será informada pelas tensões entre um multilateralismo ético *e* um pragmatismo instrumental, os quais têm escorado debates e avaliações da política externa sul-africana pós-*apartheid* (ver, por exemplo, Carlsnaes & Nel, 2006). Este "globalismo ambíguo" (Nel, 2006, pp. 108-21) ainda define em boa medida a concepção do papel da África do Sul na política externa, que em termos teóricos compreende-se da seguinte maneira: "[. . .] a definição dos *policy-makers* das formas gerais de decisões, compromissos, regras e ações adequadas ao Estado e das funções que o Estado deve desempenhar em diferentes contextos geográficos e temáticos" (Holsti, 1988, pp. 110-1). Em vez de uma avaliação temporal e linear da trajetória das políticas externas das duas presidências, o objetivo aqui será focar nos marcadores temáticos-chave dentro da política externa sul-africana para então refletir sobre suas implicações para a atual administração de Jacob Zuma. Argumentarei que as ações de política externa perderão um pouco seu "fetiche" presidencial se comparadas com a presidência de Mbeki. Nesse sentido, a administração da agenda passará cada vez mais a ser uma responsabilidade ministerial sob a batuta administrativa de uma diferenciada e modernizada política de "relações internacionais" e "cooperação".

Este texto começará com um breve exame dos desafios institucionais e da maneira como a máquina de política externa foi reformada. Este exercício é importante para assentar as fundações e atribuição de significado para uma política externa pós-*apartheid*. Em seguida, destaco quatro áreas temáticas que exprimem os desafios e feitos que acompanharam a tentativa sul-africana de administrar e apresentar uma ambiciosa agenda de política externa. A primeira destas examina o *leitmotif* multilateral como o pilar essencial da orientação de sua política externa. Passo então a uma análise do escopo e da complexidade da diplomacia de paz e conflito para a África como outra pedra fundamental da política externa sul-africana. Esta área relativamente subexplorada de ajuda externa para o desenvolvimento colocando a África do Sul como um "doador emergente" merece atenção como a terceira área temática. A quarta está voltada ao trauma da xenofobia e o impacto da hostilidade dirigida a estrangeiros sobre a imagem da África do Sul no exterior. Conclui-se com um exame das implicações do empreendedorismo normativo e da perspectiva cosmopolita da África do Sul como um poder intermediário e com uma avaliação da perspectiva de continuidade da tradição de política externa desenvolvida desde 1994 com Zuma no comando do navio do Estado.

A dimensão institucional e diplomática

No processo de expurgo de uma memória de quase quatro décadas de relações internacionais de *apartheid*, cujo objetivo principal consistia em insular o país do opróbrio internacional e de sanções, o novo governo teve de reestruturar a arquitetura institucional da política externa de modo que tornasse possível uma diplomacia ativamente internacionalista numa ordem mundial pós-Guerra Fria radicalmente alterada. Assim, em 1995, a África do Sul já havia conseguido estabelecer 93 missões permanentes no exterior e relações diplomáticas plenas com 46 países africanos, uma indicação do foco continental de sua política externa. No fim de 1994, 136 países tinham representações na África do Sul. O país tornou-se membro ou foi readmitido em dezesseis organizações multilaterais; foram concluídos 86 acordos bilaterais, aderiu-se a 21 tratados multilaterais (Le Pere & van Nieuwkerk, 2004, pp. 120-1). Não é à toa que em 1999 o presidente Mandela pôde proclamar com justiça que "para um país que até poucos anos atrás era a ovelha negra do mundo, a África do Sul passou por uma verdadeira revolução em suas relações com a comunidade internacional (Mandela, 1999).

No entanto, a tarefa de transformar esta cultura institucional não foi fácil. Isto se aplica especialmente ao caso do Departamento de Relações Exteriores (o *Department of Foreign Affairs* — *DFA*) como o principal condutor sob novas orientações dos engajamentos externos da África do Sul. As medidas tomadas para atingir maior equilíbrio no que tange a representação de raça e gênero foi fonte de tensões e duros embates. Se hoje a maioria dos diplomatas de carreira é negra, em 1997, o pessoal de apoio às missões continuava a evidenciar um desequilíbrio: 60% era de brancos e 40% de negros. Os ressentimentos causados pelos critérios raciais adotados para compor o departamento foram agravados pelas visões de mundo antagônicas entre oficiais da velha e nova ordem. Um analista chegou a afirmar que o corpo de oficiais estava dividido entre "internacionalistas" e "neomercantilistas". Aqueles representando o governo anterior estariam incluídos nessa segunda categoria que, "[. . .] em sintonia com a lógica neorrealista, enfatizam a importância do comércio e do autointeresse acima de tudo". Já os internacionalistas são aqueles que retornaram após anos no exílio e dotados de uma orientação em que há "[. . .] um grau nitidamente maior de solidariedade com os problemas coletivos do mundo em desenvolvimento" (Van der Westhuizen, 1998, p. 444).

Outro desafio para as relações internacionais pós-*apartheid* surgiu com a emergência de múltiplos atores capazes de moldar, determinar e implementar políticas. Isso pode não parecer muito surpreendente numa era em que a política externa abarca, entre outras coisas, a importância dos mercados financeiros globais, fluxos de comércio regionais e internacionais, questões ambientais, novas formas de governança global e assim em diante, mas tudo isso deu origem a sérios problemas de coordenação para o DFA. Não raramente a agência entrou em conflito com vários outros atores, inclusive o parlamento e outros departamentos de Estado como o de Comércio e Indústria, Defesa, Inteligência e Finanças. Daí se originaram acusações de incoerência e falta de transparência na formulação de políticas (Muller, 1997, p. 69). As vozes críticas de acadêmicos, institutos de pesquisa de ONGs formaram uma arena adicional de escrutínio e debate, muitas vezes resultando em recriminação (Le Pere & Vickers, 2004, pp. 69-73). Ademais, durante aqueles primeiros anos o comando e virtual predomínio do presidente Mandela sobre toda decisão de política externa mais importante praticamente eclipsou os papéis do DFA, dos demais departamentos compondo o gabinete e o parlamento. A metáfora de Colosso de Rodes usada para descrever a estatura assumida por Mandela "[. . .] significava que a imagem da África do Sul (e de sua política externa) tende a ser equacionada com a figura do presidente. Como resultado, a política tem se colocado a serviço de suas declarações públicas e não o contrário" (Mills, 1997, p. 19).

Durante o governo de Mandela, muitas críticas tinham como alvo as ambiguidades estratégicas e as abordagens incoerentes adotadas pela política externa. Havia, por exemplo, uma tensão palpável entre os interesses comerciais e políticos da África do Sul e o papel que o país assumiu numa cruzada moral em prol dos direitos humanos e da democracia. Contudo, quando Mbeki assumiu a presidência em 1999 ele trouxe para a política externa uma visão mais abrangente e uma definição mais bem-acabada de seu propósito. Como o primeiro subordinado direto de Mandela, Mbeki tinha considerável influência na formatação da política, porém tinha consciência plena de que ele não poderia substituir o vulto de Mandela e que, portanto, teria de cavar seu próprio nicho de acordo com seu estilo pessoal, impulsos estratégicos e temperamento político. Na esteira da segunda eleição democrática do país em 1999, Mbeki assegurou controle político avassalador para o ANC, alçando-o e um círculo restrito de colegas e confidentes no comando das políticas públicas.

Importantes mudanças foram introduzidas na máquina política e burocrática do DFA, então considerada custosa, descoordenada e ineficiente. Como argumentado por Mills "a natureza da máquina de política externa não afeta apenas a capacidade de alcançar objetivos políticos, mas também tem um papel inerente na formatação da natureza destes mesmos objetivos" (Mills, 2000, p. 328). Elemento-chave para as mudanças foi a reestruturação da presidência como o *locus* de formulação da política externa e tomada de decisão. Tal reformulação estaria baseada num "sistema de governança integrada" sustentada pelo compromisso com "uma administração eficiente e efetiva do governo pelo presidente em conjunto com o vice-presidente e seu gabinete" (Chikane, 2001). A atividade desse grupo teria o apoio de seis *clusters* responsáveis por diferentes áreas de políticas públicas: social; econômico; investimento e emprego; relações internacionais, paz e segurança; justiça, prevenção de crimes e segurança; e governança e administração. Nesse sistema, a presidência se tornaria o centro gravitacional político como poder de decisão e autoridade concentrada com o intuito de melhorar a gerência e eficiência e de acompanhamento de resultados. Essa mudança para uma racionalidade substantiva e procedimental incrementada e maior economia cognitiva em que atores políticos dispersos foram reunidos para tocarem sob uma única batuta, de modo que compatibilizasse com maior eficiência fins e meios, tornou-se uma das marcas da presidência de Mbeki. De fato, ao tentar controlar as tendências centralizadoras da era Mandela em relação à política externa Mbeki acabou consolidando-se como o chanceler *de facto,* deixando o ocupante do posto, o ministro Nkosazana Dlamim-Zuma, criticado por ser meramente um "mensageiro glorificado".

Ativismo multilateral

A adesão sul-africana ao princípio de multilateralismo é derivada da possibilidade de se promover a justiça global por meio da cooperação internacional e da obediência aos cânones do direito internacional. Ao longo dos dois primeiros governos pós-*apartheid*, a reforma do sistema multilateral serviu como importante propulsor, mas isso foi especialmente verdadeiro durante a era Mbeki como parte de um cálculo estratégico bem definido (Alden & Le Pere, 2004, p. 66). A lógica desse impulso e seu conteúdo foram articulados da seguinte forma em seu discurso ao parlamento em 2000:

> No centro de todos os engajamentos [. . .] encontramos o ponto crítico de nossos tempos, a saber, como a humanidade deve reagir ao irreversível processo de globalização ao mesmo tempo que lida com os desafios enfrentados pela maioria da humanidade. Estes compreendem a pobreza, o subdesenvolvimento, o aumento da disparidade entre o Norte e o Sul, racismo e xenofobia, discriminação de gênero, saúde, conflitos violentos e as ameaças ao meio ambiente [. . .]. Este engajamento deve necessariamente tratar, entre outras coisas, da reforma da ONU, inclusive o Conselho de Segurança, uma revisão de órgãos como o FMI e o Banco Mundial, a definição da agenda e o modo de operação da OMC e uma avaliação do papel do G7. Tais processos devem centrar-se no objetivo de reverter a marginalização da África e do resto do Sul (Mbeki, 2000).

As credenciais multilateralistas da África do Sul certamente foram fortalecidas pela mostra que deu de seu compromisso com princípios e ativismo como um "empreendedor normativo" (Geldenhuys, 2006, pp. 97-106). Assim, entre 1994 e 2000, o país assinou setenta tratados internacionais e tornou-se membro de quarenta organizações. Cumpriu ainda papel de destaque na extensão sem prazo do Tratado de Não Proliferação Nuclear, o Processo de Ottawa de 1997 para o banimento de minas terrestres e na adoção do Estatuto de Roma para o estabelecimento do Tribunal Criminal Internacional, em 1998. Ao voluntariamente abrir mão de sua capacidade nuclear, a África do Sul liderou a finalização do texto declarando a África como zona livre de armas, culminando no Tratado de Pelindaba. Sua liderança no desarmamento ajudou a fortalecer a Convenção de Armas Biológicas; teve papel de liderança também na Coalizão da Nova Agenda sobre armamento nuclear e participou ativamente no controle da disseminação de armas convencionais na África e globalmente sendo reconhecida com a indicação para a Conferência de Desarmamento da ONU (Wheeler, 2004, pp. 88-9).

O país passou também a assumir papéis de liderança em instituições multinacionais: de 1995 a 1999 e novamente de 2008 e 2009 ocupou um assento do SADC; de 1996 a 1999 na UNCTAD; liderando o Movimento Não Alinhado de 1998 a 2001, a Comissão de Direitos Humanos da ONU de 1998 a 1999, a Commonwealth de 1998 a 2002 e o G77 de 2005 a 2006 (Vickers, 2008, pp. 170-3). Teve ainda uma controversa passagem pelo Conselho de Segurança de 2006 a 2008, especialmente em relação a contenciosos de direitos humanos em Mianmar e Zimbábue. Na OMC, como membro do Grupo da África e do G20, foi um defensor ativo, em conjunto com países com propósitos semelhantes, da adoção de procedimentos mais justos e equilibrados na Rodada de Doha.

No circuito global e regional de conferências — em que a popularidade da África do Sul aparece em vigésimo segundo lugar — o país tem se beneficiado de uma reserva de *soft power* tornando-o "[. . .] um destino global de preferência para negociação e discussão, em sintonia com seu papel de poder intermediário em termos de política externa" (van der Westhuizen, 2006, pp. 143). Como argumentado por van der Westhuizen, "[. . .] uma motivação sobrepujante, além do prestígio, é a expectativa das elites estatais de que o custo de sediar estes eventos será convertido em benefícios econômicos e sociais" (2006, p. 139). A África do Sul portanto foi capaz de receber a conferência da UNCTAD em 1996, a cúpula da NAM em 1998, a reunião de chefes de

Estado da Commonwealth em 1999, a conferência da UNAIDS em 2000, a Conferência da ONU sobre o Racismo em 2001, a cúpula inaugural da União Africana em 2002, a Cúpula Mundial de Desenvolvimento Sustentável em 2002 e a Internacional Socialista em 2005. A África do Sul sedia e financia a infraestrutura do Parlamento Pan-Africano. Grandes eventos esportivos foram sediados da África do Sul, de competições de críquete e rúgbi até a Copa do Mundo de 2010, a primeira no continente africano. A rápida resposta dada em curto prazo para sediar a Liga Internacional de Críquete, tradicionalmente realizada na Índia mas transferida em razão das ameaças sofridas em vista das eleições indianas, foi outra consagração para a África do Sul, sem contar com o aporte financeiro que acompanha um evento envolvendo 200 milhões de dólares.

A África do Sul desempenhou papel de destaque no Processo Kimberley para a regulação de "diamantes de conflito" que fomentaram alguns dos piores e mais sangrentos conflitos em países como Serra Leoa, Libéria e República Democrática do Congo. Sediou também uma das principais conferências sobre o assunto em 2000 e ajudou na elaboração de um sistema de certificação em 2003 (Wheeler, 2004, pp. 93-4). Como um proponente dos interesses africanos e do Sul global, o presidente Mbeki tem o crédito de ter colocado o comércio, o apoio e o perdão de dívidas na agenda do G8. Foi graças ao seu engajamento direto com esse clube de países industrializados, a partir da reunião de Okinawa, Japão, em 2000, que se adotou um plano de ação concreto para a África em Kanaskis, no Canadá, em 2002, com o intuito de apoiar o manifesto programático lançando a Nova Parceria para o Desenvolvimento da África; e compromissos mais profundos pelo G8 na Cúpula de Gleneagles para incrementar os fundos de assistência para o desenvolvimento para países pobres para 50 bilhões de dólares e fornecer mais apoio efetivo para atingir as metas do MDG (Millenium Development Goals). A África do Sul também começou a analisar as possibilidades de alianças táticas progressistas lideradas pelo Sul para o aperfeiçoamento da governança global e com esse propósito sediou uma conferência da "Terceira Via" em 2006 com a Índia, o Brasil e países nórdicos. Esse tipo de engajamento foi possibilitado em virtude do papel desempenhado pela África do Sul em 2003, na criação do Fórum de Diálogo Social Índia, Brasil e África do Sul (Alden & Vieira, 2005, pp. 1077-95).

Este extenso histórico de ativismo, porém, não está isento de algumas tendências contraditórias. Essencialmente, o normativo frequentemente colide com o instrumental. A fé sul-africana nas fundações éticas do multilateralismo precisa lutar contra, por um lado, suas próprias demandas domésticas e a expressão de interesses nacionais na política externa; por outro, devem enfrentar a dura realidade das pressões políticas para fazer compromissos que implicam um enfraquecimento de suas intenções multilateralistas. Dois exemplos bastam: *a*) ao mesmo tempo que busca promover os interesses de países em desenvolvimento por uma ordem comercial mais justa e igual, deve-se conformar aos ditames da ortodoxia neoliberal para a atração de investimento e a construção de uma economia voltada para a exportação que depende da progressiva integração com o circuito capitalista global. Na condição de país semidesenvolvido, a África do Sul tem interesses comerciais defensivos e ativos que frequentemente colidem com os interesses dos países africanos menos desenvolvidos. Esta "face de Janus" tem gerado certa ambivalência, senão hostilidade, pelo Grupo da África no âmbito da OMC em relação ao voto de confiança dado até agora à África do Sul; e *b*) dado seu compromisso com o incremento da eficácia das iniciativas de direitos humanos da ONU, a África do Sul apoiou moções de *no action* nos casos da China e do Zimbábue na Comissão de Direitos Humanos da ONU. Prometendo relações comerciais com o Irã após a visita do presidente Akbar Hashemi-Rafsanjani ao país em 1996 acabou prejudicada pela abstenção deste país quando do Terceiro Comitê da ONU. Como ato de solidariedade, sobretudo, a África do Sul apoiou a candidatura da Líbia para chefiar a Comissão de Direitos Humanos da ONU em 2002. A *cause celebre* foi o voto da África do Sul contra resolução do Conselho de Segurança no começo de 2007 condenando violações no Mianmar; seguido pela oposição da África do Sul ao relatório do Conselho sobre a situação crônica no Zimbábue. Mais recentemente, em março de 2009, foi iniciada uma enxurrada de protestos liderados principalmente por setores da sociedade civil depois que a África do Sul recusou-se a conceder o visto para que o Dalai Lama pudesse participar de eventos ligados à Copa do Mundo, numa espécie de fórum da paz na companhia de outros laureados pelo Nobel, como Tutu, Mandela e de Kerk. A razão ostensiva foi que o fórum ocorreria concomitantemente à celebração do 50.º aniversário do exílio do Dalai Lama do Tibete, o que poderia, portanto, ser usado como plataforma política; porém a verdadeira razão foi a pressão feita por Pequim e o medo de alienar um parceiro comercial em ascensão.

Contudo, o comprometimento sul-africano com o multilateralismo e com aperfeiçoamento dos mecanismos de governança global deve ser considerado tendo como pano de fundo o enfraquecimento das fundações sistêmicas das relações internacionais. Com efeito, como já argumentado, "hoje a máquina política do pós-guerra está precisando de reparos. Nenhum líder, organismo internacional ou grupo de Estados fala com autoridade ou tem uma visão nítida dos desafios a serem enfrentados globalmente" (Ikenberry, 2005, p. 32). Ironicamente, isso ocorre porque a governança global tem se tornado mais multilateral desde que países em desenvolvimento e potências emergentes assumiram atitude mais assertiva e confiante em suas demandas por reparação dos déficits democráticos e participativos que possibilitaram o domínio ocidental de organismos internacionais desde 1945. A transição democrática da África do Sul desse modo coincidiu com os deslocamentos tectônicos nas relações internacionais causados pela globalização levando a uma redefinição da governança global para que houvesse uma adaptação à nova realidade sistêmica e de poder. Ademais, os firmes compromissos normativos com o aperfeiçoamento da ordem multilateral são derivados da crença de que a interdependência é capaz, mais do que nunca, de unir países e pessoas como "comunidades de fé" que se justapõem num mundo caracterizado pela persistência da pobreza, conflito, degradação ambiental, proliferação de armas, crime transnacional e assim por diante. A África do Sul enxerga nessa conjuntura um papel importante para si no combate desses problemas.

Diplomacia de conflito e venda de armas

Um dos atributos de *soft power* da África do Sul tem sido o poder e o apelo moral de sua transição, que contrariou previsões apocalípticas do futuro e o receio de que o país estava destinado a um Armagedon racial. Nesse sentido a África do Sul "[. . .] é marginal em termos econômicos, mas poderosa em termos simbólicos [. . .]" (van der Westhuizen, 2006, p. 138). Este fato tem conferido uma certa autoridade moral ao país e prestígio para desempenhar funções críticas na resolução de disputas e em mediações de conflitos. Há uma simetria entre a agenda multilateral da África do Sul e sua defesa da paz. Este aspecto da atuação sul-africana, já consolidado no ambiente africano e em seu sistema estatal, tem provocado debate quanto às disposições da política externa sul-africana, a saber, se atuou como Estado crucial na promoção de parceria, consenso e cooperação ou se nutriu aspirações de se tornar hegemônico ao agressivamente buscar satisfazer seus interesses econômicos e comerciais. Essa questão tem sido resolvida considerando-se que tais tendências não são mutuamente exclusivas "[. . .] a parceria é uma forma de engajamento que pode se equiparar a outras formas mais agressivas de intervenção" (Habib & Selinyane, 2004, pp. 53-4). De acordo com esta caracterização, a atuação (*agency*) da África do Sul, baseada numa visão de promoção da segurança, desenvolvimento e estabilidade, torna-se um *constructo* normativo importante. Nesse sentido, a África do Sul tem ensaiado vários papéis. Estas atuações incluem o engajamento ativo com os problemas do Oriente Médio, em que na esteira no processo de Oslo o presidente Mbeki reuniu protagonistas israelenses e palestinos no âmbito do "Processo Spier" nas cercanias da Cidade do Cabo. Houve também tentativas de auxiliar no uso do modelo de verdade e reconciliação para ajudar Ruanda a lidar com seu passado de agruras. Emissários de paz foram despachados para o Sri Lanka com o objetivo de promover o processo de diálogo entre o governo e separatistas tâmiles. Nos meses que precederam a segunda Guerra do Golfo com o Iraque, Aziz Pahad, na época o segundo homem na cadeia de comando do Ministério de Relações Exteriores, foi a Bagdá para tentar persuadir Saddam Hussein a observar resoluções da ONU sobre inspeção de armas (Spence, 2004, p. 41).

Todavia, é na África que a diplomacia de paz da África do Sul tem sido mais duramente colocada à prova. Ela teve papel importante no estabelecimento de normas destinadas para preencher o vácuo deixado pela Organização pela Unidade Africana (Organisation of African Unity — OAU) quando adotou uma postura bastante avançada em termos de governança. Na formulação de sua visão de uma "Renascença Africana", Mbeki corajosamente confrontou os problemas que afligem a África: "Os muitos golpes de Estado, guerras civis e situações de instabilidade nascem e se entranham justamente nessa mistura pungente de cobiça, pobreza desumanizadora, riqueza obscena e corrupção pública e privada endêmica. . . Devemos nos rebelar contra tiranos e ditadores, contra aqueles que procuram corromper nossas sociedades e roubar a riqueza que pertence ao povo" (1998). A questão de fundo por trás desse grito de guerra metafórico era a norma de não intervenção da OAU que encorajaria essa patologia da governança. A África do Sul portanto ajudou a moldar uma nova fronteira ética ao insistir que a União Africana (UA) obedecesse a um código de conduta distinto. O resultado foi o famoso artigo 4(h) de seu Ato Constitutivo que deu poderes de intervenção à UA em países africanos em que são cometidos crimes de guerra, crimes contra a humanidade ou casos de genocídio (Ikome, 2007, pp. 7-15).

Esses acontecimentos foram precedidos por um longo período em que a África do Sul esteve cara a cara com a difícil e muitas vezes intratável realidade da política africana. O país teve de superar uma acentuada curva de aprendizado para se tornar um defensor efetivo da paz, começando com a execução brutal de Ken Saro-Wiwa e seus associados Ogoni comandada pelo general Sani Abacha em 1995. Para Abacha, a luta do povo Ogoni em defesa de seus direitos e de justiça ambiental no delta do rio Níger era sinônima da sedição. Mandela reagiu à insensibilidade do regime de Abacha e, sob pressão dos EUA e da Grã-Bretanha, solicitou que a Commonwealth considerasse a possibilidade de impor sanções contra a Nigéria e possivelmente sua expulsão. No entanto, acabou sendo voz isolada dentre os líderes da Commonwealth Africana e assim a África do Sul descobriu o preço de *go it alone* na África e de não aderir às máximas de solidariedade e respeito à soberania.

As lições na Nigéria foram seguidas por outros testes no então Zaire (hoje, República Democrático do Congo) e Lesoto. Em 1997, a África do Sul tentou mediar um acordo de cessar fogo entre o regime cleptocrático de Mobuto Sese Seko e a insurgência liderada por Laurent Kabila. A primeira incursão em mediação de conflito foi mais prudente do que a desastrada intervenção na Nigéria. Em questão estava uma guerra de alta complexidade no coração da África que sugara oito países para dentro de seu vórtice — a intervenção nesse turbilhão foi prova do comprometimento de longo prazo da África do Sul, que não só conseguiu pôr em prática um plano de paz em 2002 fornecendo apoio para a manutenção do processo (em 2003, já havia 1.500 tropas sul-africanas servindo como "capacetes azuis" da ONU), mas também ajudou a monitorar um programa de transição altamente custoso que resultou nas eleições democráticas de 2006 — a primeira nas três décadas da turbulenta história pós-colonial da RDC (Alden & Le Pere, 2003, pp. 22-3).

A intervenção militar no Lesoto em 1998 ainda projeta uma sombra que serve como lembrete da agressiva campanha de desestabilização conduzida pela África do Sul durante os anos do *apartheid*. Tropas sul-africanas, acompanhadas por um pequeno contingente de Botsuana (sob a bandeira da SADC) tentou restaurar a ordem em meio ao crescente descontentamento social acompanhado por tumultos e motins, paralisia política e uma iminente crise constitucional. Além de alegações de abusos cometidos por tropas sul-africanas, oficiais superiores reconheceram que foram empregadas forças mal preparadas e que a ordem de intervenção militar chegou como uma surpresa (*Africa Confidential*, 1998). Se a África do Sul eventualmente logrou mediar um acordo, a intervenção não cumpriu nenhum dos critérios desenvolvidos no *White Paper* para a manutenção de paz.

A crise no Zimbábue, propulsionada pela autocracia repressiva de Robert Mugabe, afetou diretamente os interesses imediatos da África do Sul e representou um desafio para suas ambições de liderança continental. O declínio desastroso de uma economia outrora razoavelmente robusta, agravada por um processo de degradação política, medo e níveis crescentes de pobreza extrema causou a fuga de quase duas mil pessoas para a África do Sul. Se antes Mandela se mostrava disposto a enfrentar Mugabe, a "diplomacia silenciosa" de Mbeki, sua relutância em criticar os excessos de Mugabe com base no princípio de solidariedade com movimentos de libertação e o erro de não ter criticado os abusos cada vez mais atrozes cometidos pelo regime de Mugabe mancharão para sempre seu legado. Enquanto o esforço de mediação de Mbeki tem recebido crédito por instalar um governo de unidade envolvendo todos os principais protagonistas, o grupo no poder, o Zimbabwe African National Union (ZANU), e a oposição, o Movement for Democratic Change (MDC), o país ainda levará um longo tempo para se recuperar dos prejuízos políticos e paralisação econômica causados por Mugabe.

O histórico da África do Sul registra um caso mais bem-sucedido na resolução do caso envolvendo tensões étnicas no Burundi, onde conseguiu pastorear um processo de transição. Mandela havia recebido de herança a iniciativa de mediação no Burundi do presidente tanzaniano Julis Nyerere, que morreu em 1999. Mandela foi capaz de pôr em prática um acordo que resultou num compromisso entre a minoria Tutsi e a maioria Hutu e numa missão de paz que incluiu uma tropa sul-africana de 1.600 homens. Mbeki e o então vice Jacob Zuma assumiram o lugar de Mandela e com ainda mais persistência lograram um esquema de compartilhamento de poder inclusivo multiétnico incluindo eleições justas e livres, o retorno de grupos milicianos exilados e um novo processo constitucional (Ajulu, 2004).

Um pouco mais longe, na África Ocidental, a África do Sul envolveu-se com a Costa do Marfim quando uma tentativa malfadada de golpe seguida por uma eleição contestada em 2002 catalisou uma rebelião que resultou na divisão do país entre o norte controlado por milícias e o sul pelo governo. Sob os auspícios da União Africana, a África do Sul recebeu o mandato para liderar um processo de paz que resolveria alguns dos temas contenciosos relacionados à identidade nacional, cidadania, etnicidade politizada e restauração da ordem democrática. Sob a liderança de Mbeki, o Acordo de Pretória, assinado em 2005, formalmente encerrou o estado de guerra e forneceu as bases para a formação de um governo nacional de reconciliação (Ikome & Zondi, 2006). Contudo, as credenciais sul-africanas de mediação foram prejudicadas por alegações de que o país favoreceu os interesses do governo da Costa do Marfim, revelando-se pouco sensível às reivindicações legítimas do movimento rebelde e de que não atuou assertivamente para controlar a interferência do Ocidente (e, mais especificamente, da França) no processo de transição.

Este histórico geral de buscar a paz na África e tentar se tornar um símbolo da promoção virtuosa dos direitos humanos foi manchado pela controversa venda de armamento. Parte da "herança ambígua" da ANC (Spence, 2004, p. 36) foi o estabelecimento de uma indústria de armamentos que em 1994 era a décima no *ranking* mundial. Em 1997 essa indústria vendia armas para 61 países e contabilizava 158 milhões de dólares em exportações (Alden & Le Pere, 2003, p. 24). Percebendo que esse setor controlado pelo Estado e gerador de renda necessitaria de uma regulação ética para adequar-se à dimensão de direitos humanos de sua política externa, o governo estabeleceu o Comitê Nacional de Controle de Armas Convencionais (National Conventional Arms Control Committee — NCACC). No entanto, apesar dos marcos preventivos definidos pelo NCACC e sua capacidade de monitoramento, vendas de armas para clientes questionáveis continuavam. Negociações mais vultosas que foram rejeitadas pelo NCACC, como o fornecimento de veículos blindados e armas de menor calibre para a Turquia em 1995, estimado em 200 milhões de dólares, ou a atualização dos sistemas de controle de disparo em tanques com a Síria, estimado em US$ 450 milhões, receberam maior divulgação. (O negócio com a Síria foi abortado após pressão dos EUA — que classificou a Síria como "apoiadora do terrorismo" — e o medo de perder 200 milhões de dólares em ajuda financeira dos EUA com sérias repercussões para a relação Pretória-Washington). Não obstante, surgiram brechas no sistema de aprovação de exportações do NCACC. Isso permitiu, por exemplo, a venda para o governo Hutu em Ruanda, apesar do embargo sobre armas imposto pela ONU. No final de 1996, apareceram relatos que armas sul-africanas estavam sendo usadas na guerra civil no Zaire. Lança-foguetes sul-africanos estariam sendo usados e contribuindo para a escalada do conflito em Brazzaville, Congo. Um ano depois, também surgiram relatos que armas fabricadas na África do Sul estavam sendo usadas tanto pelo governo do Sudão como por seus opositores, o Exército de Liberação do Povo Sudanês. As relações da África do Sul com o governo de Angola deterioraram-se após relatos de que havia um canal de suprimento de armas para membros do movimento rebelde UNITA liderado por Jonas Savimbi. No norte africano, abusos de direitos humanos na Argélia não constituíram nenhuma barreira para o envio de um pacote de armas no valor de US$ 30 milhões. No Oriente Médio, transações ainda maiores foram concluídas, como a venda de um sistema de artilharia de 850 milhões de dólares para a Arábia Saudita. O sistema, considerado um dos mais avançados do mundo, serviu para estimular uma corrida armamentista regional. Consequentemente, "[a] batalha pela venda de armas foi perdida logo no início da existência do NCACC" (Shelton, 1998, p. 26). Um mercado global em declínio — e não o imperativo de defesa dos direitos humanos — resultou no deslocamento do foco para processos de conversão de equipamentos de defesa. Embora arriscado e custoso, "[. . .] o afastamento da produção de armas irá contribuir para os objetivos de política externa sul-africana no sentido de promover a democracia e o respeito aos direitos humanos" (ibidem, p. 35).

Ajuda externa e desenvolvimento

Escondido nos interstícios de seus engajamentos de maior visibilidade na África e na arena global observa-se a emergência da África do Sul como um doador. De fato, o total dos fundos de assistência multilateral e bilateral ultrapassa a meta da ONU de 0,7% do PIB, um feito notável para um país de renda intermediária com seu próprio punhado de problemas socioeconômicos. Sem uma coordenação centralizada real ou uma estrutura de políticas públicas bem-definida, os fundos de assistência e ajuda externa da África do Sul são impressionantes; de acordo com uma estimativa, em 2002, foi doada a quantia de 1,3 bilhões de dólares, subindo para 1,6 bilhões de dólares em 2004. O grosso desses fundos veio do orçamento de defesa, destinados para o financiamento das missões de paz com as quais o país se comprometeu. Outro dado importante: o Fundo de Cooperação Internacional African Renaissance foi criado em 2000 dotado de 30 milhões de dólares para aumentar a cooperação com outros países africanos, promover a democracia e a boa governança e para auxiliar na resolução de conflitos e no desenvolvimento socioeconômico. O fundo faz parte da estrutura do Ministério de Relações Exteriores e é complementado por dotações orçamentárias da Presidência da ordem de 18 milhões de dólares anuais (DFA, 2008).

O fundo, porém, tem algumas fraquezas institucionais e gerenciais. O fundo não segue os critérios da Declaração de Paris sobre fundos de assistência no que diz respeito à propriedade nacional, prestação de contas e transparência, e supervisão e avaliação de projetos. Ele também não tem um ciclo de projetos institucionalizados, um mecanismo de avaliação para medir efetividade e também sofre do mesmo problema de falta de funcionários capacitados dentro do DFA. O Comitê de Conselheiros do fundo seleciona propostas de projetos de países específicos em vez de proativamente identificarem tipos de projetos que estão em carência na África. De todo modo, entre 2003 e 2007, 40 milhões de dólares foram destinados a projetos selecionados, tais como: o apoio dado às eleições no Zimbábue, ao processo de paz no Burundi; à reconstrução pós-conflito na República Democrática do Congo e em Comores; assistência humanitária no oeste do Saara; a construção de capacidade de administração pública no sul do Sudão; assistência ao governo de transição na Libéria; apoio à Comissão sobre Terrorismo da União Africana; o desenvolvimento de pequenas empresas por intermédio da Câmara de Comércio e Indústria da SADC; o financiamento para uma conferência sobre cidades unificadas e governo local na África; a preservação dos manuscritos de Timbuktu, etc. (DFA, 2008).

A África do Sul também realiza transferências fiscais como parte de seu portfólio de assistência ao desenvolvimento para instituições multilaterais. Estas incluem:

◆ Contribuições ao Grupo Banco Mundial, sendo o único país africano que participa da reposição dos fundos do *International Development Association* que auxilia países de renda baixa.

◆ Transferências para países da Área Monetária Comum — Lesoto, Namíbia e Suazilândia.

◆ Apoio orçamentário direto para Botsuana, Lesoto, Namíbia e Suazilândia por meio do *pool* de recursos da Southern African Customs Union.

◆ Contribuições para o Commonwealth Fund for Technical Cooperation para dar apoio aos Millenium Development Goals.

◆ Contribuições para o Fundo de Vacinação em sintonia com um acordo com a Aliança Global para Vacinas e Imunização.

◆ Contribuições para o Fundo Ambiental Global administrado pelo Banco Mundial; e

◆ Contribuições para o Facility Fund do IBAS, em parceria com o PNUD (DFA, 2008).

Além dessas modalidades de contribuição, há uma gama de iniciativas bilaterais que apoiam a cooperação setorial e a assistência técnica. O Departamento de Serviço Público e Administração tem fornecido toda ajuda à República Democrática do Congo e ao Burundi no desenvolvimento de sistemas locais e provinciais de governo e administração. O Departamento de Bem--Estar Social tem tomado ações semelhantes, auxiliando na estruturação de sistemas de seguridade social. O Departamento de Justiça tem oferecido treinamento judicial na República Democrática do Congo e o seu departamento de Segurança e Seguridade tem auxiliado no treinamento de polícias no âmbito de um acordo trilateral com a Suécia e os Países Baixos. Em Moçambique, a polícia sul-africana e seu exército têm auxiliado no processo de desarmamento pós-conflito e na destruição de armas de menor porte no contexto da "Operação Rachel". No âmbito da

Organização de Cooperação dos Chefes de Polícia do Sul da África, a África do Sul desempenha papel de grande valor no fornecimento de logística, equipamento e treinamento para a polícia de fronteira e para a polícia especializada. Com isso tem sido possível aumentar o índice de recuperação de veículos roubados, confisco de drogas e armas de fogo, e apreensão de suspeitos (Wannenberg, 2004, p. 163). Há também outros projetos de cooperação de polícia e segurança com Serra Leoa, Tanzânia, Uganda e Quênia.

Todas essas atividades têm conduzido para um aproveitamento maior de novos arranjos institucionais e princípios compartilhados para melhorar o gerenciamento de um crescente regime de assistência para o desenvolvimento e de um mandado mais amplo. Portanto, quando Jacob Zuma introduziu seu novo gabinete ministerial, ele anunciou também que o Departamento de Relações Exteriores seria rebatizado como o Departamento de Relações Internacionais e Cooperação, em sintonia com a resolução na conferência de políticas do ANC. Anunciou ainda em seu discurso à nação que uma Agência Sul-Africana de Parcerias para o Desenvolvimento (South African Development Partnership Agency — SADPA) seria estabelecida para "promover parcerias visando ao desenvolvimento com outros países no continente" (Zuma, 2009). A expectativa é que até o fim de 2009 a SADPA estará em funcionamento e estará harmonizando e racionalizando atividades nas áreas mais cruciais da cooperação para o desenvolvimento, a saber, a promoção de desenvolvimento socioeconômico e boa governança, o apoio à paz e à reconstrução e desenvolvimento pós-conflito e o fortalecimento da integração regional no Sul da África.

A orientação da África do Sul tem sido informada pelas experiências de outros "doadores emergentes" como o Brasil, a China e a Índia. A ênfase na importância da cooperação Sul-Sul em suas políticas e diretrizes como um meio de contribuir para o desenvolvimento, a autossuficiência e crescimento econômico de qualidade. A efetividade da assistência torna-se o real teste da capacidade da África do Sul de atingir esses objetivos. Além disso, a maneira como essa assistência está sendo gerida sob os auspícios da SADPA em sintonia com os princípios da Declaração de Paris representa uma nova seara para a África do Sul no seu engajamento com o resto do continente.

A chaga da xenofobia

Os nobres objetivos da África do Sul na África e além, assim como o celebrado legado de sua transição têm sido severamente comprometidos e minados pelo tratamento dado a muitos estrangeiros, migrantes e refugiados da África que chegam ao país em busca de vida melhor e melhor perspectiva econômica. A sobrecarga do sistema previdenciário e o padrão precário de assentamento desde 1994 têm sido agravados pela difícil realidade ainda enfrentada pela maioria de sul-africanos; os Cavaleiros do Apocalipse ainda rondam o país na forma de altos índices de pobreza, criminalidade, doença, desemprego, violência, insegurança e desigualdade. A maioria dos refugiados e migrantes torna-se refém dessas condições, mas também se vê presa em um ciclo darwiniano de competição com populações locais para suprir suas necessidades básicas. O espasmo de violência voltado contra imigrantes que eclodiu em áreas pobres a assentamentos informais em meados de 2008 foi uma manifestação e um sintoma dos sentimentos de intolerância e ressentimento que sul-africanos nutriam contra estrangeiros, algo tragicamente irônico no caso dos imigrantes oriundos de outros países da África, que têm sido objeto de um amplo esforço diplomático e financeiro (Philip, 2008).

O ANC, como o partido governante, estava ciente de que teria de estender a mão como sinal de amizade para países africanos e seus cidadãos no mesmo espírito que havia possibilitado o apoio moral, material e a hospitalidade recebida durante os anos de exílio. Não surpreende portanto que a constituição pós-*apartheid* e a legislação relevante incorporem direitos progressistas para refugiados de acordo com padrões e pré-requisitos internacionais. O novo governo endossou a letra e o espírito da Convenção de Refugiados de 1951, a Convenção de Refugiados da União Africana e em 1998 aprovou um Estatuto de Refugiados nacional como medidas de compromisso com os direitos civis e sociais de refugiados. O governo não poderia prever, contudo, além dos refugiados e daqueles em busca de asilo, as sucessivas ondas de migrantes que começaram a fluir para as áreas metropolitanas da África do Sul depois de 1994, inchando assentamentos informais já populosos, e sobrecarregando favelas urbanas e *townships* exauridas. Segundo algumas estimativas, 25% dos moradores dos bairros pobres de Johannesburgo são estrangeiros (Human Sciences Research Council, 2008, p. 25). A população de migrantes que antes se encontrava estável em aproximadamente quinhentas mil pessoas — a maioria da Nigéria, Somália, Congo, Angola, Moçambique, Senegal, Costa do Marfim, e Camarões — passou por uma explosão a partir de 2000, sobretudo com a chegada de milhares de zimbabuanos. Ondas de migrantes entraram na África do Sul fugindo de dificuldades econômicas e violência política generalizada em seu país de origem; atualmente estima-se que mais de dois milhões de zimbabuanos se estabeleceram legalmente ou (em sua maioria) ilegalmente na África do Sul. Seu sofrimento não tem sido aliviado pela má administração, irregularidades e corrupção do Departamento de Assuntos Internos, responsável por determinar o *status* legal de migrantes e pela emissão de documentos críticos. Nessas circunstâncias o acesso a serviços básicos foi prejudicado, e já era crítico o acesso a saúde, segurança social, empregos e moradia. Tal estado de desespero extremo e o imperativo de sobrevivência levaram vários migrantes para o caminho da atividade criminosa, ao passo que outros se tornaram vítimas de detenções ou deportações indevidas, maus-tratos policiais, extorsão e brutalidade (Philip, 2008).

A resposta do governo diante das precárias condições e difíceis dilemas enfrentados por imigrantes africanos foi tíbia e marcada por platitudes. Em todos os níveis de governo — nacional, provincial e local — isso era indicação da indiferença e falta de sentido de urgência em lidar com uma crise iminente que perpassa vários temas: etnicidade, a questão de quem deve ou não ser considerado nativo, cidadania e *status* legal (Human Sciences Research Council, 2008, pp. 5, 27-9). Enquanto isso, outras iniciativas teriam de ser tomadas para compensar a inação do governo. A Comissão de Direitos Humanos da África do Sul lançou campanhas próprias de educação e conscientização e o Congresso realizou audiências especiais sobre xenofobia em 2004. Os Lawyers for Human Rights se esforçaram ao máximo para assegurar o direito do devido processo legal para imigrantes, especialmente em relação a detenções ilegais, repatriação e deportação; apenas em 2005, duzentos mil imigrantes foram deportados, em sua maioria para o Zimbábue e Moçambique. Ataques, espancamentos e, em alguns casos, o assassinato de migrantes foram tratados como incidentes isolados — um silêncio ensurdecedor imposto pela classe política. No entanto, todas as evidências mostravam que o pavio curto da xenofobia já havia sido consumido pela faísca da intolerância e que o barril de pólvora já havia explodido. À medida que as condições econômicas e dificuldades encontradas no dia a dia de uma população africana predominantemente pobre se deterioravam, a retórica antiestrangeiro tornou-se mais aguda, inflamatória e vulgar. O governo mesmo assim foi pego de surpresa em maio de 2008 quando violentas manifestações tendo como alvo os imigrantes eclodiram, deixando muitos mortos e sem moradia, levando milhares a se deslocar. Nem mesmo descendentes de chineses ou paquistaneses foram poupados. Uma das imagens marcantes dessa onda de violência foi mostrada nos jornais e televisões do mundo todo, a de um homem moçambicano sendo queimado vivo. A condenação *post facto* dos detestáveis atos de violência feita pelo governo, a detenção de milhares responsáveis por esses atos e as demonstrações de contrição feitas pelas comunidades envolvidas pouco fizeram para recuperar a imagem negativa que ficou para a África do Sul. Será necessário muito tempo para exorcizar os fantasmas dessa falha moral da comunidade política sul-africana (Wessels, 2008). Enquanto não for feito um esforço concertado para melhorar a infraestrutura legal, administrativa e social disponível para os que migram para a África do Sul, os imigrantes continuarão sendo uma população vulnerável e as reivindicações sul-africanas para ocupar o posto de líder continental soarão ocas e as dúvidas com relação a sua sinceridade e credenciais continuarão.

Conclusão

A política externa durante a presidência de Mandela foi impulsionada por uma mistura inebriante de idealismo e aspiração, porém logo ficou evidente que estes parâmetros seriam âncoras pouco confiáveis nas águas turbulentas e tempestuosas das relações internacionais e da política africana. Se é que serviram para alguma coisa, foi para mostrar as limitações da África do Sul como país médio e poder intermediário emergente (Schoeman, 2004, pp. 357-62). Durante esse período, a África do Sul tinha o semblante de um país sobrecarregado, um país que havia dado um passo maior que as pernas tentando lidar com uma ordem mundial precária e com um cenário político africano frágil e ao mesmo tempo altamente carregado. Em virtude de sua aclamada transição, a própria comunidade internacional também esperava que a África do Sul entrasse no ringue lutando numa categoria acima da sua. Ao mesmo tempo que a noção de um *embedded idealism* foi retida durante o governo Mbeki, houve uma decisiva inflexão no sentido do pragmatismo e de uma moderação de objetivos, meios e fins; houve ainda um retorno a uma abordagem mais tecnocrática à agenda da política externa. Disso resultou um conjunto distinto de prioridades e princípios normativos em sintonia com os interesses estratégicos da África do Sul tanto em seu continente como no cenário global (ver Nel, Taylor & van der Westhuizen, 2000, pp. 43-60). Ao recalibrar as engrenagens da política externa, Mbeki fez da Presidência o *locus* por primazia da política externa, se colocando como um único arquiteto de uma visão ampla de política externa. Esta visão foi descrita como "[. . .] alinhada a um movimento e *ethos* global com o objetivo de lidar com as misérias e condições de países em desenvolvimento, particularmente na África. Ela representa um retorno ao idealismo, porém um retorno que está deliberadamente em conformação com o roteiro contido nas normas e valores das instituições internacionais" (Alden & Le Pere, 2003, p. 72). Em suas incursões no campo da mediação e resolução de conflitos a África no Sul deparou-se com os vários sintomas mórbidos presentes no terreno político africano: fome, pobreza, insegurança humana, instituições estatais fracas, violência militarizada e assim por diante. De acordo com o quadro que daí surge é possível depreender os limites do escopo e da eficácia de suas ações no contexto de um ambiente em que a inviolabilidade da soberania e do regime de segurança figura como mais importante do que valores cosmopolitas tais como os direitos humanos e a democracia. Ao mesmo tempo que exibe muitas das características de um poder hegemônico, a África do Sul tem tido dificuldade na conversão desses atributos em ganhos concretos de política externa recorrendo simplesmente aos seus recursos de *soft power*. Por outro lado, seus acertos devem muito ao papel de Mbeki na asserção sem ambiguidades da identidade africana da África do Sul. Lidar com a dialética da construção de identidades certamente deu um impulso à legitimidade e às credenciais da África do Sul, tanto no eixo Sul-Sul como no Norte-Sul. Contudo, as patologias da xenofobia certamente causaram estragos à imagem da África do Sul no plano doméstico e externo e consideravelmente anularam alguns dos avanços obtidos na consolidação da África do Sul como um interlocutor atraente para assuntos africanos. Até suas incursões como doador emergente tiveram de se conformar a uma *realpolitik* que limita suas possibilidades (novamente um dilema entre meios e fins) comparado com o que outros doadores ocidentais estabelecidos conseguem oferecer. A elaboração de uma fórmula estratégica será um dos primeiros testes da SADPA. Uma forma de agregar valor será estabelecer sinergias trilaterais na promoção de paz, segurança e desenvolvimento na África, especialmente com países nórdicos, a União Europeia, os Estados Unidos, Índia e China.

Debates atualmente em curso estão centrados menos no conteúdo do que nas modificações de estilo e ênfase ocorridas na nova administração de Jacob Zuma. Na filosofia e na prática podemos esperar que o pêndulo da política externa volte a pender para o lado do renomado Ministério de Relações Internacionais e Cooperação, enquanto o presidente Zuma concentre suas energias na concretização de sua promessa eleitoral e no cumprimento de sua obrigação de combater a pobreza, o desemprego, a criminalidade, melhorar os serviços públicos e garantir crescimento econômico. Na primeira real tentativa de analiticamente avaliar o foco da política externa do novo governo, o diplomata aposentado Gerrit Olivier observa que "o novo presidente irá tomar decisões apenas quando envolverem assuntos de alta política, deixando o resto por conta do departamento, como era o caso durante a presidência de Nelson Mandela antes da chegada de Thabo Mbeki" (Olivier, 2009). Apesar do tom exagerado e um pouco ingênuo adotado para enfatizar seu ponto, este mesmo comentador questionou o posicionamento de Mbeki à frente da política externa por ter procedido como se estivesse em um "supermercado" com "todo tipo de atuação, global e regional em alcance, agendas complexas, um pouco de cada coisa, mas sem uma direção definida, sem nenhuma realização, inovação, nenhum legado duradouro" (ibidem). Segundo essa caracterização bastante contestável, os próprios interesses sul-africanos se perderam dentro do turbilhão de sua agência normativa: "A África do Sul fala em nome da África", "A África do Sul fala em nome do Sul", "A África do Sul fala em nome do mundo subdesenvolvido". Olivier conclui que "No mundo real de competição darwiniana, em que impera o autointeresse, o jogo político e o choque de civilizações, [a condução de uma política externa normativa] é uma missão impossível" (ibidem). Há muito com o que discordar neste diagnóstico que passou completamente ao largo da lógica do multilateralismo e das realidades africanas que tiveram um efeito determinante nos impulsos da política externa sul-africana. Ele tampouco faz justiça ao rico legado de Mbeki nesse sentido, ainda que ele tenha sido movido por um senso quixotesco de justiça global.

Ironicamente, há algum mérito no diagnóstico equivocado de Olivier, na medida em que ele chega a um conjunto razoável de parâmetros que ele acredita deveriam informar as doutrinas externas do novo governo. O ponto de partida é a conferência da ANC em Polokwane, em dezembro de 2007, que asseverou que a política externa deve servir os interesses do país e seu povo em primeiro lugar; que ela deve buscar aumentar o bem-estar e a segurança; que ela deve refletir necessidade e prioridades domésticas. Os fins devem ser mais instrumentais do que já foram em qualquer momento do passado: o engajamento com o mundo externo deverá ser robusto uma vez que isso é salutar para a criação de empregos, a redução da pobreza, a atração de mais investimento e assim por diante. Haverá demanda, portanto, por uma abordagem mais judiciosa à política externa, baseada em uma agenda que é consolidada, racionalizada e priorizada de acordo com os marcadores estabelecidos por Zuma em seu discurso à nação. Essa abordagem deve ser executada de modo que torne a África do Sul um *role player* confiável nas relações internacionais e na cooperação internacional. Nesse esquema, a África do Sul deverá se concentrar em suas responsabilidades regionais relativas à promoção da paz, segurança e desenvolvimento como trampolim para um engajamento mais estratégico (e quiçá ao mesmo reduzido) na África. Na atual conjuntura crítica da crise financeira global e levando em consideração a perspectiva de recuperação, os diplomatas sul-africanos devem desenvolver maior conhecimento da diplomacia econômica e o multilateralismo deve servir aos interesses do país de modo mais eficaz, contrário ao que Olivier chama de "[. . .] coisa de lua, como o papel do país em configurações esotéricas como Norte-Sul, Sul-Sul, o G24, reforma das Nações Unidas, etc." (ibidem). A África e a governança global continuarão relevantes para a política externa. No entanto, em termos de uma lógica convincente de ajuste fino de instrumentos e do conteúdo da política externa, podemos esperar que a ambição dos anos Mbeki seja mitigada consideravelmente na transformação das instituições regionais e internacionais de acordo com uma agenda mais praticável, refletindo mais fielmente a atual inserção da África do Sul no mundo: um poder intermediário com sérios problemas no *front* doméstico.

Referências

AJULU, C. Burundi: progress or regress? *IGD global insight: a focus on current issues*, n.º 32, 2004.

ALDEN, C. & LE PERE, G. *South Africa's post-Apartheid foreign policy – from reconciliation to revival?* Londres: Oxford University Press, Adelphi Paper 362, 2003.

ALDEN, C. & VIEIRA, M. A. The new diplomacy of the South: South Africa, Brazil, India and trilateralism. *Third World Quarterly*, vol. 26, p. 7, 2005.

CARLSNAES, W. & NEL, P. (eds.). *In full flight: South African foreign policy after apartheid*. Midrand: Institute for Global Dialogue, 2006.

CHIKANE, F. *Integrated governance: a restructured presidency at work*. Pretoria: Office of the Presidency, 2001.

DEPARTMENT OF FOREIGN AFFAIRS (DFA). *Annual report*. Pretoria, 2008.

GELDENHUYS, D. South Africa's role as international norm entrepreneur. In: CARLSNAES, W. & NEL, P. (eds.). *In full flight: South African foreign policy after apartheid*. Midrand: Institute for Global Dialogue, 2006.

HABIB A. & SELINYANE, N. Realistic vision of an African country. In: SIDIROPULOS, E. (ed.). *Apartheid past, renaissance future: south Africa's Foreign Policy 1994-2004*, Johannesburgo: South African Institute of International Affairs, 2004.

HOLSTI, K. *International politics: a framework for analysis*. 5.ª ed. Englewood Cliffs, Nova Jersey: Prentice Hall, 1988.

HUMAN SCIENCES RESEARCH COUNCIL. *Citizenship, violence and xenophobia in South Africa: perceptions from South African communities*. Pretória: Democracy and Governance Programme, jun. 2008.

IKENBERRY, G. J. A weaker world. *Prospect*, n.º 116, 2005.

IKOME, F. N. Good coups and bad coups: the limits of the African Union's injunction on the unconstitutional changes of power in Africa. *IGD Occasional Paper 55*, fev. 2007.

IKOME, F. N. & ZONDI, S. The transition in Cote d'Ivoire: prospects and challenges. *IGD global insight: a focus on current Issues*, n.º 58, 2006.

LE PERE, G. & VAN NIEUWKERK, A. Who made and makes foreign policy? In: SIDIROPULOS, E. (ed.). *Apartheid past, renaissance future: South Africa's foreign policy 1994-2004*. Johannesburgo: South African Institute of International Affairs, 2004.

LE PERE, G. & VICKERS, B. Civil society and foreign policy. In: NEL, P. & VAN DER WESTHUIZEN, J. (eds.). *Democratizing foreign policy: lessons from South Africa*. Oxford: Lexington Books, 2004.

MANDELA, N. Address at the opening session of parliament. Cidade do Cabo, 1999.

MARAIS, H. *South Africa limits to change: the political economy of transition*. Cape Town: UCT Press, 1998.

MBEKI, T. Speech of the president of South Africa on the occasion of the consideration of the budget vote of the Presidency. Cidade do Cabo: National Assembly, 13 de junho de 2000.

MILLS, G. Leaning all over the place? the not-so-new South Africa's foreign policy. In: SOLOMON, H. (ed.). *Fairy godmother, hegemon or partner? in search of a South African foreign policy*. Pretória: Institute for Security Studies, Monograph Series 13, 1997.

—. *The wired model: South Africa, foreign policy and globalisation*. Johannesburgo-Cidade do Cabo: South African Institute of International Affairs and Tafelberg, 2000.

MULLER, M. The institutional dimension: the Department of Foreign Affairs and Overseas Missions. In: CARLSNAES, W. (ed.). *Change and South African external relations*. Johannesburgo: International Thomson Publishing, 1997.

NEL, P. The power of ideas: "ambiguous globalism" and South Africa's foreign policy. In: CARLSNAES, W. & NEL, P. (eds.). *In full flight: South African foreign policy after apartheid*. Midrand: Institute for Global Dialogue, 2006.

NEL, P.; TAYLOR, I. & VAN DER WESTHUIZEN, J. Multilateralism in South Africa's foreign policy: the search for a critical rationale. *Global Governance*, n.º 6, 2000.

NKOANE-MASHEBANE, M. Response during the debate on the State of the Nation address. Cidade do Cabo, 9 de junho de 2009.

OLIVIER, G. Zuma's aims better than Mbeki's lofty goals. *Business Day*, 14 de maio de 2009.

PHILIP, R. No one hates foreigners like we do. *The Sunday Times*, 25 de maio de 2008.

SCHOEMAN, M. South Africa as an emerging middle power: 1994-2003. In: DANIEL, J. HABIB A. & SOUTHALL, R. (eds.). *State of the Nation: South Africa 2003-2004*. Pretória: Human Sciences Research Council Press, 2003.

SHELTON, G. South African arms sales to North Africa and the Middle East – promoting peace or fuelling the arms race? *IGD Occasional Paper 16*, out. 1998.

SPENCE, J. South Africa's foreign policy: vision and reality. In: SIDIROPOULOS, E. (ed.). *Apartheid past, renaissance future: South Africa's foreign policy 1994-2004*. Johannesburgo: South African Institute of International Affairs, 2004.

VAN DER WESTHUIZEN, J. South Africa's emergence as a middle power. *Third World Quarterly*, vol. 19, n.º 3, 1998.

—. Pretoria and the global conference circuit: hot air or hot stuff? In: CARLSNAES, W. & NEL, P. (eds.). *In full flight: South African foreign policy after apartheid*. Midrand: Institute for Global Dialogue, 2006.

VICKERS, B. South Africa: global reformism, global apartheid, and the Heiligendamm Process. In: COOPER, A. F. & ANTKIEWICZ, A. (eds.). *Emerging power in global governance: lessons from the Heiligendamm Process*. Waterloo, Canadá: Wilfred Laurier University Press and The Centre for International Global Governance Innovation, 2008.

WANNENBERG, G. From pariah to pioneer: the foreign policy of the South African Police Service. In: SIDIROPOULOS, E. (ed.). *Apartheid past, renaissance future: South Africa's foreign policy 1994-2004*. Johannesburgo: South African Institute of International Affairs, 2004.

WESSELS, L. Reconciliation requires more than good faith. *The Star*, 7 de julho de 2008.

WHEELER, T. Multilateral diplomacy: South Africa's achievements. In: SIDIROPOULOS, E. (ed.). *Apartheid past, renaissance future: South Africa's foreign policy 1994-2004*. Johannesburgo: South African Institute of International Affairs, 2004.

ZUMA, J. Z. State of the Nation Address to a Joint Sitting of Parliament. Cidade do Cabo, África do Sul, 3 de junho de 2009.

COMPARANDO A EMERGÊNCIA DO BRASIL E DA ÁFRICA DO SUL COMO POTÊNCIAS MÉDIAS

Janis van der Westhuizen

> A África do Sul tem de ser um dos nossos parceiros-chave. Estamos em estágios semelhantes de desenvolvimento e compartilhamos visões semelhantes da questão internacional. É natural, portanto, que o Brasil e a África do Sul passem a atuar conjuntamente em defesa de interesses comuns em suas incursões internacionais (Cardoso & Font, 2001, p. 256).

AS POTÊNCIAS MÉDIAS TIPICAMENTE ADOTAM uma orientação ativista e se engajam em temas globais que extrapolam suas esferas de preocupações imediatas. Estes Estados não se envolvem necessariamente em todo e qualquer conflito, no entanto suas políticas externas evidenciam um foco consistente na redução de conflitos e no envolvimento de outros Estados que pensam de forma parecida através de instrumentos multilaterais. Potências médias não desafiam ou ameaçam o *statu quo* global, elas atuam como estabilizadoras ou legitimadoras — "os canários dentro da mina" — e logo requerem certo grau de autonomia em relação às grandes potências e o compromisso com a mudança ordenada do sistema global. Por conta de suas posições privilegiadas na economia global as potências médias se beneficiam da ordem neoliberal, mas, por possuírem apenas capacidades de médio alcance, continuam vulneráveis às profundas mudanças globais. Assim, potências médias são sensíveis a problemas que ameaçam a base estrutural da ordem mundial e frequentemente defendem iniciativas que se reportam a esses problemas (Cox, 1989).

Adotando-se o quadro de referência gramsciano que sustenta o enfoque teórico de Cox, Eduard Jordaan (2003) fornece uma distinção compreensiva entre potências médias tradicionais e as potências emergentes. Potências médias tradicionais (como Canadá, Austrália, Noruega, Suécia, etc.) costumam ser democracias sociais estáveis ao passo que a democracia nas potências médias emergentes é de uma safra muito mais recente. O primeiro grupo de países entrou em cena durante e Guerra Fria e tinha a tendência de se preocupar com questões político-militares. Enquanto as potências médias tradicionais gozam de altas taxas de igualdade e de distribuição de renda (e classificações altas no *ranking* do PNUD de Desenvolvimento Humano), as potências médias emergentes exibem as taxas mais enviesadas de distribuição da riqueza. No entanto, a característica que tem mais peso na diferenciação da dinâmica política observada nesses dois grupos de Estados diz respeito à sua localização geográfica e ao processo de construção de identidade. Potências médias tradicionais tendem a ser relativamente fracas em termos de sua atuação geográfica imediata, rechaçando iniciativas de cooperação regional e até mesmo buscando estabelecer identidades nacionais independentes dos Estados dominantes de sua região. Em contraste, pode-se dizer que é a própria dominação da região exercida por estes países e sua busca por cooperação regional que molda sua identidade como potências médias. Ao passo que as potências médias tradicionais lançam mão de seu acesso e participação em regimes de ajuda externa relativamente generosos para projetarem no plano externo a igualdade social lograda internamente, os emergentes enfrentam, ao menos em termos materiais, maior constrangimento e assim optam a dar um perfil "heroico" a suas intervenções internacionais. Por último, o perfil de comportamento de potências médias tradicionais poderia ser capturado pela noção de "apaziguamento" (*appeasement*) — a pacificação e contenção de potenciais ameaças ao sistema internacional — e o das potências médias emergentes como "reformista", já que eles desejam *reformar* (em outras palavras, paulatinamente melhorar), mas não radicalmente transformar o sistema mundial. Ambos os grupos de Estados — tendo em vista a posição de cada um na economia política global — beneficiam-se em termos relativos: as potências médias tradicionais como integrantes do núcleo desse sistema e as emergentes como poderes semiperiféricos. Naturalmente, tais distinções tornam-se gradualmente mais insustentáveis à medida que os emergentes são integrados a processos de governança global (por exemplo, como G-8 sendo substituído pelo G20) e seu papel como doadores emergentes nos fundos internacionais de assistência ao desenvolvimento aumenta. Todavia, questões relativas à identidade continuam centrais aos debates concernentes à política externa das potências médias emergentes dado que elas ainda carecem de legitimidade regional. Dito isso, este texto busca caracterizar esta dinâmica e as contradições que dela surgem. Embora existam diferenças significantes entre os casos do Brasil e da África do Sul, tento demonstrar que há certo grau de *like-mindedness*, ou seja, de afinidade de pensamento, em suas políticas externas. Farei isso primeiro esboçando um amplo quadro histórico comparado e em seguida avaliando as complexidades oriundas da interface regional-global.

História: padrões e tradições

Historicamente, tanto o Brasil como a África do Sul almejaram assumir papéis de liderança. A emergência do Brasil como potência média tem tido um desenvolvimento muito mais gradual. Em contraste, os sobressaltos vividos pela África do Sul — da condição de pária a de exemplo no período pós-*apartheid*

— têm sido dramáticos e profundos sem que houvesse um desenvolvimento baseado em tradições já existentes, como no caso brasileiro. Inicialmente, ambos os países identificavam-se pesada e exclusivamente com o Ocidente. A classe governante sul-africana sempre havia concebido o seu Estado como essencialmente branco, predominantemente cristão (e, diferentemente do Brasil, protestante), com aspirações distintamente europeias e não africanas. É claro que por ter alcançado a independência muito antes da África do Sul e por ter passado por múltiplos e diferentes regimes, o Brasil já havia começado a reconstruir sua identidade muito anteriormente. No entanto, não deixa de ser interessante, por exemplo, que durante o Império, ainda que

> Bahia, Minas Gerais e Rio de Janeiro fossem fortemente africanizados e ainda que suas elites tendessem a rejeitar a realidade a sua volta e a funcionar em vez disso dentro de um imaginário de uma sociedade branca, latina [...] o Ministério de Relações Exteriores e o serviço diplomático eram um ambiente ideal para a criação de uma falsa realidade, em que a língua francesa poderia substituir o português, em que procedimentos judiciais e questões internacionais bloqueavam o mundo analfabeto e de pele escura em torno das elites. Até mesmo o mobiliário do Itamaraty era deliberadamente importado da Inglaterra. A expressão *para inglês ver*, a criação de uma fachada europeia para cobrir a realidade brasileira, advinha da mentalidade de que o embraquecimento do Brasil era um desejo básico (McCann, 1981, p. 3).

Apesar dessa ambivalência, ambos os Estados há longa data nutriam o desejo por um papel de liderança em seus respectivos continentes. A visão de Cecil John Rhodes do resto do continente como o quintal da África do Sul é um bom exemplo. Outro foi o papel internacional — desproporcional ao seu real lugar — no ativismo de Jan Smuts, que não só assumiu o comando da campanha bélica dos Aliados na África Oriental alemã, mas que também se tornou membro do Gabinete de Guerra da Grã-Bretanha em 1917 e contribui para o estabelecimento da Liga das Nações na Conferência de Paz de Versalhes em 1919.[1] Aqui encontramos os primeiros sinais do papel de potência média da África do Sul, exemplificado pela tentativa de mediar as relações deteriorantes entre a Grã-Bretanha e a Alemanha. O Sr. Oswld Pirow — o ministro da Defesa de Hertzog — ofereceu seus serviços como mediador e reuniu-se com Neville Chamberlain, Adolf Hitler e Mussolini, porém o encontro não foi produtivo já que a "ideia de uma mediação sul-africana não era bem-vinda pela Alemanha e causava constrangimento ao governo britânico" (Geldenhuys, 1981, p. 7).

As elites brasileiras sempre cultivaram uma visão de seu país como grande potência, mas foi somente após o longo período em que o barão do Rio Branco esteve à frente do Itamaraty (1902--1912) que o Brasil "estendeu seu olhar do horizonte limitado de suas fronteiras para o mundo além delas" e passou a ocupar um papel mais decisivo na América do Sul no momento em que se juntou à fraternidade de repúblicas em 1889 — abandonando as instituições monárquicas que a destacava do resto do continente (Burns, 1967, pp. 197-8). E aqui encontramos as raízes da *idée fixe* pan-americanista do Brasil e, concomitantemente, o deslocamento do eixo diplomático, distanciando-se da Grã-Bretanha — que contava, em parte, com o apoio dos barões do açúcar — e aproximando-se dos Estados Unidos que se tornara o principal consumidor de café (assim assinalando também o ocaso dos barões do açúcar) e a necessidade de diluir a dependência brasileira dos mecanismos financeiros britânicos (McCann, 1981, p. 4).

Entretanto, em contraste com o papel sul-africano no estabelecimento da Liga das Nações, o Brasil optou por abandoná-

---

[1] É bastante elucidativo que Smuts era o único dentre outros representantes dos domínios britânicos a ter sido concedida a honra de participar das reuniões do Gabinete de Guerra quando por acaso ele se achava em Londres (Geldenhuys, 1981, p. 6).

-la quando não lhe foi oferecido um assento permanente, apesar de seu envolvimento nas conferências de paz que seguiram o fim da Primeira Guerra Mundial.

Por terem seguido orientações duais, voltadas ao mesmo tempo às respectivas regiões e ao mundo ocidental situado além de suas fronteiras imediatas, Brasil e África do Sul criaram identidades nebulosas. A África do Sul — enxergando-se como bastião da civilização ocidental incrustada no continente africano — não obstante assumiu compromisso com a África, mesmo durante os momentos mais sombrios do *apartheid* e a despeito do fato de essa iniciativa calcar-se na presunção de uma liderança natural dos brancos. Foi assim, por exemplo, que o primeiro-ministro Malan (1948-1954) vislumbrou a cooperação entre Pretória e os poderes coloniais para "manter a África como uma reserva, por assim dizer, para o futuro desenvolvimento da civilização europeia, cristã ocidental" (Barber & Barratt, 1990, p. 143). No fim dos anos 1960 para a década de 1970, o primeiro-ministro John Vorster, ao lançar sua iniciativa de diálogo com a África notou que "nós, como os brancos na África do Sul, temos uma obrigação especial com a África como um todo [. . .]. Somos o único povo branco africano. Ouso dizer que ninguém entende a alma da África melhor que nós" (Barber & Barratt, 1990, p. 143). No Brasil, entretanto, uma orientação muita mais "assimilacionista" — ou, pelo menos, menos explicitamente excludente — indicava que um legado português e ocidental era modelado pelos índios e africanos, o fluxo migratório de outros imigrantes europeus e não europeus (árabes, japoneses) resultando num "país linguística e culturalmente homogêneo nesse pluralismo de escopo continental, apesar do persistente dilema da exclusão social [. . .]. [É] por isso que o Brasil é o «Outro Ocidente» — um ocidente mais pobre, mais enigmático, mais problemático, mas não menos um ocidente" (Lafer, 2000, p. 6).

Se estes processos formaram a base social para a orientação geral "terceiro-mundista" definida pelo famoso discurso dos três Ds (descolonização, desenvolvimento e desarmamento) do ministro

Araújo Castro proferido nas Nações Unidas em 1963 como sugerido por Lafer (2000, p. 6), depreende-se que o Estado de *apartheid* seria anátema, pois este de fato dependia da conjuntura e doutrina estratégica da Guerra Fria para manter o contínuo apoio da Grã-Bretanha e dos Estados Unidos. De fato, a África do Sul não apenas tornou-se personagem numas das *proxy wars* da Guerra Fria, mas também foi acusada de criar instabilidade regional ao invadir Estados vizinhos suspeitos de abrigarem agentes da ANC (African National Congress). Apesar de sua política militar regional, a África do Sul não possui uma tradição de intervenções militares na política, enquanto no caso do Brasil os militares foram uma presença constante. No entanto, paradoxalmente e compondo outro contraste com a África do Sul, o Brasil virtualmente não tem nenhum histórico de ações militares agressivas contra Estados vizinhos. Andrew Hurrell (1992, p. 23) sucintamente disse: "o exército brasileiro *é* um partido político, *pensa* que é um exército de verdade e *age* como uma força nacional de polícia".

Nos dois Estados, entretanto, é possível detectar noções de excepcionalismo — ainda que de tipos bem distintos. Spektor (2008) observa um padrão de demandas brasileiras por um *status* especial desde o fim do século XIX (indo até o fim dos anos 1980?), porém não necessariamente baseado numa lógica de representação regional: "A presunção não dita aqui é que é possível ser uma potência nas relações internacionais sem necessariamente ser uma «potência regional» na sua região" tornando difícil a obtenção do tipo de *status* especial esperado especialmente em relação ao que inicialmente era visto como uma "relação especial" com os Estados Unidos (originada na adoção do modelo constitucional americano e continuada pelo fato de ter sido o único país da América do Sul a ter enviado tropas para se juntar aos Aliados na guerra).[2]

---

[2] É interessante notar que tanto no Brasil como na África do Sul o apoio aos aliados não encontrava respaldo unânime socialmente. Um considerável apoio aos poderes do eixo, notadamente a Alemanha, prevalecia para muitos brasileiros e sul-africanos e, num grau menor, entre os afrikaners antibritânicos mais firmes.

Um forte *leitmotif* na África do Sul sob domínio branco postulava que o país representava um microcosmo de um mundo caracterizado pela divisória entre um Norte global e um Sul global. Tais pretensões ainda circulam — fortalecidas pela pacífica "revolução negociada" do começo dos anos 1990 — e mais recentemente sobrevive no discurso que apresenta a África do Sul como o exemplar da modernidade africana tal como manifestada pela emergente porém pequena classe média negra e pelo fato de ter se tornado sede de vários eventos esportivos de alta visibilidade desde meados da década de 1990 e que culminará na Copa do Mundo de 2010.

Como então teriam esses Estados ampliado o escopo de suas políticas externas de modo a criarem uma identificação mais próxima com o mundo em desenvolvimento e atenuar o grau de identificação e alinhamento com o Ocidente? No caso da África do Sul, o padrão é relativamente simples: a derrocada do *apartheid* e a formação de um governo de união nacional significou que a África do Sul de Nelson Mandela — saudada e festejada em todo o mundo — foi costurado em redes envolvendo tanto círculos oficiais, formais diplomáticos (prioritariamente por membros do Partido Nacional da era do *apartheid* focado no Oriente) — o que Peter Vale (1997) chamou do "andar de cima" (*upstairs*) e "andar de baixo" (*downstairs*) — e círculos diplomáticos não oficiais frequentados pela ANC e o movimento *antiapartheid* com suas muitas conexões, particularmente na África. Assim com um pé no Norte global e outro no Sul global — como analistas gostam de dizer — foi que, principalmente nos primeiros anos sob Mandela, que uma tendência ao universalismo[3] veio à tona e foi ressuscitado o

---

[3] Por universalismo entendo a tendência — parafraseando uma reportagem crucial da época — de "querer ser amigo de todos", *i.e.*, de manter laços diplomáticos com a China e Taiwan, e também com Cuba, Líbia e outros. Em suma, a tendência universalista constituiu uma crença — mais uma vez sublinhando o mito sul-africano de excepcionalismo — de que o país de algum modo poderia manobrar na fora (na forma?) das regras do jogo diplomático da época.

papel de potência média (marcado pela intervenção no caso Lockerbie assim como com a percepção de similaridade com as crises na Irlanda do Norte e no conflito entre Israel e Palestina). Em suma, a inflexão de trajetória de longos anos de isolamento para a evolução de Pretória como um nodo diplomático privilegiado ocorreu rapidamente e o fim do *apartheid* sinalizou uma acentuada expansão das interações da África do Sul com o mundo em desenvolvimento e uma hoste de instituições multilaterais.

No Brasil, o desenrolar desse processo foi mais complexo com orientações voltadas para o Ocidente ou ampliado para incluir outras partes do mundo em desenvolvimento oscilando principalmente depois dos anos 1950. Pois foi durante o regime de Vargas que as sementes do nacionalismo começaram a germinar.[4] Em 1951 Vargas notara a necessidade de

> uma nova política de cooperação econômica internacional, cujo objetivo seja proporcionar aos países em desenvolvimento os meios de intensiva expansão, com o qual será possível corrigir suas deficiências e compensar as desvantagens naturais responsáveis por seu atraso. Se algo não for feito para corrigir um desequilibro entre os países ricos e pobres do *mundo ocidental* cedo ou tarde a unidade do Ocidente se romperia e daí surgiria a revolução social (McCann, 1981, p. 13; ênfase do autor).

Traduzindo esse discurso para a política econômica, ela surgiu como um foco renovado no desenvolvimento nacional, na

---

[4] Ainda que os efeitos de seu legado não tenham sido tão duradouros, J. B. M. Hertzog poderia ser sob vários ângulos visto como o equivalente sul-africano de Vargas. Contemporâneos, ambos abraçaram o nacionalismo e encabeçaram movimentos de efetivamente incorporarem o trabalho — ainda que Vargas possa ser considerado mais populista e Hertzog tenha concentrado esforços na amalgamação do trabalho branco. O chamado *Pact government* de Hertzog conjuntamente com Smuts chegou ao fim com o fracasso da Liga e com a entrada da África do Sul na Segunda Guerra Mundial.

ascensão da industrialização pela substituição de importações e, como resultado, maior identificação com o mundo em desenvolvimento.[5] Consolidados durante o interlúdio democrático de Jânio Quadros e João Goulart nos anos 1960, laços comerciais com a União Soviética e a China foram estabelecidos de acordo com as diretrizes da política externa "independente". O Brasil — ainda que não oficialmente membro do Movimento Não Alinhado — considerava-se parte da "Terceira Força", o grupo de nações que enfatizavam a descolonização, o desenvolvimento e desarmamento. De fato, "se Rio Branco havia enfraquecido os laços do Brasil com a Europa em favor de uma relação mais próxima com os Estados Unidos, os nacionalistas estavam preparados a retirar a ênfase desses laços em favor de uma nova aliança do hemisfério sul entre os países em desenvolvimento da América Latina, África e Ásia" (Burns, 1967, p. 206). Ecoando sentimentos que seriam repetidos por Lula anos depois — e também por John Vorster na África do Sul — Quadros (1961, p. 24) escreveu na revista *Foreign Affairs*:

> Nosso país precisa se tornar o elo, a ponte entre a África e o Ocidente, uma vez que somos tão intimamente ligados a ambos os povos. Na medida em que podemos oferecer às nações do continente negro um exemplo de absoluta ausência de preconceito racial, assim como prova de progresso sem detrimento aos princípios da liberdade, estaremos contribuindo decisivamente com a efetiva integração de um continente inteiro a um sistema ao qual estamos ligados pela nossa tradição filosófica e histórica.

Após o golpe militar de 1964, Castelo Branco (1966-1967) sinalizou um retorno à orientação tradicional brasileira, voltada

---

[5] Criticando a política externa tradicional, José Honório Rodrigues, um nacionalista, fez o seguinte comentário: "A diplomacia clássica era uma espécie de produto pasteurizado, muito puro, muito branco mas longe de ser nacional" (cf. Burns, 1967, p. 203).

ao Ocidente e, particularmente, aos Estados Unidos. Assim como no Estado apartheidista, durante o período, o medo de uma tomada comunista e de uma "cubanização" do Brasil dominavam a agenda da política externa com uma doutrina de segurança instalada por uma ordem autoritária. Mas ao longo do tempo a proximidade-alinhamento com Washington foi se desmanchando. Em parte por causa da preocupação que os benefícios de uma política autoimposta de "alinhamento automático com os Estados Unidos não tinha justificativa; uma insatisfação militar com os Estados Unidos, que não estavam dispostos a fornecer armamento moderno e tecnologia nuclear e, ademais, sob Carter, a pressão sobre o Brasil de Médici aumentou por causa dos abusos de direitos humanos (Hurrell, 1996, p. 149). Gradualmente o Brasil retomou uma política externa menos restrita em virtude do foco nos Estados Unidos. Sob a política externa de Ernesto Geisel (1974-1980) de "pragmatismo responsável" o Brasil passou a apoiar os árabes no Oriente Médio, reconheceu o Movimento Popular de Libertação de Angola (MPLA) — combatido militarmente pela África do Sul, que apoiou grupo rival, a UNITA — e o cancelamento da aliança militar com os Estados Unidos. Figueiredo fortaleceu laços com o mundo árabe, com a África e com seus vizinhos sul-americanos (em que foi notável o processo de distensão com a Argentina depois de uma visita em maio de 1980) (McCann, 1981, p. 20).

Esses princípios básicos da política externa sobreviveram por longo tempo e se mantiveram no período de transição democrática, somente para serem — novamente — revertidas por Collor de Mello (1990-1992), que almejava restaurar a credibilidade brasileira na cena internacional desmantelando o discurso terceiro-mundista e projetando a imagem de um Brasil renovado, moderno, democrático (Costa Vaz, 2008, p. 5). A era pós-Guerra Fria testemunhou o desmantelamento dos programas nucleares militares secretos do Brasil e da África do Sul. Também nesse período estes países sediaram reuniões importantes, como a Conferência da ONU de Meio Ambiente e Desenvolvimento, no Rio de Janeiro em 1992, seguida pela Conferência Mundial sobre o Desenvolvimento Sustentável, em Johannesburgo, em 2002.

Hoje, Brasil e África do Sul conformam-se sem dificuldade aos quesitos constitutivos e comportamentais definidos por Jordaan (2003) em sua conceitualização das potências médias emergentes. Com exceção ao interlúdio democrático que durou de 1945 a 1964 no Brasil, nenhum dos dois países sustentaram democracias por mais que vinte anos; ainda que tenham tido algum protagonismo no passado, atuações mais engajadas tornaram-se mais nítidas apenas depois da Guerra Fria; ambos são potências significantes em suas respectivas regiões semiperiféricas da economia global, possuindo uma das mais desiguais distribuições de riqueza no mundo combinada com alto níveis de influência e associativismo regional.

No entanto, como apontado por Alden & Vieira (2005, p. 1080), a conduta de potências médias em contextos duais — o internacional e o regional — frequentemente envolvem pressões e expectativas contraditórias. Enquanto a teoria da estabilidade hegemônica enfatiza a necessidade do aval hegemônico das iniciativas de cooperação, pouco se discute a dinâmica de contextos regionais. A hegemonia efetiva requer o consentimento entre Estados mais fracos — ou suas elites — construídos em torno de normas e ideias esposadas pelo poder regional principal e expressos nas instituições coletivas. A comunidade internacional, no entanto, ao conferir o *status* de poder regional a potências médias, pode conduzir estados mais fracos a aceitar a hierarquia de poder regional. *Divididos por estes contextos duais — o internacional e o regional — e a necessidade de recorrer a ambos para constituir sua legitimidade, questões de uma identidade ambivalente muitas vezes deixa poderes emergentes menos embasados para consolidar sua dominância.* É nesse sentido que no restante desse texto busco destacar estas dinâmicas e as contradições que dela surgem forçando em questões suscitadas pelos debates acerca da política externa brasileira e sul-africana pertinentes a ideias, identidades e instituições. Do ponto de vista conjunto, o objetivo consiste em ilustrar de que modo as elites de cada Estado constroem papéis de liderança e consolidam a legitimidade no plano doméstico enfatizando de que modo Pretória e Brasília — embora legitimando a ordem mundial em que desempenham papel cada vez mais importante — também buscam reformas na esperança de quais mudanças poderão aumentar a perspectiva e aceitação de projetos social-democratas internamente, mesmo que apenas demonstrável simbólica ou retoricamente. Tais demonstrações são importantes no plano das ideias, pois é o único meio de angariar mais *soft power*, dados seus recursos limitados. Na medida em que poderes dominantes regionalmente logrem incrementar seu estoque de *soft power* e desse modo engajar em *statecraft*, isto é, na coordenação coletiva, além de sua região imediata, isso os diferencia de poderes meramente regionalmente dominantes e os habilita a reivindicar o *status* de poder intermediário no nível global. No entanto, a afirmação de tal liderança em âmbito regional também requer bloquear coalizões rivais movidas por poderes secundários que visam construir constelações contra-hegemônicas.

O nível global

É no nível global em que elites estatais se encontram menos inibidas por preocupações com os jogos regionais de poder que objetivos mais ambiciosos, tais como a reforma do sistema global de governança, são articulados. A crítica à globalização e a necessidade de uma reforma das instituições multilaterais fornecem as indicações mais óbvias nesse sentido. Em vez de argumentar pela autarquia, Mandela e Mbeki[6] na África do Sul e

---

[6] "A escolha para países do Sul não é engajar-se ou não com a globalização, mas como engajar-se. É essencial que governos e povos engajem-se com o processo de forma crítica, para moldar e redirecionar seu impacto. O objetivo deve ser incrementar o acesso e a incorporação aos benefícios da globalização, ao mesmo tempo minimi-

Cardoso[7] e Lula[8] no Brasil ressaltam os ganhos potenciais da globalização enquanto trabalham para sua redefinição — por via das instituições multilaterais — para enfrentar déficits sociais. Incitados pela contestação bem-sucedida da tentativa de empresas farmacêuticas americanas de invocar as regras da OMC para impedir a fabricação de medicamentos genéricos para o tratamento do HIV/aids e também por terem cobrado os Estados Unidos e a União Europeia por sua posição em relação aos subsídios agrícolas na rodada de Cancún em 2003 de negociações comerciais, Brasil e África do Sul puderam lançar as bases do Fórum IBAS (Índia-Brasil-África do Sul) em 2003. Estima-se que o potencial

zando a polarização e a exclusão social, mitigando estes efeitos quando e onde eles ocorrerem". Em discurso no Fórum Econômico Mundial tratando do Backlash Against Globalisation, a Southern Perspective of the Problem — Remarks at the World Economic Forum. Davos, 28 de janeiro de 2001 <http://www.dfa.gov.za/docs/speeches/2001/mbek0128a.htm>.

[7] "O mundo não está se tornando integrado de forma homogênea, as regras da globalização são apenas econômicas e não levam em consideração educação, saúde e outras esferas sociais. Assim a globalização não atinge partes do mundo que não sejam reguladas por estas normas." On the Globalization, Diversity and Identity Forum Barcelona 2004 <http://www.barcelona2004.org/eng/actualidad/noticias/html/f045897.htm>.

[8] "Nossa política externa refletirá também os anseios de mudança que se expressaram nas ruas. No meu governo, a ação diplomática do Brasil estará orientada por uma perspectiva humanista e será, antes de tudo, um instrumento do desenvolvimento nacional. Por meio do comércio exterior, da capacitação de tecnologias avançadas, e da busca de investimentos produtivos, o relacionamento externo do Brasil deverá contribuir para a melhoria das condições de vida da mulher e do homem brasileiros, elevando os níveis de renda e gerando empregos dignos. As negociações comerciais são hoje de importância vital. Em relação à Alca, nos entendimentos entre o Mercosul e a União Europeia, que na Organização Mundial do Comércio, o Brasil combaterá o protecionismo, lutará pela eliminação e tratará de obter regras mais justas e adequadas à nossa condição de país em desenvolvimento. Buscaremos eliminar os escandalosos subsídios agrícolas dos países desenvolvidos que prejudicam os nossos produtores privando-os de suas vantagens comparativas. Com igual empenho, esforçaremo-nos para remover os injustificáveis obstáculos às exportações de produtos industriais. Essencial em todos esses foros é preservar os espaços de flexibilidade para nossas políticas de desenvolvimento nos campos social e regional, de meio ambiente, agrícola, industrial e tecnológico". Discurso do presidente na sessão de posse no Congresso Nacional. 1.º de janeiro de 2003 <http://www.mre.gov.br/ingles/politica_externa/discursos/discurso_detalhe3.asp?ID_DISCURSO=2068>.

impacto de um acordo de livre comércio entre o Brasil, Índia e África do Sul seria modesto, e o empresariado brasileiro e sul--africano não demonstra convicção quanto à possibilidade de sucesso (Alden & Vieira, 2005). Que os três possam endossar a reivindicação de cada um por representação após uma reforma do Conselho de Segurança da ONU sublinha o significado da iniciativa IBAS de incrementar sua importância simbólica (com maior impacto na África do Sul — dos três países o menor — que seria membro exclusivamente por causa de sua dominância regional). Tomadas em conjunto, demandas para tornar o sistema de governança global mais inclusivo refletem a dificuldade de fazer o mesmo em casa (em termos de igualdade social). Nem o Brasil nem a África do Sul adotaram o neoliberalismo por inteiro, mas procuram internacionalmente uma regulação de mercado para "superar suas deficiências e criar a harmonia social sem a qual o sistema estaria sob ameaça" (Cammack, 1997, p. 238).

O entrelaçamento das dimensões simbólicas e econômicas na política externa torna-se claro na comparação entre a ênfase dada por Lula na cooperação Sul-Sul e o significado da autoestima e o ativismo internacional de Mbeki e a importância atribuída à noção de uma "Renascença Africana". A expansão dos laços brasileiros com vários outros países na Ásia, África e mundo árabe sob Lula não é inédita. O processo já estava em curso no governo Fernando Henrique, que se preocupava com as complicações oriundas do unilateralismo norte-americano (Vigevani & Cepaluni, 2007, p. 1313). De fato, na década de 1960, Quadros já manifestava sentimentos semelhantes acerca da consolidação da solidariedade brasileira com o Terceiro Mundo, que, no entanto, foram revertidos após o golpe militar.

A diferença é que Lula tenta se beneficiar de uma mudança psicológica na apresentação do Brasil no exterior. Inspirado pelo livro de Frantz Fanon, *Pele negra, máscaras brancas*, o apelo de Lula a autoestima sublinha a crença em si mesmo e a fé nos valores, ideias, práticas e políticas oriundas as sua própria cultura e contexto (Burges, 2005, p. 1138). Visto por esse ângulo, o Brasil é considerado responsável por seu próprio desenvolvimento incompleto e como um país altamente sofisticado e complexo e não como uma nação predisposta a simplesmente se colocar na posição de um pedinte ante os países do Norte. Para Lula fora essa autoestima que permitiu ao Brasil eleger um ex-torneiro mecânico presidente. Daí seria natural que a eleição de um representante do "Sul psicológico" brasileiro teria um correlato na política externa com o estabelecimento de circuitos Sul-Sul. No entanto, o fortalecimento da relação do Brasil com países que tiveram papel importante na formação de sua identidade nacional — africanos, árabes e asiáticos — vai muito além da dimensão simbólica. O papel da autoestima como catalisador de relações comerciais, transformando empresas brasileiras em multinacionais, assim aproveitando as oportunidades oferecidas pela expansão de mercados, é um aspecto igualmente importante e um desafio de grande monta tendo em vista que a liberalização promovida durante o governo Fernando Henrique Cardoso incentivou o intenso fluxo de investimentos diretos externos e a transferência em grande escala de riqueza para o exterior (Burges, 2005, p. 1142).

A ideia de uma "Renascença Africana" cunhada por Thabo Mbeki mescla de forma semelhante considerações econômicas e simbólicas. Assim como a leitura de Lula de Frantz Fanon, Mbeki também vislumbra na Renascença Africana uma oportunidade de asserção de uma nova autoestima, destacando sentimentos relacionados a um tipo de libertação psicológica e um discurso que celebra realizações passadas dos antigos reinos e civilizações da África com o objetivo de contrabalançar o onipresente afropessimismo na África moderna. Mais importante que isso é a rejeição do credo de que a governança é incapaz de exercer a "boa" governança e um chamado para reviver experiências bem-sucedidas. Mas, assim como as ideias de Lula de autoestima, a questão envolve não apenas identidade mas também interesses materiais, pois ao lado da interpretação africanista, como a denominaram Vale & Maseko (1998), há uma globalista, segundo a qual a África representa um vasto e inexplorado mercado pronto para a expansão do setor empresarial sul-africano. Ainda assim o papel de liderança de Mbeki e mais especificamente a invocação de noções de "boa governança" combinada com a crescente afirmação econômica do país não foi bem recebido por outros países do Sul da África e do resto do continente. Não diferente do Brasil — questões relacionadas à identidade muitas vezes criaram obstáculos às iniciativas de liderança. Os dilemas causados por estarem tensionados entre contextos duais — o internacional e o regional — podem ser brevemente explicados em relação ao Zimbábue, à Venezuela e outras formações de liderança rivais.

O nível regional

Ainda que o Brasil no governo de Fernando Henrique Cardoso tenha lançado algumas iniciativas com o objetivo de reafirmar a identidade sul-americana do Brasil, uma delas se destaca em termos relativos, a saber a IIRSA (Iniciativa para la Integración de la Infraestrutura Regional Suramericana).[9] Não muito diferente do NEPAD, o desenvolvimento de uma infraestrutura regional constitui um dos pilares da cooperação regional e, em última instância, de obtenção da aquiescência de liderança. Ao descrever este tipo de liderança como "neoestruturalista", Burges (2007, p. 1349) a define como pesadamente influenciada pela abordagem keynesiana atribuindo um papel explícito para o Estado na regulação e direção da economia nacional, com um foco particular sobre a capacitação, principalmente financeira, mas também produtiva e humana e que também não define o desenvolvimento como um processo endógeno, pois requer um

---

[9] Outras iniciativas incluem a reunião de cúpula das Américas em 1994 e os acordos inter-regionais entre o Mercosul, a Comunidade Andina (CAN) e a União Europeia.

engajamento com o sistema global. "O Estado neoestruturalista não é responsável por trazer resultados, mas por eliminar barreiras — as que podem resultar seja de falhas de mercado, seja por exagerado intervencionismo – para atividades do setor privado em determinadas áreas e de fornecer algum grau de proteção durante a instabilidade dos primeiros anos". Lembrando a teoria neoestruturalista inicialmente proposta pelos integrantes da Cepal, este Estado "silenciosamente inculcou uma estrutura de políticas apontando para um meio-termo entre o estruturalismo dependentista e o neoliberalismo ortodoxo, e foram particularmente espelhados nas políticas de «Terceira Via» do governo de Cardoso [. . .]" (Burges, 2007, p. 1349). No governo Lula, a consolidação da integração tem necessitado da criação da infraestrutura física requerida para encorajar o setor empresarial a se aproveitar das oportunidades abertas pelos circuitos Sul-Sul. Mesmo com a transferência do IIRSA para outro órgão regional denominado Comunidade Sul-Americana de Nações (CASA), manteve-se o foco no desenvolvimento de uma rede regional de transporte, corredores de telecomunicações e energia (Burges, 2007, p. 1350). Em suma, a abordagem neoestruturalista tem buscado incrementar a capacitação, coordenação, fornecimento de informação e financiamento do Estado.

Em contraste, o enquadramento ideológico concorrente para a geração de um contraconsenso regional está sendo dirigido por Hugo Chávez na Venezuela e o uso do petróleo como base de uma política externa ODA-driven. Procurando reduzir a dependência do Sul em relação ao Norte, o uso de Chávez de uma orientação regionalista foi institucionalizada na ALBA, a Alternativa Bolivariana para as Américas, cujos membros são a Bolívia, Cuba, Nicarágua, além da própria Venezuela como um contrapeso à ALCA. Inspirado pela necessidade de oferecer um modelo mais socialista que dá prioridade ao desenvolvimento humano, estes objetivos estão lastreados pelos subsídios extraídos de empresas petrolíferas — Petrocaribe, Petroandina e Petrosur, dentre as quais a maior, a Petrocaribe, é sozinha responsável pelo aporte de US$ 17 bilhões nos próximos dez anos, num ritmo equivalente a 200.000 barris por dia, tornando a assistência venezuelana comparável com a da "Austrália, Bélgica, Dinamarca, Noruega, Portugal, Espanha e Suíça" (Burges, 2007, p. 1347). Em muitos casos, as atividades "humanistas" de ODA da Venezuela — como a compra de US$ 1,3 bilhão de títulos da dívida argentina ou, em 2006, de títulos paraguaios feitos em meio a uma "retórica de querer ajudar a expansão da infraestrutura regional" tem como objetivo angariar o apoio de líderes da esquerda e para seu projeto bolivariano" (Burges, 2007, p. 1348). As tentativas venezuelanas de roubar a cena e minar a liderança brasileira também surgiram de forma mais clara na decisão do presidente boliviano Evo Morales de nacionalizar a indústria de gás natural em maio de 2006. Apesar de ter-se apresentado como um amigo de Lula, Morales escolheu fazer o anúncio de nacionalização de uma planta da Petrobras e apareceu na televisão cercado de tropas bolivianas no campo de extração de propriedade da empresa brasileira. Há grande suspeita de que Chávez incitou Morales para que depois o presidente venezuelano fosse chamado para mediar a disputa entre Brasília e La Paz e assim criar a impressão de que Caracas estava tomando o papel de liderança regional pretendido pelo Brasil (Cason & Power, 2006, p. 29).

Assim como o Brasil, a liderança da África do Sul foi contestada. Formações regionais rivais incluíam a aliança entre o Zimbábue e a Líbia. Em 2002 a Líbia deu suporte logístico e econômico (totalizando 1 bilhão de dólares) ao ZANU-PF, a facção governante do Zimbábue, e o apoio econômico a Mugabe chegou à cifra de US$ 480 milhões. Em agosto de 2001, a Líbia aceitou fornecer ao Zimbábue combustível por meio da Tamoil, a estatal líbia de petróleo, ainda que o acordo tenha durado pouco por causa da incapacidade do Zimbábue de pagar prestações e da relutância de oferecer outros bens como garantia para Trípoli (Solomon & Swart 2005, p. 478).

A África do Sul foi obrigada a habilmente traçar uma estratégia para ajudar a conter a tentativa de Gaddafi de roubar a cena de Mbeki, notadamente em relação à NEPAD (New Parternship for Africa's Development) e à União Africana (AU). Gaddafi descreveu a NEPAD como um projeto de "ex-colonizadores e racistas" e teve de lhe ser oferecido um assento no Conselho de Direitos Humanos da ONU com apoio da África do Sul para garantir o consenso de lançar a AU de Durban e não de Trípoli. No entanto, a África do Sul perdeu a briga para a inclusão da "boa governança" como critério de associação ao NEPAD. Ademais, o conceito de *peer-review* acabou passando para o controle direto da AU e logo sujeito ao veto da Líbia e outros (Gumede, 2005, p. 211).

Por fim a África do Sul optou pela solidariedade com outros Estados africanos, mesmo que isso rebaixasse os direitos humanos a uma importância secundária. Em outras palavras, as dificuldades enfrentadas para alinhar normas regionais — *i.e.*, a solidariedade africana — como normas internacionais (direitos humanos) têm uma série de implicações. Em primeiro lugar, o processo sinalizou o compromisso de Mbeki com estabelecimento das credenciais africanas da África do Sul. No entanto, em segundo lugar, isso não ocorreu sem a perda de certo grau de *soft Power* — *i.e.*, a promessa da África do Sul se tornar um Estado africano governado por práticas democráticas liberais — como base para que recebesse o *status* de poder *intermediário* e não apenas regional.

É interessante notar que estes poderes secundários — Líbia e Venezuela — consolidaram suas posições em setembro de 2009 em uma reunião de cúpula na Venezuela conclamando por um mundo "multipolar" para servir de contrapeso ao domínio econômico do Ocidente e buscou ampliar a ALBA para incluir também Estados africanos (Daniel & Cambero, 2009).[10]

---

[10] Chávez supostamente teria prometido construir uma refinaria na Mauritânia e a vender petróleo bruto para o Mali e o Níger na África Ocidental (Daniel &Cambero, 2009).

Conclusão

Em razão de suas histórias, a África do Sul e o Brasil poderiam ser chamados de "líderes a contragosto" (*reluctant leaders*). Isso se deve em parte a que certo grau de uma autopercepção excepcionalista tem balizado as práticas diplomáticas assim como seu senso de identidade *vis-à-vis* as regiões geográficas às quais pertencem. No caso sul-africano este sentimento de alienação psicológica em relação à região já havia se tornado arraigada nos anos 1980 pelo isolamento internacional do Estado. O sentimento de distanciamento do Brasil era menos acentuado e causado pelo seu próprio tamanho, língua, instituições políticas e tradição. Enquanto a reconstrução da África do Sul como uma nação africana ocorreu rapidamente após a democratização, a identificação do Brasil com a sua região evoluiu de forma mais gradual. Desde o fim da década de 1990, no entanto, estes "líderes a contragosto" têm assumido um papel cada vez mais importante na cena internacional, que é bem descrita pela noção de poder intermediário emergente. No entanto, ambos os países continuam a enfrentar os problemas relacionados às suas identidades que as torna mais facilmente percebidas como intermediários autoindicados entre a OCDE e o mundo em desenvolvimento do que líderes de fato do Sul. Como Pretória e Brasília conseguirão lidar com o paradoxo da legitimidade regional e da ambição internacional permanece uma questão-chave na articulação de seus papéis como potências médias emergentes.

Referências

ALDEN, C. &VIEIRA, M. The new diplomacy of the South: South Africa, Brazil, India and trilateralism. *Third World Quarterly*, vol. 26, n.º 7, pp. 1077-95, 2005.

BARBER J. & BARRATT, J. *South Africa's foreign policy: the search for status and security, 1945-1988*. Cambridge: Cambridge University Press, 1990.

BURGES, S. W. *Auto-estima* in Brazil: the logic of Lula's South-South foreign policy. *International Journal*, pp. 1133-51, outono 2005.

—. Building a Southern coalition: the competing approaches of Brazil's Lula and Venezuela's Chávez. *Third World Quarterly*, vol. 28, n.º 7, pp. 1343-58, 2007.

BURNS, B. Tradition and variation in Brazilian foreign policy. *Journal of Inter-American Studies*, vol. 9, n.º 2, pp. 195-212, 1967.

CAMMACK, Paul A. *Capitalism and democracy in the Third World: The doctrine for political development*. Londres e Washington: Leicester University Press, 1997.

CARDOSO, F. H. & FONT, M. A. *Charting a new course: the politics of globalization and social transformation*. Lanaham, Maryland: Rowman & Littlefield 2001, p. 256.

CASON, J. & POWER, T. J. Presidentialization, plurization and the rollback of Itamaraty: explaining change in Brazilian foreign policy making from Cardoso to Lula. Conferência "Regional Powers in Asia, Africa, Latin America, the Near and Middle East", 11-12 de dezembro de 2006. Hamburgo: GIGA German Institute of Global and Area Studies, 2006.

COSTA VAZ, A. Domestic underpinnings and constraints of contemporary Brazilian foreign policy. *Paper* preparado para a "Regional Powers Network Conference". German Institute of Global and Area Studies (GIGA), Hamburgo, 15-16 de setembro de 2008.

COX, R. W. Middlepowermanship, Japan and future world order. *International Journal*, vol. xliv, pp. 823-62, 1989.

DANIEL, F. & CAMBERO, F. Chavez, Gaddaffi seek new world order <http://www.mg.co.za/article/2009-09-26- chvez-gaddaff-seek-new-world-order>; acesso em 26-10-2009.

GELDENHUYS, D. *The diplomacy of isolation: South African foreign policy making*. Johannesburgo: Macmillan, 1984.

GUMEDE, W. M. *Thabo Mbeki and the Battle for the Soul of the ANC*. Cidade do Cabo: Zebra Press, 2005.

HURELL, A. Brazil as a regional great power: a study in ambivalence. In: NEUMANN, Iver B. (ed.). *Regional great powers in international politics*. Londres-Nova York: Macmillan-St. Martin's Press, 1992.

—.The international dimensions of democratization in Latin America: the case of Brazil. In: WHITEHEAD, L. (ed). *The international dimensions of democratization: Europe and the America's*. Oxford: Oxford University Press, 1996, pp. 146-74.

JORDAAN, E. The concept of a middle power in the international relations: distinguishing between emerging and traditional middle powers. *Politikon*, vol. 30, n.º 1, pp. 165-81, 2003.

LAFER, C. Brazilian international identity and foreign policy: past, present and future. *Daedalus*, vol. 129, pp. 1-27, primavera 2000.

McCANN, F. Brazilian foreign relations in the Twentieth Century. In: SELCHER, W. (ed.). *Brazil in the international system*. Boulder, CO: Westview Press, 1981, pp. 1-24.

QUADROS, J. Brazil's new foreign policy. *Foreign Affairs*, vol. 40, pp. 19-27, 1961.

SOLOMON, H. & SWART, G. Libya's foreign policy in flux. *African Affairs*, vol. 104, n.º 416, pp. 469-92, 2005.

SPEKTOR, M. Ideas driving Brazil's regional policy. *Paper* preparado para o primeiro "Regional Powers Network Conference", German Institute of Global and Area Studies (GIGA), Hamburgo, 15-16 de setembro, 2008.

VALE, P. South Africa: understanding the upstairs and the downstairs. In: COOPER, Andrew F. (ed.). *Niche diplomacy: middle powers after the cold war*. Londres: Palgrave-Macmillan, 1997.

VALE, P. & MASEKO, S. South Africa and the African Renaissance. *International Affairs*, vol. 74, n.º 2, pp. 271-288, abr. 1998.

VIGEVANI, T. & CEPALUNI, G. Lula's foreign policy and the quest for autonomy through diversification. *Third World Quarterly*, vol. 28, n.º 7, pp. 1309-26, 2007.

CONEXÃO ENTRE O DOMÉSTICO E O INTERNACIONAL: INTERESSES E ESTRATÉGIAS DO BRASIL E DA ÍNDIA NA CONSTRUÇÃO DO G20*

Taiane Las Casas Campos

A RODADA URUGUAI DO GATT/OMC (1986-1994) estabeleceu um conjunto de quatro agendas — serviços, propriedade intelectual, bens manufaturados e agricultura — como objetos de negociação com vistas à liberalização dos fluxos de comércio. Acordou-se, naquela ocasião, que as negociações para liberalização da agricultura deveriam ser concluídas até o fim de 1999 e que as medidas efetivas de liberalização seriam implantadas a partir de 2000.

A falta de consenso entre os países membros quanto às regras do processo de liberalização impôs a necessidade de estabelecer um novo mandato para negociações da agricultura, fato que ocorreu na Rodada de Doha (2001). Nesta ocasião, os negociadores dos países membros acordaram que até março de 2003 seriam discutidas as fórmulas e as metas para redução tarifária, acesso a mercados e redução de subsídios às exportações de produtos

---

* Este capítulo é parte da pesquisa desenvolvida no programa de doutorado em Ciência Política no IUPERJ (Instituto Universitário de Pesquisas do Rio de Janeiro) com financiamento do CNPq. Agradeço à professora Maria Regina Soares de Lima por viabilizar minha participação no programa bem como por suas contribuições teóricas, decisivas para o aprimoramento de meus conhecimentos no campo das relações internacionais. Uma versão preliminar da pesquisa foi publicada na revista *Foro Internacional*, vol. XLIX, n.º 3, 2009.

agrícolas. Acordou-se também que os países membros fariam o balanço das negociações na Conferência Ministerial de Cancún (2003) e que em 2005 seriam implementadas as medidas de liberalização que foram previamente negociadas.

As negociações preparatórias para a reunião de Cancún demonstraram o grau de dificuldade para obter uma regra consensual consensual para a liberalização do comércio agrícola. Em julho de 2003, os EUA e a União Europeia apresentaram uma proposta conjunta do que deveria ser o quadro de referência das negociações da agricultura. Essa proposta tinha como elemento central a estratificação dos setores agrícolas e a liberalização progressiva (redução tarifária, acesso a mercados e subsídios às exportações) e diferenciada por setor. Os países que demandavam a aceleração da liberalização entenderam que essa proposta era um retrocesso nas negociações, uma vez que postergava o processo de abertura e, ainda, contemplava medidas de proteção ao setor. Este processo de negociações culminou com a formação do G20,[1] uma coalizão de países que se posicionavam contrariamente à proposta dos EUA e da União Europeia.

Essa coalizão, formada por países como o Brasil, Índia, China e África do Sul, dentre outros, tinha, nas palavras do chanceler brasileiro Celso Amorim, como ponto central a crença de que o comércio internacional deve ser conectado com o desenvolvimento. A atuação desse grupo estabeleceu novas condições para as negociações agrícolas na OMC, bloqueando a conclusão da Rodada de Doha.

A suposição inicial seria de que Índia e Brasil têm interesses divergentes no processo de negociação do comércio agrícola. Enquanto a Índia demanda proteção contra importações agrícolas, o Brasil defende a ampla liberalização desse setor. Seria razoável

---

[1] Esse grupo é, na verdade, formado por 21 países: África do Sul, Egito, Nigéria, Tanzânia, Zimbábue, Argentina, Bolívia, Brasil, Chile, Cuba, Guatemala, México, Paraguai, Uruguai, Venezuela, China, Filipinas, Índia, Indonésia, Paquistão e Tailândia.

pensar então que a Índia automaticamente se alinharia com os EUA e a União Europeia na defesa de mecanismos de proteção ao setor, tomando, portanto, posição antagônica à do Brasil neste processo. O que ocorreu, no entanto, foi o alinhamento desses dois países em uma coalizão que se caracteriza pela oposição à proposta norte-americana e europeia. Sendo assim, devemos buscar os elementos que explicam o posicionamento dos dois países que viabilizaram a formação do G20. A pergunta que norteia esse texto diz respeito aos fatores que viabilizaram a formação e manutenção do G20 apesar do aparente conflito de interesses entre países membros como Brasil e Índia.

Um possível ponto de convergência de interesses desses países, no âmbito das negociações multilaterais de comércio, está na prioridade dada às políticas de desenvolvimento. O chanceler brasileiro Celso Amorim[2] apresenta o G20 como um grupo de países que consideram o comércio internacional um mecanismo para promover o desenvolvimento. Para Lima & Hirst (2006), o G20 representa, para o Brasil, o retorno da agenda dos anos de 1970 e 1980, marcada pela coalizão terceiro-mundista configurada pelo G77, que elegera como prioridade os temas relacionados ao desenvolvimento. Para Nalikar (2006), o posicionamento da Índia na OMC também tem sido marcado por posições terceiro-mundistas e pautado por uma estratégia distributiva que se fundamenta no que o autor chama de "conceito de justiça baseado na equidade de resultados mais que na legitimidade do processo".

Uma segunda vertente de explicação para a convergência de interesses se refere ao fato de que o bloco permitiria a ampliação do poder de negociação dos países em desenvolvimento em face dos interesses dos países desenvolvidos, em especial os Estados Unidos e a União Europeia. As negociações da agenda de serviços e propriedade intelectual foram imposições desses países,

---

[2] Apresentação das propostas do G20, disponível no *site* <http://www.g-20.mre.gov.br/proposals.asp>.

o que determinou grandes custos de ajustamento às suas regras para os países em desenvolvimento. Tal argumento se sustenta se considerarmos que a formação do G20 permitiu o adiamento, e talvez uma eventual reconfiguração, das discussões da agenda de serviços e propriedade intelectual, imposta pelos Estados Unidos e União Europeia. Se considerarmos que os países em desenvolvimento têm vantagens comparativas em produtos agrícolas e que os avanços nessa agenda foram muito pequenos, podemos inferir que coube a esses, até o momento, arcar com os custos da agenda de serviços, propriedade intelectual e, eventualmente, de produtos manufaturados, sem contar com os benefícios da liberalização agrícola. O G20, portanto, configura-se como um bloco de países com interesses diferentes, mas convergentes, no sentido de redesenhar o espaço de negociações no ambiente multilateral.

Nalikar & Tussie (2004), no entanto, apontam alguns elementos que podem dificultar a formação e manutenção de coalizões de países em desenvolvimento e subdesenvolvidos, tais como o G20. O primeiro é o fraco peso econômico e político que a coalizão possa ter diante dos demais países. Este não é, conforme apontam os autores, um problema para o G20, uma vez que esse bloco conta com 60% da população mundial, 70% da população rural e 26% das exportações mundiais de produtos agrícolas. O segundo elemento é o risco de fragmentação, inerente à própria estrutura da coalizão, em virtude de divergentes interesses de seus membros, estratégias de negociação adotadas e respostas geradas para outras partes envolvidas nas negociações. Os autores consideram que um importante fator que tem contribuído para o sucesso do G20 é a experiência prévia que a formação de outras coalizões possibilitou aos membros do grupo.

Consideramos importante analisar essa e outras experiências de países em negociações internacionais a partir de discursos desenvolvimentistas, estratégias de ampliação de espaços de negociação multilateral ou, ainda, de processos históricos. Entretanto, a despeito da importância de cada um desses motivos, as negociações internacionais são resultado de uma conjugação de fatores que têm na configuração dos interesses domésticos e no espaço de negociação os elementos determinantes da atuação política de qualquer país no ambiente internacional.

É necessário, então, ampliarmos o escopo de análise das experiências de formação de blocos tendo em vista a interação simultânea de fatores — tais como a estrutura doméstica, os interesses dos participantes e a estratégia de negociações — para a definição do posicionamento estratégico dos países dentro do bloco. Trata-se, portanto, de analisar a formação e manutenção de coalizões de países como o G20 tendo como referência o risco de fragmentação, determinado pela interação entre a política doméstica (interesses e posicionamento estratégico dos grupos domésticos) e a política internacional.

Putnam (1988) propõe uma metodologia para analisar as interações dos fatores domésticos e internacionais que determinariam as condições para a estruturação de acordos internacionais. O autor apresentou sua proposição como uma metáfora, na esperança de que pudesse se tornar uma teoria. Sua proposta consiste em analisar a relação entre as forças domésticas e internacionais a partir do que denomina jogos de dois níveis. O nível 1 é aquele no qual o executivo negocia as condições de um acordo, ou seja, é o nível internacional. O acordo tem de ser ratificado no nível 2, ou seja, domesticamente. O negociador[3] é o elo entre os dois níveis, uma vez que tem a função de barganhar, no ambiente externo, os acordos que sejam convenientes para os constituintes domésticos. Os jogos em dois níveis estabelecem, segundo Moravcsik (1993), a interação entre o doméstico e o internacional através dos olhos do negociador.

A possibilidade de sucesso do negociador em ratificar um acordo é determinada por sua capacidade de influenciar a política

---

[3] São diversas as denominações encontradas na literatura, tais como executivo, COG (chief of government), *stateman*. Usaremos negociador, em referência à suas funções do modelo analítico.

doméstica e a política internacional. Esta é, portanto, uma proposição analítica que tem no poder de barganha do negociador sua principal variável de análise. O negociador inicia o processo de negociação de um acordo em um nível e o ratifica no outro. A ratificação do acordo é o principal objetivo do negociador e é condicionado pelo *win set*, ou seja, "pelo conjunto de acordos potenciais que poderão ser ratificados pelos constituintes domésticos no processo de votação contra o *status* de nenhum acordo" (Moravcsik, 1993, p. 23).

Putnam apresenta, então, um conjunto de fatores que determinam o tamanho dos *win set*, sendo eles: 1) as preferências e coalizões no nível doméstico; 2) as instituições existentes nesse nível; e 3) as estratégias dos negociadores no nível internacional. A política doméstica determina as possibilidades de ratificação porque estabelece as preferências e o poder de influência de determinados constituintes domésticos no processo de negociação do acordo. De um lado, a falta de consenso ou difusão de preferências dos constituintes domésticos configura a possibilidade de um amplo conjunto de acordos possíveis, ou seja, um maior *win set*. Um *win set* maior amplia o espaço de atuação política do negociador que tem algumas alternativas para a negociação do acordo. Contudo, esse maior espaço reduz a força política do negociador, que pode ser pressionado pelo outro negociador por outro acordo. Por outro lado, quanto mais homogêneos os interesses dos constituintes domésticos, menor o conjunto de acordos possíveis, ou seja, menor o *win set*. Nessa situação, as possibilidades políticas do negociador são menores, mas sua capacidade de impor os termos do acordo são maiores, uma vez que o acordo, sendo feito, será ratificado domesticamente. Assim, as preferências dos constituintes domésticos e as instituições domésticas determinam o grau de autonomia do negociador em relação aos constituintes do nível 2.

Por fim, Putnam considera que a estratégia utilizada pelo negociador no nível internacional pode ser um importante elemento para ampliar o *win set* doméstico. O autor lembra que *side payment* e *good will* podem ser mecanismos importantes para alterar sua base de apoio para a ratificação de um acordo. Além dessas estratégias domésticas, Putnam observa que um bom negociador deve se preocupar também com o *win set* do outro negociador do nível 1. Apoiar o outro negociador e possibilitar a ampliação de sua base de apoio doméstica pode ser uma boa estratégia para a ratificação do acordo.

Ainda no que se refere ao negociador, Putnam considera que, inicialmente, ele não tem preferências específicas, ou seja, que atua nas mesas de negociação com base nos interesses dos constituintes domésticos. Moravcsik (1993) amplia o escopo analítico do posicionamento do negociador considerando que suas preferências são relevantes e que este tem, também, um conjunto de acordos aceitáveis. Este conjunto e, portanto, suas preferências refletem: 1) o interesse em ampliar sua posição doméstica, tendo como referência os interesses do eleitor mediano; 2) a disposição em dar uma resposta a imperativos internacionais; 3) suas preferências individuais, considerando seu posicionamento adiante da questão em debate. Para Moravcsik, então, a possibilidade de um acordo é determinada, também, pela existência de sobreposição entre o *win set* dos constituintes domésticos e o conjunto de acordos aceitáveis para o negociador.

Brasil e Índia: similaridades e diferenças

Como países em desenvolvimento, Índia e Brasil têm enormes desafios econômicos e sociais. As similaridades e diferenças estabelecem a convergência ou não de interesses e preferências dos constituintes domésticos por acordos no ambiente internacional. Analisamos, nessa seção, algumas características socioeconômicas desses dois países, de forma que depreendamos em quais agendas há a convergência de interesses domésticos que possam viabilizar a execução de acordos entre esses dois países.

A Índia tem a segunda maior população do mundo com 1.169 milhões de habitantes e extensão territorial de 3,3 milhões de km², o que resulta uma densidade geográfica de aproximadamente 345 habitantes/km². A população indiana vive essencialmente no campo, 71,3% na área rural e somente 28,7% nas áreas urbanas (IBGE, 2007). O Brasil tem uma área total de 8,5 milhões de km², onde vivem 184 milhões de habitantes, o que dá uma densidade populacional de 22 habitantes por km². Desse total 84,2% vivem nas regiões urbanas e 15,8% nas áreas rurais.

Esses dois países têm produtos internos muito similares, o total das riquezas produzidas no Brasil, em 2005, era de 794 bilhões de dólares a preços correntes e o da Índia de 806 bilhões (IBGE, 2008). Essa similaridade determina uma gigantesca diferença na renda *per capita* entre eles, que na Índia é de US$ 736 e no Brasil de US$ 4.271 em 2005. Contudo, a maior discrepância em termos de renda é o fato de que, segundo o PNUD (2008) 80,4% da população indiana vive com menos de U$2,00 por dia contra 21,2% no Brasil. Essas diferenças nas rendas recebidas pelos indivíduos e consequentemente nas demandas sociais dos dois países colocam o Brasil na 70.ª posição no *ranking* do PNUD, com um IDHS de 0,800 e a Índia na posição de número 128, com um IDHS de 0,619 em 2005 (PNUD, 2008).

Se o Brasil, por ter uma população menos numerosa, tem renda *per capita* maior essa é muito mal distribuída. Enquanto a relação das rendas recebidas pelos 20% mais ricos em relação aos 20% mais pobres da Índia é de 5,6 no Brasil é de 21,8. O coeficiente de Gini do Brasil é de 57,0 e o da Índia de 36,8 (PNUD, 2008).

Com renda tão baixa como no caso da Índia e tão mal distribuída como no Brasil, o acesso à saúde e à educação são determinados pela capacidade do Estado para prover esses bens e, é claro, a demanda indiana é substancialmente maior que a brasileira.

Na dimensão econômica as diferenças também são expressivas. A Índia tem mantido taxas altas de crescimento do produto, em contrapartida às baixas e oscilantes taxas brasileiras, o que tem refletido no nível de investimentos. Enquanto a Índia tem uma formação bruta de capital fixo crescente e em torno de um terço do PIB, no Brasil essa taxa fica por volta dos 20%.

Com uma população que é a segunda maior do planeta, o desafio indiano é alimentá-la. A agricultura indiana é, sem dúvida, o setor mais importante da atividade econômica. Chand (2005) apresenta alguns motivos para esse destaque pois 25% da renda do país advém dessa atividade; mais da metade da força de trabalho está empregada na agricultura; há forte relação entre o desempenho desse setor e dos demais e que dela depende a fatia mais pobre da sociedade indiana.

A primeira e talvez mais importante das características da atividade agrícola dos dois países é quanto à propriedade da terra. Enquanto na Índia 98,4% das propriedades têm menos de 10 hectares, no Brasil 49,43% têm esse tamanho. Contudo, as propriedades com até 10 hectares correspondem a somente 2,23% da área total no Brasil, e na Índia essas propriedades respondem por 82,60% da área total. Temos assim duas estruturas agrárias diametralmente opostas. Na Índia temos uma enorme pulverização da propriedade e no Brasil uma grande concentração de terras em propriedades de grande porte.

Um importante desafio da agricultura indiana é aumentar a produtividade de suas culturas. À exceção do trigo, em todas as demais culturas, a produtividade brasileira é expressivamente maior que a indiana. Essas baixas produtividades são definidas pelo ICAR (2007) como produto da:

> [. . .] lack of competition in agricultural markets seems to be that small local players dominate the market. They are in large number but that does not improve market efficiency. They require large margins due to the large number and

small operations and cannot take advantage of scale economies [. . .] This would impart scale advantage that should help in better deal for consumers and producers (ICAR, 2007).

Para fazer face aos desafios do setor, os governos indianos estabeleceram, desde a independência em 1949, políticas que buscam superar o atraso relativo e possibilitar a geração de emprego e renda para a população que vive no campo.

O setor agrícola indiano não foi incluído diretamente nas reformas neoliberais implantadas no país em 1991. Contudo, a liberalização do comércio, a desvalorização da taxa de câmbio e reestruturação do setor industrial tiveram impactos significativos no setor agrícola. A liberalização comercial implicou reduções tarifárias de produtos agrícolas, de forma que em 1990-91 a tarifa média efetiva do setor era de 113%, passando a 43% no período 1993-94 e atingindo o nível de 26% em 1997-98 (Panagariya, 1998).

O Relatório da Secretaria da OMC quanto ao desempenho da economia indiana demonstra seus principais problemas:

> the sector employs around 60% of the working population, suggesting that labour productivity is only around one-sixth of its level in the rest of the economy. Low productivity is due in part to fragmented landholdings, low mechanization levels, and dependence on rainfall, but also because public investment in infrastructure and research has been inadequate due to crowding out by spending on direct and indirect subsidies to the sector (WTO, 2007).

Em resumo, o setor agrícola indiano é caracterizado pela importância em razão da necessidade de alimentar mais de um bilhão de pessoas, gerar renda para mais de dois terços de seus habitantes, está inserida indiretamente no escopo das reformas liberalizantes e, por fim, é marcado por baixa produtividade, pequenas propriedades, baixo nível de investimentos e fortemente dependente de políticas de subsídios, preços mínimos e estoques reguladores desenvolvidas pelo governo.

Diferentemente da Índia, a agricultura brasileira se caracteriza pelo dinamismo. O setor é responsável por 33% do Produto Interno Bruto, 42% das exportações totais e 37% dos empregos brasileiros. Entre 1998 e 2003, a taxa de crescimento do PIB agropecuário foi de 4,67% ao ano (Ministério da Agricultura, 2006).

Desde o período colonial, o setor agrícola brasileiro tem sido responsável pela geração de divisas, emprego e renda. Contudo, os anos de 1960 foram marcados pela estruturação de uma política agrícola, baseada no crédito rural, que deu grande dinamismo ao setor. Nos anos de 1970, esse dinamismo é determinado ainda pela expansão da fronteira agrícola e pelos altos preços do mercado internacional. A crise dos anos de 1980 determinou novos desafios para a agricultura que além de contribuir para a redução dos preços domésticos, deveria ampliar a oferta de divisas para fazer face aos serviços da dívida externa. A política de preços mínimos estabelecida pelo governo, associada à ampla oferta de crédito para compra de máquinas e equipamentos foram importantes para promover as expressivas taxas de crescimento da agricultura no período.

As grandes extensões de terras, as favoráveis condições climáticas e, principalmente, o elevado grau de incorporação tecnológica fizeram da agricultura brasileira uma atividade de importância mundial. A política agrícola do governo brasileiro tem se baseado na progressiva transferência para o setor privado dos custos de financiamento do setor. O Relatório da Secretaria da OMC caracteriza o setor como

> assistance to agriculture appears modest and, like in earlier years, mainly takes the form of minimum-price supports

and rural credit at preferential rates. These are complemented by marketing schemes, and market-oriented price and stabilization mechanisms. Most rural credit is provided by private sources, but the Government intervenes by setting minimum credit requirements for banks, as well as regulating interest rates, or by assuming risk coverage. As a large exporter of agricultural products, Brazil has much to gain from the reduction of distortions in world markets and, thus, has over the years been engaged actively in WTO negotiations, calling for the reduction of all trade-distorting domestic support measures on a product-specific basis[4] (WTO, 2007).

As negociações agrícolas na OMC

As discussões acerca da liberalização do comércio agrícola sempre se caracterizaram como um tema crítico no regime de comércio. Ausente na primeira etapa de construção do regime, de 1947 a 1995 sob a égide do GATT, as discussões se iniciam na Rodada Uruguai (1986-1994), como demanda dos países em desenvolvimento.

Sob o mandato do artigo 20 da Rodada Uruguai, os países membros iniciaram uma nova fase de negociação para o setor agrícola. Essa primeira fase de negociações durou, de janeiro de 2000 a março de 2001 e foi caracterizada pela apresentação de um grande número de propostas (45), que tinham diferentes objetos e amplitudes. Diversas sessões especiais do Comitê da Agricultura foram realizadas nessa fase, e a diversidade de propostas não estabeleceu o ponto de partida para novas negociações. Nesse contexto, inicia-se uma nova fase que ocorreu no período de março de 2001 a setembro de 2002 e se caracterizou por discussões informais, e os documentos oficiais dessas negociações

---

[4] Para maior discussão sobre a política agrícola no Brasil ver: IV. TRADE POLICIES BY SECTOR, Trade Policy Review Body — Trade Policy Review — Brazil — Report by the Secretariat, WT/TPR/S/140,

foram as provenientes de três das seis sessões de encontros do Comitê da Agricultura. Nessa fase, as discussões foram mais voltadas a temas e propostas técnicas e grande parte delas se deu sob os termos da Rodada de Doha, ocorrida em novembro de 2001.

A falta de um acordo sobre o processo de negociação, bem como de liberalização do comércio agrícola, que caracterizou a primeira e grande parte da segunda fase de negociação, fez com que o tema viesse a ser tratado na reunião ministerial de Doha no Qatar em 2001. Nessa ocasião, um novo mandato de negociação agrícola é estabelecido e novos termos para essas negociações são incorporados aos estabelecidos na Rodada Uruguai.

Nos artigos 13 e 14 da Declaração Ministerial de Doha, os países membros reforçam sua disposição de continuar o processo de liberalização agrícola e acrescentam (no artigo 13), que deveriam ser considerados

> [. . .] special and differential treatment for developing countries shall be an integral part of all elements of the negotiations and shall be embodied in the schedules of concessions and commitments and as appropriate in the rules and disciplines to be negotiated, so as to be operationally effective and to enable developing countries to effectively take account of their development needs, including food security and rural development (artigo 13 da Declaração Ministerial de Doha, 2007).

Naquele encontro, os países membros acordaram novas datas para as negociações agrícolas, sendo: 1) as negociações sobre modalidades (inclusive para tratamento especial e diferenciado) deveriam ser concluídas até 31 de março de 2003; e 2) os participantes deveriam apresentar seus compromissos, baseados nas modalidades negociadas, até a quinta reunião ministerial que ocorreria em 2005. Sendo assim, além de a Rodada de Doha ter incorporado o tratamento especial e diferenciado para os países que dele necessitavam, incorporou ainda o compromisso com as questões não afeitas ao comércio (segurança alimentar, desenvolvimento rural, dentre outras) a serem negociadas juntamente com a agricultura, estabeleceu datas para a conclusão das negociações e determinou que os países assumissem novos compromissos de liberalização. Além disso, estabeleceu que novas negociações de outras agendas que estariam condicionados às negociações agrícolas, é o chamado *single undertaking*. O capítulo 14 estabelece: "the negotiations, including with respect to rules and disciplines and related legal texts, shall be concluded as part and at the date of conclusion of the negotiating agenda as a whole" (artigo 14 da Declaração Ministerial de Doha, 2007).

As negociações foram infrutíferas e escassas até a preparação para a reunião ministerial de Cancún, quando os países manifestaram interesses em retomar as negociações. Em agosto de 2003, os Estados Unidos e a União Europeia apresentaram uma proposta conjunta, que não só tratava das modalidades como de todo um acordo sobre a agricultura. Essa proposta tinha o foco em questões-chave, mas sem a indicação de valores de redução de subsídios ou tarifas e, ainda, propunha que, pela falta de tempo, as questões relativas ao tratamento especial e diferenciado fossem feitas com base nas propostas apresentadas pelos países interessados. As repercussões dessa proposta foram imediatas e foram apresentadas seis propostas de grupos de países, sendo a mais importante a do G20 (WT/MIN(03)/W6). O então chefe do Conselho Geral — Pérez Del Castilho — apresentou o que seria uma proposta para reunião de Cancún, que era de sua própria autoria. Essa proposta foi revista pelo *chairman* da Conferência de Cancún — Luis Ernesto Derbez, que ficou conhecido como a proposta com esse nome e circulou em setembro de 2003.

A falta de um acordo para a agricultura determinou o fracasso da Conferência de Cancún. De setembro de 2003 a março de 2004 não houve negociações sobre a questão agrícola. Em março as negociações foram retomadas e depois de intensos esforços, os países membros conseguiram fechar um acordo sobre estruturas (*framework*) de modalidades em agosto de 2004.

A formação do G20

Para entendermos o processo de formação do G20 é necessário analisarmos as posições dos Estados Unidos e da União Europeia nas negociações agrícolas na OMC. Os Estados Unidos, desde o início do processo de negociação da agricultura, posicionaram-se a favor de medidas mais efetivas de melhoramento de acesso a mercados, ou seja, de reduções tarifárias baseadas na fórmula suíça. Essa fórmula prevê um corte linear de todas as tarifas de um país e redução significativa dos picos tarifários e escaladas tarifárias, e as tarifas mais baixas sofrem cortes menores. A proposta norte-americana era de um coeficiente de redução de 25%. A União Europeia sempre teve posição mais defensiva, uma vez que usa as tarifas e cotas para proteger setores sensíveis tais como açúcar, cereais e produtos agropecuários. Para tanto, propunha a adoção da Fórmula da Rodada Uruguai, ou seja, uma redução média simples (sem ponderar pelo volume de comércio) com uma redução mínima para cada linha tarifária. Com essa fórmula, a União Europeia pretendia administrar seus setores sensíveis.

No que se refere ao apoio doméstico, os EUA tinham políticas com menores impactos que a União Europeia, apesar de ter reformado essas políticas em 2002, e se propunham a reduzi-las caso a União Europeia também o fizesse. Por fim, os subsídios às exportações eram o tema mais sensível para esse dois negociadores. Os EUA concordavam em reduzir os subsídios, mas eram sensíveis a seus programas de garantia de crédito às exportações e de seguro para exportações, desde que a União Europeia o fizesse, o que contrarrestava com a reforma agrícola desse bloco feita em 2003.

Em linhas gerais, podemos dizer que os EUA estavam alinhados com as demandas do Grupo Cairns[5] e em situação diametralmente oposta estava a União Europeia. O impasse gerado nas negociações desde o início, determinado pelo parágrafo 20 da Rodada Uruguai, e mais especificamente na preparação da Rodada de Cancún implicou a demanda feita pelo diretor-geral da OMC Supachai Panitchpakdi para que União Europeia e EUA se reunissem e apresentassem uma proposta conjunta.

Essa reunião aconteceu em Montréal no Canadá, em julho de 2003, e foi apoiada pelos outros países "que esperavam que um acordo entre eles cujas posições eram aparentemente diametralmente opostas, especialmente para acesso a mercados, poderia acomodar os interesses de todos os membros" (Aggarwal, 2005).

Em 13 de agosto de 2003, os Estados Unidos (Robert Zoellick) e a União Europeia (Paschoal Lamy) apresentaram um documento conjunto (JOB(03)/157) que até o momento ainda tem caráter restrito. Esse documento foi apresentado na fase preparatória para a reunião de Cancún e apresentava uma proposta para todo o acordo da agricultura. Apesar de ser vaga em uma série de questões relevantes, foi capaz de desagradar a todos os demais países membros da OMC.

O documento propunha que os compromissos de redução das políticas de apoio doméstico fossem diferenciados, tendo como referência o nível inicial de apoio de cada país. Essa proposta possibilitava aos EUA fazer reduções menores, uma vez que tinha menores valores para essas políticas em relação à União Europeia. A proposta para reduções tarifárias para o acesso a mercados baseava-se em uma mistura da fórmula suíça (anteriormente proposta pelos EUA) com a fórmula da Rodada Uru-

---

[5] Cairns Group — composto por um grupo de países que defendia a liberalização na primeira fase das negociações agrícolas realizadas no âmbito da OMC. O grupo é composto por dezenove membros, sendo eles: Argentina, Austrália, Bolívia, Brasil, Canadá, Chile, Colômbia, Costa Rica, Guatemala, Indonésia, Malásia, Nova Zelândia, Paraguai, Peru, Filipinas, África do Sul, Tailândia, Uruguai.

guai (proposta pela União Europeia). Ela propunha que uma proporção das linhas tarifárias pudesse ser sujeita à redução média como a fórmula Uruguai, com redução mínima estipulada sobre cada linha, e outra parte das linhas tarifárias deveriam ter as tarifas reduzidas tendo como critério a fórmula suíça. Por fim, a política de redução dos subsídios às exportações permitiria à União Europeia continuar subsidiando alguns produtos e aos Estados Unidos manter sua política de crédito para as exportações, o que ameaçaria os compromissos assumidos ainda na Rodada Uruguai.

Essa proposta fundamentou um rascunho do que seria a Declaração Ministerial de Cancún feita pelo presidente do Conselho Geral Pérez Del Castilho, o que suscitou a apresentação de outra feita por um grupo de países, que viriam a compor o G20.[6]

Essa proposta (WT/MIN(03)/W/6) foi apresentada no dia 4 de setembro de 2003 e foi entregue ao diretor-geral da OMC pela missão permanente do Brasil. No preâmbulo do documento estão as considerações quanto à necessidade de reafirmar os compromissos estabelecidos nos parágrafos 13 e 14 da Declaração de Doha e reafirmam que todas as áreas de negociações estão inter-relacionadas e, ainda, que há necessidade de ter tratamento especial e diferenciado e preocupações não comerciais, que atendam aos interesses dos países em desenvolvimento.

Essa proposta foi ratificada por vinte países com as mais distintas demandas do regime de comércio. Mathews (2001) identificou cinco grupos de países em desenvolvimento com diferentes interesses no início das negociações agrícolas sob o mandato da Rodada Uruguai. No primeiro grupo estão os grandes exportadores de produtos agrícolas, sendo eles Brasil, Argentina, Tailândia e outros membros do Grupo Cairns. No segundo grupo estão os grandes países de baixa renda que buscam a autossuficiência

---

[6] São eles: Argentina, Bolívia, Brasil, Chile, China, Colômbia, Costa Rica, Equador, El Salvador, Guatemala, Índia, México, Paquistão, Paraguai, Peru, Filipinas, África do Sul, Tailândia e Venezuela.

no setor agrícola, sendo o principal representante a Índia. No terceiro grupo estão os países importadores líquidos de alimentos, sendo alguns deles o Egito, Quênia e Paquistão. As pequenas ilhas-Estados, tais como Maurício e Jamaica, estão no quarto grupo e são também importadores líquidos de alimentos, mas gozam de preferências comerciais com os países desenvolvidos. Por fim, os países menos desenvolvidos (Least Development Countries) que são importadores líquidos de alimentos, mas têm tratamento diferenciado na OMC.

O G20 é composto por representantes de quase todos esses grupos. Enquanto temos o Brasil, Argentina e Tailândia como grandes exportadores, temos a Índia que busca a autossuficiência, o Egito e o Paquistão que são importadores líquidos de alimentos. A agregação desses países no G20 é resultado do fato de que a proposta se baseou em duas linhas de ação. Na primeira assumia o compromisso de criar as condições para cumprir o mandato de Doha e ter como objetivo "estabelecer um sistema de comércio justo e voltado para o mercado através de reformas fundamentais na agricultura" (WT/MIN(03)/W/6, 2003, p. 1). Para tal, considera que deveria haver uma clara diferenciação entre os compromissos a serem assumidos pelos países desenvolvidos e os em desenvolvimento. Na segunda linha de ação, a proposta reafirma a necessidade de prover tratamento especial e diferenciado para todos os países em desenvolvimento. Com essa estrutura, a proposta contemplava os interesses de uma ampla gama de países, sejam os "least development countries", os importadores e exportadores líquidos ou os que buscam a autossuficiência.

A legitimidade do grupo é por ele explicitada da seguinte forma: "1) importância dos seus membros na produção e comércio agrícolas, representando quase 60% da população mundial, 70% da população rural em todo o mundo e 26% das exportações agrícolas mundiais; 2) sua capacidade de traduzir os interesses dos países em desenvolvimento em propostas concretas e consistentes; e 3) sua habilidade em coordenar seus membros e interagir com outros grupos na OMC (G-20, 2007). O grupo também ressalta sua capacidade de ter redefinido as negociações agrícolas, em especial nas referentes às modalidades, feitas em julho de 2004. É importante ressaltar que outras coalizões foram criadas desde o início das negociações na Rodada Uruguai, e a grande maioria delas não sobreviveu além de pequenos intervalos de tempo.

A despeito de sua importância em termos econômicos e sociais, o sucesso do G20 em mudar a direção das negociações agrícolas é determinado, segundo Narlikar & Tussie (2004), pelas distinções estruturais dessa coalizão, que são caracterizadas, em última instância, pela experiência dos países em desenvolvimento de estabelecer coalizões, assim como da estratégia de negociação. A experiência com a formação de coalizões determinou a estratégia de negociação do grupo.

A coalizão foi iniciada com a elaboração de um *draft* inicial da proposta feito pelo Brasil e Índia. Essa parceria provavelmente foi produto do Fórum IBAS,[7] que é um acordo de cooperação técnica firmado entre Brasil, África do Sul e Índia, em junho de 2003. Em seguida, a China se associou à coalizão. A entrada da China foi de fundamental importância, uma vez que essa foi a primeira atuação em coalizões realizadas por aquele país desde que aderiu ao regime internacional de comércio.

Contudo, a participação dos três países, além da Argentina, México, África do Sul e um conjunto de países sem grande importância no comércio internacional, coloca, segundo Narlikar & Tussie (2004), o G20 como interessante quebra-cabeça, além é claro de lhe conferir grande importância, que foi a capacidade de colocar juntos grandes exportadores, grandes importadores e países sem grande relevância para o tema negociado. Outro aspecto foi a decisão de fazer uma coalizão que fosse ofensiva no sentido de levar em conta os interesses dos países em desenvolvimento e

---

[7] Para maiores informações, ver <http://www.g-20.mre.gov.br/history_port.asp>.

tivesse "o objetivo de impor os interesses dos grandes exportadores mas também os objetivos de quebrar o protecionismo Norte-Sul através da colocação de uma agenda do Sul na agricultura" (Veiga, 2007).

Havia, assim, uma ação estratégica em combinar países com diferentes interesses nas negociações agrícolas, que tivessem diferentes graus de importância em termos econômicos e sociais para discutir o tema, mas acima de tudo fossem países em desenvolvimento do hemisfério sul que pudessem compor uma demanda em oposição ao Norte. Assim, a intenção era dar peso econômico e formatar o contraste Norte-Sul, e contrapor à aliança feita entre os EUA e a União Europeia.

Quanto ao tipo de coalizão, Narlikar & Tussie (2004) apontam duas formas possíveis: 1) a coalizão do tipo bloco, que normalmente é formada para tratar de questões fundamentadas em ideias ou relacionadas aidentidades e que adota posições coletivas através de temas ao longo do tempo e; 2) a coalizão do tipo alianças baseadas em questões específicas, que se caracteriza por uma racionalidade instrumental e se forma para fazer face a ameaças específicas e se dissipa quando a questão foi equacionada. Os autores consideram que o G20 utiliza elementos de ambos os tipos de coalizão.

Quando foca na questão agrícola no momento decisivo das negociações multilaterais, o G20 rompe com o posicionamento das coalizões do tipo bloco, como o G77, que se pautava por uma agenda distante no tempo e por um discurso baseado no "nós *vs.* eles". Quando busca espaço para dar continuidade às negociações, deixa de atuar somente no curto prazo, ou seja, busca romper com a característica mais importante das coalizões do tipo alianças que são baseadas em questões específicas. Esses são os fatores que Narlikar & Tussie (2004) consideram ser produto do aprendizado de participações em coalizões, que dão nova dimensão ao G20.

Uma importante característica do sucesso do G20 apontada por Narlikar & Tussie (2004) é quanto ao fato de que não apresentou "a laundry list of demands", mas se pautou por uma proposição clara das regras que governariam as negociações agrícolas. Isso configura o G20 como um bloco com uma agenda pró-ativa e não uma coalizão de veto, que não se dispunha a negociar. Ter uma proposta concreta e, mais importante, ter uma proposta baseada nas mesmas características (fórmula mista) daquela feita pelos EUA e pela União Europeia não só confere legitimidade ao grupo como aumenta a construção da sua coesão interna.

O posicionamento dos grupos de interesses e das instituições na formação e manutenção do G20

No momento da apresentação da proposta do G20, parece haver uma sobreposição dos diferentes interesses, conforme atestam as posições de importantes instituições de representação de segmentos da sociedade indiana, bem como das voltadas para a pesquisa, além dos partidos políticos.

A Confederation of Indian Industry (CII) tem uma divisão de política comercial internacional, cujo objetivo é organizar seminários, programas de pesquisa e subsidiar o governo nas questões relativas ao comércio internacional. Em grande parte das questões da agricultura, a CII concorda com a posição do G20. Em um documento "CII Positions-Doha Round of Negotiations", essa confederação exorta os países desenvolvidos a promover as reduções tarifárias, reduzir os subsídios e o apoio doméstico. O aspecto mais marcante da posição da CII é quando a necessidade de tratamento especial e diferenciado para países que têm problemas com segurança alimentar, que precisam proteger seus pequenos agricultores e garantir a oferta de alimentos.

O Indian Council for Research on International Economic Relations (ICRIER) tem uma visão bem pragmática das negociações comerciais e considera que abandonar o princípio do *single undertaking* pode ser uma boa estratégia para a Índia, uma vez que consideram ser essa a única forma de preservar a OMC diante do impasse das negociações agrícolas. A retomada das negociações é benéfica para a Índia porque "it will have consolidated its newly acquired status as one of the principal negotiators in the WTO. That gain should be grasped and nurtured" (Kumar, 2007).

Em posição antagônica, o National Council for Applied Economic Research (NCAER), que desenvolve programas de pesquisa que buscam qualificar a Índia no mercado global, considera que a liberalização comercial é importante para a Índia e que à medida que,

> the process of liberalization deepens, there would be significant changes, which will have important implications for the economy, including the rural sector. The likely benefits to the country from these changes can be substantial, if necessary investments (both public as well as private) are made, and more proactive steps are taken to safeguard those groups that are adversely affected in the short run in this process (NCAER, 2007).

Esse centro demonstra como, comparando com outros países asiáticos inclusive com a China, o processo de liberalização da Índia é ainda muito incipiente e que com os investimentos necessários é possível promover grandes ganhos aos agricultores indianos.

As eleições majoritárias na Índia se caracterizam pela formação de coalizões de partidos políticos, sendo a United Progressive Alliance (UPA) e a National Democratic Alliance (NDA) as duas mais importantes que concorreram nas eleições de 2004.

A UPA é composta, dentre outros, pelo Congress National Party que junto com mais catorze partidos conquistou a maioria no Congresso e governa sobre a administração do primeiro-ministro Singh, desde 2004. Em seu programa de governo dedica grande parte de suas ações à pequena agricultura e promete que

The UPA government will ensure that adequate protection is provided to all farmers from imports, particularly when international prices fall sharply. Farmers all over the country will receive fair and remunerative prices. The terms of trade will be maintained in favour of agriculture" (UPA, 2007). No que se refere às negociações na OMC, a UPA promete "protect the national interest, particularly of farmers [. . .]. The UPA government will use the flexibility afforded in existing WTO agreements to fully protect Indian agriculture and industry. The UPA government will play a proactive role in strengthening the emerging solidarity of developing countries in the shape of G-20 in the WTO (UPA, 2004).

A NDA, composta, entre outros partidos, pelo Bharatiya Janata Party, concorreu às eleições em 2004 e tem como programa de governo "continue to defend India's interests, especially the interests of our kisans, at the World Trade Organization. Along with other developing countries, we shall work towards restraining developed nations from securing unfair advantages in global trade, investments, agriculture, and services" (NDA, 2007).

Apesar de alguns segmentos da sociedade indiana considerarem que o processo de reformas liberais iniciadas em 1991 deve prosseguir de forma que possibilite a obtenção dos eventuais ganhos dela provenientes, a grande maioria dessa sociedade reconhece as fragilidades da agricultura indiana e defende políticas de proteção ao setor. A uniformidade do discurso dos partidos políticos em defesa de uma atuação defensiva nas negociações da agricultura na OMC indica ser esse um compromisso indispensável para auferir apoio político nesse país.

Assim como na Índia, não identificamos no Brasil discordância entre associações de classe, partidos políticos e demais segmentos da sociedade quanto à forma de atuação desses países nas negociações agrícolas. Importantes representantes da sociedade se posicionam quanto a essas negociações, em especial no conjunto dos temas da Rodada de Doha, explicitando sua importância tanto para o setor agrícola quanto para a indústria brasileira.

A Confederação Nacional da Indústria (CNI), que reúne todas as federações das indústrias dos estados, defende a retomada das negociações da Rodada de Doha, pois a

> falta de um acordo comercial no âmbito da OMC traz duas consequências negativas para o Brasil: coloca em risco o sistema multilateral de comércio, que tem se mostrado relevante para o comércio exterior brasileiro; e estimula a proliferação de acordos regionais e bilaterais, provocando desvios de comércio que excluem os países não integrantes dessas redes (CNI, 2007).

Contudo, a CNI reconhece que é necessário que as negociações produzam resultados que atendam aos interesses dos países em desenvolvimento. Sendo assim, além de reforçar a necessidade da continuidade das negociações considera que

> 1. as negociações agrícolas constituem o elemento crítico para o sucesso da Rodada e a avaliação dos benefícios obtidos pelo Brasil dependerá diretamente dos resultados dessas negociações; 2. as negociações da Rodada devem gerar resultados equilibrados entre, de um lado, a agricultura, e de outro, a indústria e serviços; 3. as negociações de produtos industriais devem permitir melhor acesso para produtos hoje sujeitos a picos tarifários em países desenvolvidos.

Ainda, a CNI "entende que não é aceitável que a Rodada leve à ampliação das diferenças nas estruturas de proteção e nas regiões atualmente vigentes para produtos industriais e agrícolas". Por fim, a CNI aponta que o Tratamento Especial e Diferenciado é um mecanismo adotado na Rodada de Doha que "é imprescindível para que a indústria brasileira possa contar com essas flexibilidades para acomodar os produtos sensíveis que terão dificuldades para adaptar-se aos cortes definidos pela fórmula que vier a ser acordada" (CNI, 2006).

A Federação das Indústrias do Estado de São Paulo (FIESP) considera que é preciso "acompanhar sistematicamente as diversas propostas em negociação, de forma a auxiliar o governo brasileiro e os setores industriais com a melhor tomada de posição", o que o faz por meio da promoção de seminários e estudos técnicos sobre os temas em negociação. A posição defendida pelo presidente da FIESP, Paulo Skaff, quanto às negociações da Rodada de Doha, em especial da agricultura, é a de que na Rodada se explicitou que as negociações devessem atender às demandas por desenvolvimento dos países mais pobres. É sob essa ótica, acredita o presidente, que devem ser travadas as negociações. Além disso, para ele,

> os setores industrial e agroindustrial brasileiros não aceitarão um simulacro como resultado da pouca disposição até agora demonstrada pelos Estados Unidos e pela União Europeia em concluir a Rodada Doha. [E ainda], a entidade entende correta a posição do Brasil, apoia a decisão hoje tomada pelo Governo e aguarda o retorno do processo multilateral de negociações em Genebra (FIESP, 2006).

A Confederação Nacional da Agricultura (CNA) considera a agricultura brasileira o setor que mais perde com a não conclusão da Rodada de Doha, e afirma que a situação desse setor nos países desenvolvidos é inaceitável e que há falta de seriedade deles nas negociações agrícolas. A confederação manifestou grande preocupação com as negociações acerca de temas como salvaguardas e demais mecanismos que possam ser utilizados para beneficiar setores agrícolas dos países em desenvolvimento. Em documento assinado por um amplo conjunto de associações de agricultores e enviado ao Ministério das Relações Exteriores e da Agricultura, a CNA observa que a tendência da agricultura brasileira é ampliar seu mercado para países em desenvolvimento. Assim, considera que esses mecanismos só transferem o protecionismo de um bloco de países para outro. Os signatários do documento se expressam da seguinte forma:

> é fundamental deixar claro para todos os membros do G-20 que o Brasil não concorda com propostas que resultem em uma redução do nível de acesso corrente. Entendemos que as tarifas consolidadas na Rodada Uruguai e nos compromissos de ingresso de novos membros na OMC representam um teto tarifário que não pode ser rompido por novos mecanismos protecionistas.

A CNA aponta os principais desafios do agronegócio brasileiro e faz sugestões referentes ao comércio exterior. Essas sugestões seguem duas linhas distintas — a primeira é a criação de um "Ministério Extraordinário para Comércio Exterior" que deveria tratar da diplomacia comercial, enquanto o MRE trata da "diplomacia política". A segunda recomenda a conclusão dos acordos do Mercosul com a União Europeia e a retomada das negociações com a ALCA. Isso se deve à descrença quanto à possibilidade de sucesso nas negociações de Doha e a perda de mercado com os acordos bilaterais, que esses eventuais parceiros estão fazendo, gerando redução do mercado para os agricultores brasileiros. A CNA afirma que a "passividade da diplomacia brasileira" tem contribuído para a manutenção das imperfeições do mercado agrícola (CNA, 2007). É importante ressaltar que a CNA tem um canal aberto com o Ministério da Agricultura e participa ativamente das Comissões Permanentes da Agricultura na Câmara e no Senado Federal.

A Central Única dos Trabalhadores (CUT) manifestou em carta[8] enviada ao ministro das Relações Exteriores, Celso Amorim e ao ministro da Agricultura Fernando Furlan, suas preocupações quanto aos rumos das negociações brasileiras na Rodada de Doha. Nela faz referência à disposição brasileira em reduzir tarifas dos setores de serviços e indústria, como meio de obter como contrapartida a redução de tarifas dos produtos agrícolas dos países desenvolvidos. A CUT considera essa possibilidade inaceitável, uma vez que o caráter injusto do comércio internacional, combatido pelo governo Lula, se manteria. Observam que não há garantias de que os países desenvolvidos reduzirão as tarifas. O ponto central do argumento da CUT é que os trabalhadores da indústria e serviços novamente serão penalizados com maiores reduções tarifárias. Por fim, a CUT observa que baseia suas propostas e análises em jornais "mas como nunca recebemos nenhum informe sobre a posição oficial brasileira na OMC, não dispomos de outro recurso para analisar o processo". E ainda, "temos insistido na importância da transparência da participação brasileira nas negociações externas e na necessidade de que o governo consulte sistematicamente os setores empresariais, sindicais e sociais sobre essas negociações. Tem sido assim com relação ao Mercosul, deveria ser também em relação à OMC (CUT, 2007).

Em resposta a essa carta, o ministro Amorim pondera

[. . .] que o posicionamento do Governo brasileiro buscará assegurar o espaço adequado para políticas industriais, preservar e ampliar as fontes de emprego e terá presente os interesses e as preocupações da CUT e da sociedade brasileira

---

[8] Datada de 6 de fevereiro de 2007 e disponível no endereço <http://www.cut.org.br/site/start.php?infoid=7694&sid=72>. "A África do Sul tem de ser um dos nossos parceiros-chave. Estamos em estágios semelhantes de desenvolvimento e compartilhamos visões semelhantes da questão internacional. É natural, portanto, que o Brasil e a África do Sul passem a atuar conjuntamente em defesa de interesses comuns em suas incursões internacionais" (Cardoso & Font, 2001, p. 256).

como um todo. Essa é a orientação que temos seguido em todas as negociações comerciais e internacionais — recordo os casos da ALCA e da União Europeia, por exemplo — e também será na OMC (Amorim, 2007).

Entre os partidos políticos, somente o PSDB (Partido Social Democrata Brasileiro) de oposição ao governo Lula e o PT (Partido dos Trabalhadores), que é o partido do governo, se posicionam quanto à política comercial brasileira em geral e o G20 em particular. O PSDB considera que a formação do G20 foi uma vitória para o Brasil, na medida em que redirecionou as negociações internacionais de forma que não somente a liberalização tarifária de produtos industriais e serviços fosse objeto das discussões, mas também os produtos agrícolas. Assim considera que

> não se trata de uma "queda-de-braço", mas de reconhecimento por parte dos "grandes" que a abertura somente para os produtos que lhes interessam não é uma boa política. A riqueza mundial tem que ser melhor distribuída. O sentimento final é de que o G-21 precisa permanecer unido e ampliar e debater outras questões. Se queremos ser um grande país, devemos pensar, negociar e discutir exaustivamente todos os assuntos (PSDB, 2003).

O documento síntese do 3.º Congresso Nacional do PT observa que a política externa do governo Lula tem se pautado "pelo diálogo aberto com a África e a Ásia, pela ampliação do comércio exterior com os Estados Unidos e a Europa, pela liderança no G20 e pelo papel protagonista exercido pelo Brasil frente às grandes questões da política internacional" (PT, 2007). Em seu plano de trabalho para o período 2005/2007, a Secretaria de Relações Internacionais do PT aponta que "o objetivo central de um partido como o PT é trabalhar pela superação do neoliberalismo, em todas as suas dimensões", e tem como proposições de ações "estimular o debate e divulgar nossas posições sobre as negociações em curso na OMC, as relações com o G20, o Mercosul, a Comunidade sul-americana de nações" (Secretaria de Relações Internacionais do PT, 2005).

A conexão entre o doméstico e o internacional: o papel dos negociadores

As negociações no regime internacional de comércio são feitas, na Índia, pelo Ministério da Indústria e Comércio. Dentro desse ministério, a Divisão de Política de Comércio (Trade Policy Division — TPD) é responsável pela agenda de negociações na OMC. Não há, segundo Priyadarshi (2007), nenhuma vinculação formal entre esse ministério e o da Agricultura, que possibilite a construção de uma ação conjunta nas negociações comerciais.

A posição da Índia na OMC, em particular nas questões agrícolas, pode ser segmentada em duas fases. A primeira ocorreu durante e imediatamente após a Rodada Uruguai e foi marcada pelo otimismo quanto às possibilidades de ganhos da Índia no comércio internacional. Esses ganhos se materializariam à medida que o regime fosse capaz de gerar as reduções tarifárias nos países desenvolvidos, o que possibilitaria à Índia ampliar seu mercado e obter os ganhos da liberalização. Apesar das poucas articulações políticas acerca da negociação internacional, alguns segmentos da sociedade indiana consideravam as negociações na OMC o canal que possibilitaria a liberalização da agricultura, que não foi objeto das reformas liberais feitas até aquele momento. O ministro do Comércio indiano naquela época manifestou essa expectativa quando afirmou que a Índia "had an interest in bringing agriculture within the purview of GAAT/WTO because such liberalization would correct the distortions arising out of extensive subsidization of price of agricultural commodities by developed countries and increase market access for developing country agro-products" (Pranab Mukherjee, 1994, apud Gupta, 2004).

Além do otimismo, essa fase é também marcada, segundo Gupta (2004), pelo fato de que havia pouco conhecimento sobre o que era o GATT e como se processavam as negociações comerciais. A Índia pouco ou nada influiu nas negociações da Rodada Uruguai. Para Gupta (2004, p. 4), "the lack of resistance against the Agreement on Agriculture was also due the fact that it had enough protection for the Indian farmers for them not to be overly worried about its implications".

Podemos resumir a posição indiana nessa fase como sendo marcada pela baixa articulação em torno das discussões agrícolas na OMC, determinado pelo desconhecimento, que era produto por sua vez do otimismo quanto à redução tarifária dos países desenvolvidos; os ganhos de produtividade e de acesso a novos mercados da agricultura indiana; e pelas elevadas barreiras tarifárias que protegiam esse setor da concorrência internacional.

Esse otimismo deu lugar ao entendimento de que a questão agrícola doméstica e os impactos do regime deveriam ser tratados de forma mais acurada. Essa postura marcou a segunda fase da posição da Índia nas negociações agrícolas na OMC. Os determinantes dessa mudança foram: os ciclos de crescimento e queda na produção agrícola, a crescente expansão das importações e as dificuldades dos exportadores de colocarem seus produtos no mercado internacional, a pressão exercida por outros países para a redução das barreiras tarifárias e, por fim, a queda dos preços domésticos resultado do enquadramento da Índia nas regras acordadas na OMC (Gupta, 2004).

Analisaremos a posição do governo indiano nessa segunda fase tendo como referência a atuação do negociador (Ministério da Indústria e Comércio) no ambiente internacional (OMC) e no ambiente doméstico. Nessa negociação temos dois momentos que são relevantes para entendermos a articulação entre os níveis doméstico e internacional. O primeiro ocorreu em janeiro de 2001, quando a Índia apresentou sua mais importante proposta (G/AG/NG/W/102) para as negociações agrícolas. O segundo momento foi por ocasião da apresentação da proposta do G20 (WT/MIN(03)/W/6) em setembro de 2003.

A primeira proposta foi apresentada por ocasião da primeira fase das negociações agrícolas, ainda sob o mandato da Rodada Uruguai. Nele propõe medidas para a redução dos subsídios, do apoio doméstico e da melhora de acesso a mercados pelos países desenvolvidos e de continuidade dessas políticas para os países em desenvolvimento. A novidade dessa proposta era a sugestão para a criação da "caixa de segurança alimentar", que permitiria aos países com grande dependência agrícola manter políticas de proteção ao setor.

A formulação dessa proposta foi um importante marco na articulação do negociador indiano entre os níveis doméstico e internacional e foi o resultado de um amplo processo doméstico de negociação e articulação. Priyadarshi (2007) descreve esse processo identificando cinco fases até a apresentação da proposta na OMC, sendo elas: 1) a fase inicial de identificação das questões--chave; 2) o processo de consulta a setores não governamentais; 3) as consultas aos estados e outros ministérios e; 4) a aprovação do documento final pelo gabinete.

Em um trabalho conjunto, os Ministérios da Agricultura e da Indústria e Comércio da Índia buscaram em dois dos mais importantes institutos de pesquisa da Índia, o NCARE (National Council for Applied Economic Research) e o IIFT (Indian Institute of Foreign Trade) as indicações dos temas mais sensíveis para a agricultura indiana. Não havia consenso entre esses pesquisadores, pois a posição do NCAER era de que a agricultura indiana era competitiva e que o país poderia ser mais agressivo nas negociações. Em posição antagônica, o IIFT considerava fundamental proteger a agricultura da concorrência externa e disso dependia a sobrevivência dos agricultores. A ideia de uma "caixa de segurança alimentar" veio nesse processo de consulta e partiu de um renomado pesquisador do setor agrícola indiano, o Sr. Swaminathan.

A consulta aos setores não governamentais foi focada nas grandes confederações da indústria, em especial a FICCI e a CII. A posição desses grupos também se diferenciava, mas participaram ativamente durante todo o processo de negociação, inclusive das delegações negociadoras em Genebra. Os empresários consideravam ser fundamental o desenvolvimento de pesquisas para analisar os impactos da liberalização sobre a economia indiana e se prontificavam a financiar tais pesquisas.

Apesar de estarem atuando de forma sincronizada, havia diferenças substantivas nas posições acerca da liberalização entre os técnicos do Ministério da Agricultura e os da Indústria e Comércio. Os primeiros tinham uma postura mais conservadora e consideravam que a Índia não poderia fazer nenhuma concessão no setor agrícola. Já o Ministério da Indústria e Comércio via as negociações na OMC em sua totalidade e buscava conjugar as negociações agrícolas com outras, tais como serviços e compras governamentais, que interessavam ao país. Nesse processo de consulta, podemos considerar que as que ocorreram no nível dos estados foram as mais complexas. A falta de conhecimento técnico associado à forte conotação política que o debate tomou implicou grandes polarizações com poucas contribuições. O resultado disso foi o sentimento de que essas consultas eram *pro forma* e que o gabinete já tinha sua posição estabelecida. É importante lembrar que esse processo se deu sob gabinete do Bharatiya Janata Party (1998-2004), que se caracteriza por ser nacionalista, hinduísta, protecionista e conservador. Contudo, segundo o Ministério do Comércio, a proposta indiana foi "formulated by the Department of Agriculture and cooperation and Department of Commerce, reflects the broad consensus which was achieved through a series of regional-level meetings, meetings with the state governments, interaction with political parties, representatives of farmers organizations various autonomous institutions, agricultural universities and eminent economists" (The Commerce Ministry's website, 2004).

Diferentemente da proposta G/AG/NG/W/102, aquela apresentada pelo G20 não deve ter sido objeto de discussões na sociedade indiana. Considerando que a proposta da União Europeia e dos EUA foi apresentada no dia 13 de agosto e a proposta do G20 no dia 4 de setembro, o negociador indiano teve aproximadamente 22 dias para preparar e decidir pela apresentação da proposta. A proposta apresentada pelo G20 foi uma decisão estratégica do negociador indiano que teve de, diferentemente da apresentada na primeira fase de negociação da agricultura, considerar as seguintes circunstâncias: 1) o exíguo tempo para a elaboração e assinatura da proposta; 2) a participação de uma proposta importante com outros países membros; 3) o conteúdo da proposta; e 4) a adoção de uma estratégia ofensiva nas negociações, uma vez que a apresentação da proposta abriria uma nova fase das negociações agrícolas. Analisamos essas características da proposta do G20 e, posteriormente como a decisão de participar do G20 foi ratificada no nível doméstico. O negociador tomou a decisão de participar do G20 e buscou ratificar essa decisão no nível doméstico, conforme sugeriu Putnam (1988).

Conforme declaração do negociador brasileiro, o ministro Celso Amorim, era imperioso que a resposta dos países em desenvolvimento para a proposta dos EUA e União Europeia fosse rápida. Havia a possibilidade de o relatório baseado nessa proposta (Proposta Derbez) ser apreciado pelos ministros na reunião de Cancún, que aconteceria entre os dias 11 e 13 de setembro. Assim, era premente que outra proposta fosse colocada para análise pelos países membros. Essa é uma variável importante para a Índia, que, segundo Priyadarshi (2007), demorou dois anos para preparar sua proposta de número G/AG/NG/W/102.

A segunda característica importante é a participação da Índia em uma proposta conjunta com outros países. Diferentemente do Brasil, a Índia não tinha tradição de negociar na OMC a partir de alianças com outros países. O único documento que apresentou com outros países membros não constituía uma proposta de negociação, mas uma manifestação de suas preocupações quanto aos efeitos do comércio. A possibilidade de elaborar uma proposta de negociação juntamente com o Brasil é, sem dúvida, produto do estreitamento das relações desses dois países firmado em junho daquele mesmo ano por ocasião da assinatura do acordo IBAS. A apresentação da proposta do G20 na OMC foi um importante instrumento para fortalecer o IBAS, mas significou uma mudança de atitude da Índia no processo de negociação. Sendo a coalizão formada por países em desenvolvimento, era possível que a Índia obtivesse maior capacidade de negociação para obter o tratamento especial e diferenciado. Essa cláusula, de extrema importância para os interesses indianos, tinha sido abordada na proposta dos EUA e da União Europeia na forma de demanda individual e a ser negociada para cada país. Com esse formato, o risco de o resultado das negociações ser contrário aos interesses indianos seria substancialmente maior.

Essa mudança de estratégia do negociador indiano posicionava a Índia como um país membro capaz de alterar os rumos das negociações e contrapor a posição dos constituintes domésticos, que viam a OMC como uma organização a ser combatida e que visava ampliar as reformas liberais, em uma na qual a ação estratégica indiana poderia fazer a diferença.

Com certeza a característica da proposta do G20 que foi mais importante para o negociador indiano foi quanto ao conteúdo da proposta. A maior adequação dessa proposta à anterior (que havia sido amplamente discutida) permitiria ao negociador indiano ratificá-la no nível doméstico de forma mais fácil. As características mais marcantes da proposta do G20 foram, conforme anteriormente explicitado, a proposição de que os países desenvolvidos deveriam assumir maiores compromissos para a liberalização do comércio agrícola e a demanda por consolidar e ampliar o tratamento diferenciado para todos os países em desenvolvimento. O ponto central do negociador indiano foi a negociação de um acordo que garantisse que não haveria novos compromissos de liberalização comercial por parte da Índia, por um lado e por outro que haveria maior liberalização comercial por parte dos países desenvolvidos.

A preferência dos constituintes domésticos indianos era claramente no sentido da manutenção das políticas de proteção do setor contra a concorrência externa. Conforme anteriormente explicitado, a agricultura indiana é responsável pelo emprego e renda de quase 70% da população. Implantar políticas de liberalização do setor, apesar de possibilitar o acesso a produtos mais baratos no mercado internacional, exporia a agricultura indiana a eventuais quedas de preço que poderiam comprometer sobremaneira as condições de vida de grande parte de sua população. A despeito do expressivo volume de produção, a atividade agrícola apresenta um resultado na balança comercial que oscila entre pequenos déficits e superávits. Aumentar as importações poderia comprometer significativamente a balança comercial que é deficitária, em razão da importação de recursos minerais, sobretudo para energia. O principal interesse dos constituintes domésticos era garantir a continuidade das políticas governamentais de apoio aos agricultores e a manutenção das elevadas alíquotas de importação de produtos agrícolas.

Sendo assim, seria possível que a Índia se aliasse aos países desenvolvidos para produzir um acordo que tivesse poucos impactos na liberalização agrícola. Contudo, o ponto central da proposta da União Europeia e dos EUA era a continuidade da política de subsídios, que é pouco utilizada pelo governo indiano em virtude dos expressivos recursos a serem despendidos. Por outro lado, o governo indiano tinha interesse na liberalização agrícola dos países desenvolvidos, uma vez que considerava ser possível modernizar esse setor domesticamente e torná-lo mais competitivo e uma fonte de aumento do emprego e da renda a partir da expansão das exportações. Assim, a maior inserção da agricultura indiana no mercado internacional poderia induzir ganhos de produtividade, crescimento econômico e maior renda para grande parte de sua população.

Não impor novas liberalizações, ou seja, bloquear a agenda de Doha, reforçando as conquistas obtidas nos parágrafos 13 e 14 da Declaração Ministerial daquela Rodada, vinha ao encontro das demandas de grande parte da sociedade indiana, o que foi manifestado nas negociações da proposta G/AG/NG/W/102. Um grupo a se beneficiar eram os grandes agricultores indianos que esperavam, desde a Rodada Uruguai, para expandir seus mercados. A liberalização dos mercados dos países desenvolvidos era a forma de expandir o comércio agrícola e reduzir a fragilidade da conta-corrente do balanço de pagamentos e promover o dinamismo esperado para o setor. O tratamento especial e diferenciado gerava efeitos maiores. Em primeiro lugar, reduzia a ameaça de que novas concessões tarifárias e não tarifarias fossem feitas, o que na perspectiva do debate político, muito já se tinha feito (a despeito das enormes barreiras tarifárias que o país tem). Esse debate associava a expressiva queda de preços de alguns produtos agrícolas à liberalização feita, o que impunha enormes perdas aos pequenos produtores indianos. Não promover novas reduções tarifárias e não tarifárias era a principal demanda desse grupo. Além desses, há amplos setores da sociedade indiana que associam as negociações na OMC com o processo de liberalização e consideram que o objetivo último daquela organização é "obrigar" os países a promoverem essas reformas. Por fim, e talvez o mais importante, a Índia tem de fato uma enorme parte de sua população que vive da agricultura e precisa de tempo, se é que algum dia o fará, para se adequar às novas condições do regime internacional de comércio e do fim do forte intervencionismo estatal que marcou sua história.

Por fim, a proposta do G20 abria uma nova fase de negociações na OMC, que poderia resultar eventualmente em maiores compromissos dos países desenvolvidos no processo de liberalização agrícola, mas que também poderiam resultar em maiores compromissos a serem assumidos pelos países em desenvolvimento na agricultura e também em outras agendas da OMC. Contudo, a polarização do debate e das negociações entre os países desenvolvidos e os em desenvolvimento poderia também marcar as futuras rodadas de negociação no conjunto da OMC.

A participação no grupo e, principalmente, a grande repercussão que a proposta do G20 trouxe, foram utilizadas pelo governo indiano como sinal de sua capacidade e reconhecimento de sua importância como interlocutor em foros internacionais. Desde as reformas neoliberais iniciadas em 1991, o povo indiano nutria o sentimento de incapacidade diante da necessidade de implementar tais reformas. As resistências e a disposição de nomear as organizações internacionais, tais como o FMI, o Banco Mundial e a OMC como responsáveis pelos efeitos adversos das reformas determinavam grande resistência a essas instituições. A formação do grupo determinou o aprofundamento do discurso que se pautava na dicotomia "desenvolvidos *versus* em desenvolvimento" e a difusão da ideia de que a Índia não só não deveria incorporar regras construídas pelos países desenvolvidos, mas tinha a capacidade de impor seus interesses nos foros internacionais. Esse discurso interessava sobremaneira ao Bharatiya Janata Party, a coalizão de governo, que tinha uma plataforma política conservadora e nacionalista. Assim, a participação da Índia no G20 tomou, domesticamente, conotação populista, nacionalista e pautou discursos quanto à defesa dos interesses e supremacia da Índia diante dos países desenvolvidos e de seus representantes, ou seja, das organizações internacionais.

Em síntese, a proposta do G20 foi uma decisão estratégica do negociador indiano que negociou no ambiente internacional um acordo que se caracterizava: 1) pela urgência; 2) pela mudança em sua estratégia de negociação; 3) pela inexistência de debates domésticos; e 4) pela possibilidade de manter sua demanda por tratamento especial e diferenciado, a partir da polarização entre os interesses dos países desenvolvidos e os em desenvolvimento.

Dessa forma, a proposta do G20 só veio a responder às demandas de grande parte da sociedade indiana, o que determina um pequeno *win set*, ou seja, uma pequena margem para o posicionamento do negociador no nível externo, mas com grande apoio doméstico, o que possibilitava ratificar o acordo que consolidou o G20.

Diferentemente da Índia, o Brasil tem um posição nas negociações agrícolas marcada por um extenso conjunto de propostas apresentadas para negociação, e todas elas foram feitas de forma conjunta com outros países. Entre as oito propostas apresentadas pelo Brasil, quatro foram assinadas pelos membros do Grupo Cairns, três com os países do Mercosul e finalmente a proposta do G20. Nessa estratégia ficava implícito o entendimento de que as propostas deveriam contemplar os interesses de um conjunto de países membros, ou seja, de que haveria maiores chances de sucesso se as propostas fossem feitas por grupo. Além disso, os negociadores brasileiros sempre apresentaram propostas específicas para cada tema negociado, ou seja, subsídios às exportações, apoio doméstico e acesso a mercados. Por fim, o conteúdo das propostas sempre se pautou pela demanda por maior liberalização pelos países desenvolvidos e por tratamento especial e diferenciado para os países em desenvolvimento. Essa duas reivindicações cobririam as demandas dos parceiros das propostas.

Conforme anteriormente explicitado, a preferência dos constituintes domésticos brasileiros era pela liberalização comercial dos países desenvolvidos. Isso se deve ao fato de a agricultura brasileira ser competitiva e ter papel relevante nas exportações do país. As três mais importantes entidades de representação de classe, a CNA, CNI e a FIESP defendem a continuidade das negociações, de forma que possibilite a conclusão da Rodada de Doha. Não negociar a questão agrícola ou aceitar a proposta feita pelos EUA e pela União Europeia significava para o negociador brasileiro se contrapor aos interesses do setor agrícola, além de desconsiderar a importância para a geração de emprego, renda e divisas do agronegócio brasileiro. Aceitar a proposta e buscar compensações em serviços ou produtos industriais, por exemplo, poderia beneficiar alguns segmentos da sociedade brasileira, mas teria enérgica oposição dos agricultores, que são fortemente organizados. O fracasso das negociações com o Nafta e as dificuldades de construção de um acordo do Mercosul com a União Europeia demonstraram as dificuldades das negociações bilaterais. Sendo assim, restava ao negociador brasileiro apresentar uma contraproposta e continuar negociando no ambiente multilateral.

O Brasil poderia ter apresentado uma proposta individual com o foco nos subsídios, uma vez que esse é um aspecto muito importante para reduzir as exportações brasileiras, além de possibilitar reduzir a capacidade de negociação conjunta dos EUA e União Europeia. Os EUA têm um volume de subsídios menor que o da União Europeia e uma proposta nessa direção poderia abrir um novo espaço de negociação, com o eventual isolamento dos europeus. A estratégia escolhida foi apresentar uma proposta que se baseasse na feita pelos EUA e União Europeia, ou seja, que tratasse dos subsídios, apoio doméstico e acesso a mercados. Essa foi uma mudança de postura, uma vez que o Brasil vinha, conjuntamente com os demais países que compunham do Grupo Cairns, apresentando propostas para cada um desses temas individualmente, na primeira fase das negociações agrícolas. Essa mudança foi em resposta à estratégia dos EUA e União Europeia de não apresentar proposta sobre modalidades e sim uma que fosse o esboço de um acordo a ser ratificado na Conferência Ministerial de Cancún.

No preâmbulo da proposta apresentada, o Brasil e os demais países do G20 reforçam o compromisso assumido por todos os países membros por ocasião da Rodada de Doha. A existência dos parágrafos 13 e 14 foi uma vitória dos países em desenvolvimento por ocasião daquela rodada. O conturbado ambiente internacional no ano de 2001, em razão dos ataques terroristas nos EUA e a mudança da postura americana, em especial na

OMC, fez com que as preocupações acerca do desenvolvimento fossem contempladas em Doha, o que acabou por configurar aquela rodada como a do desenvolvimento. A proposta dos EUA e União Europeia, especialmente no que se referia ao tratamento especial e diferenciado, significava um grande retrocesso em relação a Doha. Retomar os termos de Doha era, então, fundamental para manter aqueles compromissos nas negociações agrícolas. É importante lembrar que a Rodada de Doha tinha o objetivo principal de negociar as questões agrícolas, uma vez que os serviços e a propriedade intelectual já tinham sido objeto de negociações na Rodada Uruguai e que já havia um compromisso de não negociar novos temas. O Brasil já vinha se posicionando de forma favorável à existência do tratamento especial e diferenciado e de que as negociações comerciais deveriam ser voltadas para promover o desenvolvimento. Esse curso de ação possibilitou, desde a primeira fase das negociações (janeiro de 2000 a março de 2001) fazer propostas conjuntas com países com diferentes níveis de desenvolvimento e até mesmo com interesses divergentes na questão agrícola, como os que compõem o Grupo Cairns. Essa estratégia reforçava o discurso desenvolvimentista e a polarização das negociações entre países desenvolvidos e em desenvolvimento.

Por fim, a apresentação da proposta pelo Brasil e por um grupo de países diferente do que compunha o Grupo Cairns foi uma importante mudança de estratégia do negociador brasileiro. O Brasil se aliou a um grupo de países que tinham grande importância econômica como países em desenvolvimento tais como Índia, China, África do Sul, além de importantes países do continente sul-americano. Essa configuração deu ao Grupo grande legitimidade e o caráter de novidade, uma vez que era a primeira coalizão de países em desenvolvimento que apresentava uma agenda muito específica. Além disso, o G20 reforçava o IBAS e o Mercosul como interlocutores nesse e, eventualmente, em outros foros multilaterais.

Com essa configuração, a proposta do G20 vem ao encontro das preferências dos constituintes domésticos brasileiros na medida em que mantém as negociações comerciais, em especial sob a égide dos compromissos assumidos em Doha. Além de atender às demandas dos grupos domésticos, a proposta viabilizou um expressivo conjunto de interesses dos negociadores, ou seja, dos rumos da política externa brasileira, cujo ponto central era construir condições para a consolidação da liderança brasileira, seja regionalmente seja como interlocutor em agendas específicas.

A política externa do governo Lula caracterizou-se pela formação de alianças com outros países em desenvolvimento, especialmente no hemisfério sul. O Ministério das Relações Exteriores procurou fortalecer o Mercosul e outras iniciativas tais como o IBAS de forma que possibilitasse a ampliação do espaço político do país no ambiente internacional.

A formação do G20 possibilitou ao Brasil: 1) contrapor a proposta dos EUA e da União Europeia e, ao mesmo tempo, continuar o processo de negociação agrícola, a despeito de impossibilitar a conclusão da Rodada de Doha; 2) assumir a condição de *player* nas negociações agrícolas; e 3) fortalecer alianças estratégicas com importantes atores, como o caso da Índia e África do Sul no âmbito do IBAS.

Conclusões

Os constrangimentos externos gerados pela apresentação da proposta conjunta da União Europeia e dos Estados Unidos nas negociações agrícolas, alguns dias antes da Conferência Ministerial de Cancún, impôs a necessidade dos negociadores dos Estados com grandes interesses na agenda agrícola de estabelecerem novos cursos de ação.

Um possível curso de ação era abandonar as negociações, ou seja, desertar, o que implicaria correr o risco de que a proposta conjunta dos EUA e da União Europeia fosse aprovada na

Conferência Ministerial. A segunda possibilidade seria aceitar a proposta e negociar compensações talvez em outras agendas, tais como serviços e produtos industriais. O terceiro curso de ação possível era negociar a proposta feita pelos EUA e a União Europeia.

Os negociadores brasileiros e indianos optaram por negociar e o fizeram por meio da apresentação de uma proposta que se caracteriza por: 1) se basear na proposta da União Europeia e dos EUA; 2) reforçar os termos dos artigos 13 e 14 da Declaração Ministerial de Doha, ou seja, o compromisso de liberalização e do tratamento especial e diferenciado; e 3) ser apresentada por um grupo de países do hemisfério sul.

A grande importância econômica da agricultura brasileira e o elevado grau de organização política do setor fizeram com que o *win set*, ou seja, o conjunto de acordos agrícolas possíveis fosse muito reduzido. A estrutura burocrática do Ministério das Relações Exteriores e a relativa autonomia política que os negociadores brasileiros têm na condução da política externa brasileira poderiam ser elementos importantes para ampliar os espaços para as negociações agrícolas na OMC. Contudo, a continuidade do G20, como grupo, estaria fortemente condicionada ao apoio doméstico conferido aos negociadores. Assim, contrapor a proposta dos EUA e da União Europeia e garantir a continuidade das negociações era o único arranjo possível para os negociadores brasileiros. O pequeno *win set* reduzia o espectro de atuação política dos negociadores brasileiros, mas ampliava sobremaneira seu apoio doméstico. Incorporar o discurso desenvolvimentista e angariar o apoio de parceiros estratégicos do hemisfério sul foi uma estratégia que, além de viabilizar o apoio doméstico, veio ao encontro dos interesses da política externa, que visava ampliar a importância do Brasil como líder regional e como *player* em foros internacionais.

Se o *win set* brasileiro era muito reduzido, o indiano só possibilitava um curso de ação que era garantir que o país não seria obrigado a promover políticas de liberalização do setor. A importância econômica e principalmente social da agricultura indiana limita o conjunto de acordos possíveis para esse setor. A estrutura política do negociador, baseado no Ministério da Indústria e Comércio, e a existência de fracas coalizões de governo em um regime parlamentarista reduzem mais ainda o espaço de negociação indiano. Em contrapartida a esse reduzido espaço de negociação, a participação da Índia no G20 possibilitou ao negociador indiano ampliar sua base de apoio doméstico. O discurso desenvolvimentista e de defesa dos interesses indianos e, mais importante, o reconhecimento da Índia como *player* nas negociações foram elementos importantes para ampliar o espaço político doméstico do negociador indiano.

A formação do G20 pode ser um caso interessante para entendermos a formação de coalizões de países em negociações internacionais. O sucesso dessas coalizões pode ser estabelecido a partir das seguintes variáveis: 1) a importância dos constrangimentos externos; 2) o conjunto dos *win sets* domésticos; e 3) a estratégia dos negociadores. No caso do G20, a proposta apresentada pelos EUA e pela União Europeia, considerada por alguns como grande erro estratégico, representava uma grande ameaça aos interesses brasileiros e indianos em virtude da importância da questão agrícola para ambos. Os acordos possíveis eram muito reduzidos, ou seja, o Brasil tinha de garantir a liberalização do comércio agrícola pelos países desenvolvidos e a Índia a proteção desse setor. Assim, o ponto central para o sucesso do G20 foi a habilidade dos negociadores de apresentar uma proposta: 1) que em um espaço de tempo muito curto, impediu que a proposta dos EUA e da União Europeia fosse votada e aprovada na Conferência Ministerial de Cancún; 2) que conjugasse os países com interesses diferentes e até mesmo divergentes; 3) que mantivesse os termos do acordo estabelecido em Doha; e 4) que fosse ratificado pela grande maioria das economias relevantes do hemisfério sul.

Superados os constrangimentos externos impostos pela proposta dos EUA e da União Europeia, a questão agrícola suscitara muitas negociações e, provavelmente, muitas outras coalizões de países. Um importante desafio para esse grupo é garantir sua continuidade. As palavras do presidente da Confederação Nacional da Agricultura do Brasil dão o tom desses desafios. Para ele,

> o G-20 não deveria defender uma proposta que pode piorar as atuais condições de acesso brasileiro aos mercados dos países em desenvolvimento em produtos como açúcar, etanol, carnes, oleaginosas e arroz. Cabe ao Brasil servir-se da sua liderança no grupo para contrabalançar os interesses excessivamente protecionistas de países como Índia, China, Indonésia e Filipinas. Não teria cabimento sairmos da Rodada com uma forte deterioração do nosso *statu quo* em acesso a mercados, ou seja, sairmos numa situação ainda mais fragilizada do que entramos (CNA, 2007).

A expansão da agricultura brasileira se dará, necessariamente, na direção dos países que compõem o G20, pois esses são mercados com elevadas taxas de crescimento e pouco competitivos nesse setor.

Referências

AGGARWAL, Rajesh. Dynamics of Agriculture in the World Trade Organization. *Journal of World Trade*, Nova York, vol. 39, n.º 4, pp. 741-59, 2005.
AMORIM, Celso. Carta datada de 12 de março, respondendo ao presidente da CUT, Artur Henrique. <http://www.cut.org.br/site/start.php?infoid=8406&sid=6>.
CHAND, Ramesh. India's national agricultural policy: a critique. In: CHAND, R. (ed.). *India's agricultural challenges: reflections on policy, technology, and other issues*. Nova Délhi: Centre for Trade and Development, 2005.

CNI, CONFEDERAÇÃO NACIONAL DA INDUSTRIA. A indústria defende negociações equilibradas na OMC, junho de 2006. acesso em novembro 2007.

G20. Histórico.2007, acesso a internet em novembro 2007. <http://www.g-20.mre.gov.br/history_port.asp>.

GUPTA, Surupa. Ideas, Interests and Institutions: Explaining the politics of India's engagement in the WTO negotiations on agriculture. *Annual Meeting of the American Political Association*, Chicago, set. 2004.

KUMAR, Rajiv & KARMAKAR, Suparna. Doha Logjam: what must give? <http://www.icrier.org/thinkink/1april07.html>, ICRIER 2007.

LIMA, Maria Regina Soares & HIRST, Mônica. Brazil as an intermediate state and regional power: action, choice and responsibilities. *International Affairs*, vol. 82, n.º 1, pp. 21-40, 2006.

MATHEWS, Alan. Developing countries position in WTO agricultural trade negotiations. *Development Policy Review*, vol. 20, n.º 1, pp. 76-90, 2001.

MORAVCSIK, A. Introduction. Integrating international and domestic theories of international bargaining. In: EVANS, P. & JACOBSON, H. K. (ed.). *Double-edged diplomacy international bargaining and domestic politics*. Los Angeles: University of California Press, 1993, pp. 3-42.

NARLIKAR, Amrita. Peculiar chauvinism or strategic calculation? explaining the negotiating strategy of a rising India. *International Affairs*, vol. 82, n.º 1, pp. 59-76, 2006.

NARLIKAR, Amrita & TUSSIE, Diana. The G20 at the Cancún Ministerial: developing countries and their evolving coalitions in the WTO. *World Economy*, vol. 27, n.º 7, pp. 947-66, jul. 2004.

PUTNAM, Robert D. Diplomacy and domestic politics. The logic of two-level games. *International Organization*, vol. 42, outono 1988.

SINGH, Nirvikar & SRINIVASA, T. N. Federalism in economic development in India: an assessment. *Paper* apresentado na SCID Conference on Economic Reform in Asia, Stanford, 1-3 de junho de 2006.

SKAFF, Paulo. *Negociações da Rodada Doha devem prosseguir, defende a Fiesp*. Federação das Indústrias do Estado de São Paulo, jun. 2006. <http://www.fiesp.com.br/agencianoticias/2007/06/21/notaoficial-rodadadoha-negociacoes.ntc>; acesso em nov. 2007.

VEIGA, Pedro da Mota. *Brazil and the G-20 group of developing countries*, Managing The Challenges of WTO Participation: Case Study 7 Disponível em <http://www.wto.org/english/res_e/booksp_e/casestudies_e/case7_e.htm>; acesso em nov.2007.

Sítios consultados

CONFEDERATION OF INDIAN INDUSTRY, CII Positions – Doha Round of Negociation, 2007. <http://cii.in/documents/WTO/cii_position.pdf>; acesso em nov. 2007.
CONFEDERAÇÃO NACIONAL DA AGRICULTURA, Agronegócio faz advertência ao governo, 2007. <http://www.cna.org.br/site/noticia.php?n=10272>; acesso em nov. 2007.
—. Agenda propositiva da agropecuária – recomendações para o crescimento da produção, exportação, geração de emprego e renda no setor agropecuário brasileiro. <http://www.cna.org.br/> publicações, 2007.
CENTRAL ÚNICA DOS TRABALHADORES. Carta enviada pela CUT no dia 6 de fevereiro ao ministro de Relações Exteriores sobre a retomada das negociações na OMC. <http://www.cut.org.br/site/start.php?infoid=7694&sid=72>; acesso em nov. 2007.
MOVIMENTO DOS TRABALHADORES RURAIS SEM TERRA. Assembleia dos Movimentos Sociais, fev. 2006. <http://www.mst.org.br/mst/pagina.php?cd=590>; acesso em nov. 2007.
PSDB. Os desafios do G21 frente aos países ricos. <http://www.psdb.org.br/artigos.asp?id=3000>.
SECRETARIA DE RELAÇÕES INTERNACIONAIS DO PT. Plano de trabalho 2005/2007 da SRI-PT (versão não definitiva) 2005. <http://www.pt.org.br/portalpt/index.php?option=com_content&task=view&id=6490&Itemid=238>.
NATIONAL COUNCIL FOR APLLIED ECONOMIC RESEARCH. Agriculture, Rural Development and Resource Management. <http://www.ncaer.org/research03.html>.
UPA. United Progressive Alliance. Common Minimum Programmer of the Congress led United Progressive Alliance, May 2004. <http://www.congress.org.in/>.
NATIONAL DEMOCRATIC ALLIANCE. An agenda for development, good governance, peace, and harmony– elections to the 14th Lok Sabha, 2004. <http://bjp.org/philo.htm>.

IBAS E QUESTÕES GLOBAIS: POTÊNCIAS EMERGENTES E O FUTURO DO REGIME DE MUDANÇA CLIMÁTICA GLOBAL*

ROMY CHEVALLIER

COMO CONSEQUÊNCIA DAS IMPORTANTES MUdanças do panorama geopolítico internacional, torna-se necessário explorar novas áreas de entrosamento entre agentes tradicionais e novos parceiros em questões de interesse internacional. Índia, Brasil e África do Sul, os chamados países IBAS, estão se transformando em atores globais cada vez mais expressivos e parceiros estratégicos em governança ambiental global. Os desafios da mudança climática estão bem além da capacidade de um país, ou de uma região, de resolvê-los sozinho. Os países membros do IBAS compartilham desafios similares para lidar simultaneamente com segurança energética, mudança climática e desenvolvimento socioeconômico. Esses tópicos comuns em política externa tornaram-se os pilares principais em torno dos quais os governos do Brasil, Índia, e África do Sul buscam aliados potenciais e fóruns apropriados para dialogar com os principais parceiros do Sul.

O *Quarto Relatório de Avaliação (AR4) do Painel Intergovernamental sobre as Alterações Climáticas (IPCC)*, de 2007,

---

* Trabalho apresentado no Seminário Internacional IUPERJ: Novos Caminhos no "Sul"? — Uma Avaliação da Importância e das Consequências do Diálogo Índia-Brasil-África do Sul (IBAS) para as Relações Internacionais, IUPERJ, 23-24 de junho de 2008, Rio de Janeiro, Brasil.

observou que os países em desenvolvimento serão os mais vulneráveis aos impactos negativos da mudança climática e suas variabilidades. Essa vulnerabilidade é uma função da interação entre problemas socioeconômicos enfrentados por todos os países em desenvolvimento: pobreza endêmica; dependência de setores que são suscetíveis às instabilidades climáticas; acesso limitado a capital e mercados globais; governança fraca; degradação do ecossistema; desastres e conflitos de alta complexidade; e rápida urbanização e superpopulação — e tudo isso vai solapar a capacidade das comunidades de se adaptarem à mudança climática (Boko et alii, 2007).

Compartilhar desses problemas de ordem econômica, desenvolvimentista e de segurança fez gerar uma alteração perceptível não só na forma como os tomadores de decisão do Sul estão conversando sobre mudança climática, como também na maneira como eles estão começando a colaborar em uma miríade de níveis: cooperação para a elaboração de estratégias internacionais abrangentes, para gerenciar a mitigação por meio de responsabilidades comuns, mas diferenciadas; partilhar as mais inovadoras propostas de adaptação; administrar recursos e tecnologias comuns; e aprender a lidar/a se adaptar à insegurança e aos problemas de desenvolvimento relacionados ao clima.

A cooperação do IBAS no que se refere à mitigação é especialmente oportuna. O Protocolo de Kyoto é o atual regime internacional de mudança climática, que permanecerá em vigor até 2012. A segunda fase do Protocolo está sendo negociada, e as últimas rodadas de negociações sobre o Mapa do Caminho de Bali (Bali Roadmap) tiveram lugar em Copenhague, em dezembro de 2009. A fase seguinte vai envolver multas pelo não cumprimento das ações de mitigação pelos grandes poluidores. Nesse aspecto, as economias emergentes, tais como África do Sul, China, Índia e Brasil, se defrontam com grandes desafios de mitigação e desenvolvimento. Portanto, é importante e especialmente oportuno fortalecer e ampliar o diálogo e a parceria entre países produtores e consumidores de combustíveis fósseis.

O IBAS e a redução do gás de efeito estufa (GEE):
estruturação de uma posição comum Sul sobre mitigação?

A mitigação do GEE apresenta um desafio comum a todas as economias emergentes do Sul, cujos perfis energéticos são predominantemente compostos de energia baseada em carvão barato. De acordo com o professor Winkler, do Centro de Pesquisa Energética da África do Sul, "os países em desenvolvimento têm um papel substancial a desempenhar na redução das emissões do GEE, visto que, muito provavelmente, as futuras emissões serão dominadas pelo crescimento dos países emergentes" (Tyrer, 2009, p. 16). Na atual rodada de negociações sobre mudança climática, há uma crescente pressão sobre os poluidores não incluídos no Anexo I,[1] para que iniciem suas próprias estratégias de mitigação e participem ativa e responsavelmente no regime de mudança climática pós-2012. Entretanto, considerando-se os desafios imediatos do desenvolvimento, que todos os países emergentes enfrentam, reprimir o crescimento econômico (ao reduzir a dependência ao carvão barato) vai trazer um sacrifício adicional para esses países.

Não obstante o empenho na redução da emissão do GEE das grandes economias poluidoras do Sul, é também importante que os países em desenvolvimento encontrem uma posição comum sobre mudança climática, a fim de garantir que as negociações da UNFCCC, em dezembro, busquem alguma forma de resolução para os seguintes pontos cruciais: cortes mais profundos das emissões de GEE no Norte; ajuda internacional para o desenvolvimento mediante financiamentos adicionais, adequada

---

[1] "Países não Anexo 1" é uma classificação da Convenção Quadro das Nações Unidas sobre Mudanças do Clima (UNFCCC), que se refere a países do mundo em desenvolvimento que, devido ao atual desenvolvimento e às restrições socioeconômicas, não têm a obrigação legal de reduzir as emissões de GEE no período de Kyoto (2008-2012).

transferência de tecnologia e reforço da capacidade; e remuneração para aqueles obrigados a se adaptarem aos impactos adversos da mudança climática. Uma posição comum Sul sobre esses pontos daria ao mundo em desenvolvimento maior margem de manobra nas negociações para incentivar uma atitude de "responsabilidades comuns, mas diferenciadas" com os históricos poluidores no Norte. Uma aliança e compromissos extras entre as maiores economias emergentes exerceriam maior pressão sobre os Estados Unidos, Canadá, Japão, e Austrália, e chamariam à responsabilidade outros grandes poluidores de GEE.

Mudança climática como uma das razões para a maior cooperação entre os membros do IBAS?

Os perigos em comum da mudança climática e a oportunidade de negociar um novo tipo de acordo multilateral na 15.ª Conferência das Partes sobre o Clima (COP 15) também apresentam vastas oportunidades para as proativas economias do Sul. Esse desafio global será mais bem conduzido por meio da colaboração entre os diversos níveis de governo: cooperação para desenvolver abrangentes estratégias internacionais, a fim de administrar determinados desafios relacionados ao clima, tais como: desmatamento, escassez de água, urbanização e administração das cidades, e migrações forçadas (entre outros numerosos desafios); e compartilhamento dos mais inovadores procedimentos para a adaptação e para gerir coletivamente recursos partilhados.

Com esse pensamento em mente, o trabalho científico produzido para a Reunião de Ministros do Exterior Nórdico-Africanos (Brown & Crawford, 2009) aponta para determinadas estratégias gerais que, coletivamente, podem cuidar dos problemas de segurança da mudança climática. Essas sugestões são universais e podem ser transpostas para quaisquer alianças cujo objetivo supremo seja lidar com os problemas locais ou globais da mudança climática (parcerias Norte-Sul ou Sul-Sul). Essas conclusões, portanto, propiciam uma possível abertura para colaboração entre os países do IBAS em qualquer um dos seguintes pontos: cooperação entre os Estados membros para aprimorar a acuidade e a disponibilidade de projeções científicas e de dados relevantes; e colaboração para encontrar formas e caminhos para reduzir as emissões de carbono como um todo, numa ambiciosa proposta de mitigação do Sul e uma posição em comum do IBAS numa agenda de trabalho de adaptação para o Sul.

a) Cooperação entre os países membros do IBAS para aprimorar ainda mais as projeções e previsões da mudança climática

Os países em desenvolvimento foram mal preparados e são lentos para conceber sistemas eficazes de "avisos antecipados" e medidas de resposta aos impactos da mudança climática. Cooperação para a formulação de dados climáticos e análise dos recursos mais substanciais são essenciais para estimar a variação climática e para analisar seu potencial impacto em setores vulneráveis (tais como água, agricultura e infraestrutura). A coleta e a análise de dados podem ser realizadas em âmbito nacional com a assistência de parceiros internacionais — por exemplo, na construção de estações meteorológicas e no treinamento de pessoal nesse ramo de conhecimento, ou em um nível internacional mediante a colaboração para o fornecimento de dados científicos e de informações sobre o clima.

De acordo com o Projeto sobre Recursos Naturais e Meio Ambiente, do Conselho de Pesquisa Científica e Industrial da África do Sul (CSIR), a Austrália é o único país do hemisfério sul que elaborou um modelo integrado sobre o clima, que é um modelo que pode ser usado para prever mudança climática global.[2]

---

[2] Os estudos da mudança climática global contam em alto grau com as projeções de Modelos de Circulação Geral Acoplados *Oceano-Atmosfera* (CGCMs). Faz-se necessário um envolvimento mais participativo de oceanógrafos, climatologistas, ecologistas ligados à Terra e criadores de modelos do hemisfério sul em modelo de desenvolvimento geral, a fim de aprimorarem as simulações da dinâmica de circulação do hemisfério sul.

Portanto, a Austrália é também o país que não só contribuiu com tais previsões para o Quarto Relatório de Avaliação (AR4) do IPCC, mas também o que tomou parte num debate mais amplo sobre variação climática no hemisfério sul. Todos os outros países do Sul geográfico dependem do Norte como fornecedor de previsões sobre mudança climática global. De acordo com o dr. Engelbrecht, da unidade de modelagem atmosférica do CSIR,[3]

Através da criação de um Eixo Sul de modelo de desenvolvimento, com ativas iniciativas desenvolvimentistas no Brasil, África do Sul e Austrália, como pontos de ancoragem, vários grupos de modelagem podem compartilhar progressos e planos. Vários outros países do hemisfério sul podem, com o tempo, se tornarem colaboradores de nichos. O avançado modelo do hemisfério sul de esforço desenvolvimentista vai beneficiar o estudo das dinâmicas de circulação do hemisfério sul, como um todo, e também motivar melhoramentos nos códigos de modelo internacional.

Do que foi mencionado acima, fica evidente que há a necessidade urgente de os países do IBAS estabelecerem, em conjunto, centros de especialização e das melhores práticas, a esse respeito. Brasil e África do Sul fizeram progressos recentemente ao desenvolverem modelos climáticos integrados, com capacidade de fazer projeções sobre mudanças globais. Esses dados brutos e a coleta e geração de suficientes conhecimentos iriam acrescentar bastante ao processo de compreensão da ciência da mudança climática, fazendo com que as previsões climáticas sejam mais precisas e relevantes para as suas respectivas regiões.

---

[3] O Dr. François Engelbrecht compõe a unidade de modelagem da atmosfera do projeto de Recursos Naturais e Meio Ambiente do CSIR, na África do Sul. O Dr. Engelbrecht passou essa informação para a Sr.ª Chevallier durante entrevista em 31 de agosto de 2009.

b) *Cooperação dos países do IBAS*
para a agenda de trabalho sobre mitigação
Veja-se a seguir a relação dos maiores emissores de dióxido de carbono em termos do total de suas emissões por milhão de toneladas, em 2004, e suas respectivas participações no total das emissões mundiais.

Tabela 1. Os doze maiores emissores de dióxido de carbono, 2004

País e posição	Total de emissões (milhões de toneladas de CO_2)	Participação no total mundial (%)
1. Estados Unidos	6.046	20,9
2. China	5.007	17,3
3. Federação Russa	1.524	5,3
4. Índia	1.342	4,6
5. Japão	1.257	4,3
6. Alemanha	808	2,8
7. Canadá	639	2,2
8. Reino Unido	587	2,0
9. Coreia do Sul	465	1,6
10. Itália	450	1,6
11. México	438	1,5
12. África do Sul	437	1,5

Fonte: UNDP, op. cit., apêndice, tabela, p. 31.

De acordo com o diretor-executivo do Programa das Nações Unidas para o Meio Ambiente (ibidem),

> Os problemas políticos mais difíceis vão ser os relacionados à distribuição. Nos lugares onde há riscos catastróficos em potencial para todos, a distribuição dos custos e dos benefícios, a curto e médio prazo, estará longe de ser uniforme. A dificuldade de distribuição piora porque os que causaram a maior parte dos problemas não serão os que vão sofrer mais as consequências, a curto prazo.

Embora seja essencial que os países do mundo desenvolvido que mais poluem estejam comprometidos com as mais ambiciosas metas de redução de emissões, a mudança climática põe em evidência um desafio global que requer resposta coletiva e de longo prazo de todas as nações, inclusive das economias em desenvolvimento que estão crescendo rapidamente. Observando-se a Tabela 1, fica claro que os maiores emissores de dióxido de carbono em termos absolutos estão localizados não só no mundo rico, mas também em economias emergentes em fase de alto crescimento. De acordo com o relatório *Perspectivas energéticas mundiais de 2008*, os países emergentes estão agora produzindo mais de 50% das emissões globais de dióxido de carbono (números de 2007).[4] Os países em desenvolvimento — China, África do Sul e Índia — hospedam as cinco maiores poluidoras dentre as empresas de utilidade pública, em termos de emissões que provocam aquecimento global;[5] por outro lado uma única usina da Southern Co., em Juliette, no estado da Geórgia, EUA, polui anualmente mais do que todo o setor energético do Brasil.

A Agência de Avaliação Ambiental da Holanda afirma que a China é atualmente responsável por quase um quinto das emissões globais e que, para o ano de 2010, ela vai se tornar o maior país emissor de GEE (algumas fontes afirmam que a China já atingiu esses níveis).[6] Brasil e Índia também saltaram para patamares superiores na condição de poluidores, em razão do contí-

---

[4] De acordo com o *International Energy Outlook 2008*, em 1990, a China e a Índia juntas responderam por 13% das emissões de dióxido de carbono do mundo; mas em 2005, a participação das duas aumentou para 23%, basicamente por causa do forte crescimento econômico e a expansão do uso do carvão para fornecer a energia para sustentá-lo. A projeção é de que, em 2030, as emissões de dióxido de carbono da China e da Índia juntas vão representar 34% do total das emissões mundiais; e só a China será responsável por 28% do total global. Energy Information Administration of the US Department of Energy, *International Energy Outlook 2008*. Washington, DC, jun. 2008. <http://www.eia.doe.gov/oiaf/ieo/pdf/0484(2008).pdf>.
[5] Essas estatísticas se originaram do primeiro banco de dados mundial sobre emissões de dióxido de carbono das centrais elétricas.
[6] Embora tanto a China quanto a Índia tenham ratificado o Protocolo de Kyoto, nenhum desses países está atualmente sujeito aos limites legais de emissão, pois eles se aplicam apenas aos países signatários do mundo desenvolvido.

nuo crescimento de suas respectivas economias. Considerando que as grandes economias em desenvolvimento que são poluidoras têm a responsabilidade global de reduzir suas respectivas emissões,[7] é importante que o IBAS se empenhe em garantir um acordo internacional consignando compromissos mais sérios de redução das emissões de GEE, na Conferência das Partes (COP 15), em Copenhague.

Entretanto, os números atribuídos aos doze maiores poluidores globais não refletem com exatidão a relação inversa entre a responsabilidade pela mudança climática e a vulnerabilidade aos seus efeitos. Esses números não levam em consideração, por exemplo, a contribuição histórica das emissões de GEE pelos países desenvolvidos, nem consideram o atual nível de desenvolvimento, crescimento econômico, população ou industrialização dos países em desenvolvimento.[8] É compreensível, portanto, que os países membros do IBAS tenham insistido continuamente em equidade climática nas negociações do UNFCCC. A Índia e a China defendem "bases *per capita* iguais computando as responsabilidades históricas" nas negociações internacionais. A África do Sul não é favorável a esse ponto, já que tem uma das maiores taxas de emissões *per capita* dentre os países em desenvolvimento. A África do Sul, portanto, insiste mais em Ações de Mitigação Nacionalmente Apropriadas (NAMAs), que levam em conta os níveis econômicos e de desenvolvimento dos países emergentes.

---

[7] A emissão de gases de efeito estufa (GEE) pelas economias industrializadas e pelas emergentes deve ser mitigada. A concentração atmosférica do dióxido de carbono é mais alta nos dias de hoje do que foram por 800.000 anos. Esses níveis vão crescer se os países continuarem a praticar os "negócios como sempre". Por outro lado, a extensão de seus compromissos com a mitigação vai determinar se os perigos da mudança climática podem ser evitados no futuro.

[8] Os atuais países desenvolvidos emitiram três vezes mais CO_2 de combustíveis fósseis entre 1850 e 2002, do que os hoje países em desenvolvimento (Baumert, Herzog et al., 2005). Os países desenvolvidos alcançaram suas metas de desenvolvimento e industrialização sem nenhuma restrição quanto ao carbono; os países em desenvolvimento precisam de espaço para se desenvolver, a fim de satisfazer as necessidades básicas de suas populações.

Tabela 2. Emissões de dióxido de carbono *per capita* (toneladas). Estatísticas para 2004

Estados Unidos	20,6
Alemanha	9,8
África do Sul	9,8
México	4,2
China	3,8
Brasil	1,8
Índia	1,2

Informação sobre a tabela: cálculos baseados em dados do CDIAC (Carbon Dioxide Information Analysis Center), 2007. Correspondência sobre emissões de dióxido de carbono.

Tabela 3. Participação no percentual nas emissões globais cumulativas de carbono em toneladas métricas (1840-2005)

Estados Unidos	27,8
Alemanha	6,7
Reino Unido	5,9
China	8,1
Índia	2,4

Cálculos UN/DESA/DPAD, baseados em Marle, Boden & Eres (2008), banco de dados do Carbon Dioxide Information Analysis Centre (CDIAC); e banco de dados estatísticos sobre população UN/DESA.

Rigorosos compromissos de mitigação são, em geral, vistos como incompatíveis com as prioridades desenvolvimentistas, haja vista que a maioria das emissões do mundo em desenvolvimento deriva dos setores de energia e transporte, essenciais para sustentar o desenvolvimento econômico doméstico. A eletricidade obtida de combustíveis fósseis (tais como carvão, que é encontrado em relativa abundância em muitos países africanos e asiáticos) produz alto grau de emissões de GEE, embora forneça energia a preços comparativamente baixos.[9] Os setores mais lucrativos da África do Sul são altamente intensivos em carbono, e 90% de sua produção de energia vem do carvão. Substituir o modelo de desenvolvimento da África do Sul por outro que seja mais eficiente em termos de carbono seria extremamente caro.

---

[9] <http://uku.allAfrica.com>; acesso em 19-9-2008. O nível atual de reservas comprovadas de carvão no mundo inteiro é de aproximadamente 850 bilhões de toneladas, sendo 50 bilhões na África. O carvão é o combustível fóssil de maior distribuição geográfica, do que qualquer outro.

Tabela 4. Carvão como um percentual do total do fornecimento de energia primária (2005)

México	5%
China	64%
África do Sul	72%
Índia	39%
Brasil	6%

Fonte: G8 *climate scorecards 2009*, jul. 2009. Commissioned by Allianz e WW, pp. 37-50.

O aparente conflito entre a necessidade de dar atenção à mudança climática e fomentar as metas desenvolvimentistas apresenta um dilema para a governança democrática por todo o mundo em desenvolvimento, pois os governos de cada país terão de concordar em arcar com custos iniciais pesados dos programas de mitigação e de adaptação, com o objetivo de colher ganhos a longo prazo. Isso vai exigir que os líderes vejam além dos ciclos eleitorais e eduquem suas comunidades, especialmente as mais vulneráveis. É, portanto, imperativo que os esforços de mitigação e adaptação à variabilidade do clima sejam apresentados como complementares às agendas econômicas mais abrangentes dos países em desenvolvimento, e que eles não deveriam ser vistos como empecilhos para alcançar objetivos de desenvolvimentos mais abrangentes. Conforme argumenta o Instituto de Estudos de Desenvolvimento (IDS), "se as políticas relativas à mudança climática quiserem ter alguma chance de obter o necessário apoio político dos líderes para a sua implantação, então as diretrizes sobre o clima terão de ser "orientadas para o desenvolvimento".[10]

Por essas e outras razões, é importante que os membros do IBAS procurem áreas de cooperação em mudança climática que promovam o desenvolvimento econômico. Os países em desenvolvimento, portanto, precisam tirar vantagens das aparentes oportunidades econômicas voltadas na direção da baixa intensidade de carbono. Isso poderia significar investimentos coletivos

---

[10] IDS (Institute for Development Studies). Climate change adaptation, *IDS In-Focus*, 2-11-2007.

em pesquisa e desenvolvimento de projetos de energia limpa, mediante a transferência de tecnologias em fontes renováveis de energia e em energia limpa. Esse assunto será discutido com maiores detalhes neste texto.

c) Os países do IBAS e a cooperação para uma agenda de adaptação

Independentemente do acordo subsequente a Kyoto, todos os países em desenvolvimento terão de se adaptar às mudanças que o aquecimento global vai lhes impor. Os esforços de mitigação não conseguem sobreviver sozinhos e devem ser complementados por medidas de adaptação. A adaptação se refere aos vários recursos usados para abordar a vulnerabilidade dos países em desenvolvimento às mudanças climáticas e seus efeitos associados, tanto no presente quanto no futuro. É preciso salientar, especialmente no contexto dos Países de Menor Desenvolvimento Relativo (LDCs), que a vulnerabilidade de um país depende não apenas da própria variabilidade climática, mas também da capacidade governamental de aumentar a eficiência do uso dos recursos naturais e suprimentos de energia. Assistência financeira, técnica e institucional e construção de capacidade são muitas vezes necessárias para ajudar países pobres a optarem por caminhos de desenvolvimento sustentável. Enquanto as estimativas de custos são rudimentares e sujeitas às incertezas, em se tratando dos países individualmente, até os números mais conservadores preveem uma perda de 0% a 3% do produto interno bruto global (PIB) anualmente, quando a temperatura tiver aumentado de 2 a 3 graus Celsius (Llewellyn, 2007). De acordo com o *Relatório Stern*, a inação — quer dizer: não tomar medida alguma de adaptação — poderia ter um custo de US$5 trilhões globalmente. O *Relatório Stern* também prevê que as perdas incorridas no caso de os países altamente poluentes continuarem a praticar os "negócios como sempre" poderiam chegar entre 5% a 20% do PIB mundial, anualmente.

Os países emergentes (sobretudo os LDC's) são os mais vulneráveis a esses impactos, e a maioria deles já está sentindo os problemas relacionados ao clima, tais como o aumento da escassez de água; doenças infecciosas transmitidas em geral por vetores; crescimento da frequência e da intensidade de condições climáticas extremas; imprevisibilidade da precipitação pluviométrica; e decréscimo das safras agrícolas. Para maiores detalhes sobre vulnerabilidade setorial da mudança climática, ver o Quadro 1 adiante. Como consequência, os países em desenvolvimento, inclusive os membros do IBAS, vão precisar capacitar seus governos nacionais e regionais para cuidar desses riscos associados ao clima, por meio das seguintes medidas, entre outras: garantir uma gestão de água mais objetiva; promover a expansão do agronegócio; e providenciar controles de catástrofes mais efetivos e sistemas de alerta antecipados. Compartilhar conhecimentos sobre as melhores práticas em estratégias de adaptação pode ser crucial para o planejamento urbano e para a construção de uma infraestrutura que aguente a ação do clima. Nesse aspecto, o IBAS poderia assumir um papel de liderança.

A adaptação eficiente é dispendiosa e envolve não apenas altos investimentos em pesquisa, trabalho de conscientização e reforço da capacidade, mas também medidas práticas como "resistência ao clima" dos projetos de infraestrutura. A adaptação, portanto, requer ajuda financeira substancial e previsível de parceiros (tradicionais ou não tradicionais), para colaborar com os custos adicionais da adaptação. De acordo com uma "estimativa grosseira" feita pelo *Relatório de Desenvolvimento Humano do Programa das Nações Unidas para o Desenvolvimento* (PNUD), os países pobres poderão vir a precisar da soma de US$86 bilhões ao ano em financiamento adicional em 2015, para ajudá-los a se adaptarem às consequências da mudança climática (UNDP, 2007). O relatório também afirma que no mesmo período, pelo menos US$44 bilhões serão necessários anualmente para tornar os investimentos em desenvolvimento "resistentes ao clima".[11] Isso vem se somar ao ônus financeiro e humano nos já enfraquecidos recursos das economias emergentes. A resposta internacional à adaptação à mudança climática tem sido, até agora, insuficiente em todas as frentes. Foram criados vários mecanismos de financiamento multilaterais dedicados, inclusive o Fundo para os Países de Menor Desenvolvimento Relativo e o Fundo Especial para Mudança Climática, ambos das Nações Unidas (UNFCCC). Entretanto, apenas limitados valores foram pagos por esses mecanismos. O total até o presente chega a aproximadamente US$26 milhões — menos de um décimo dos US$279 milhões inicialmente comprometidos para desembolso nos próximos anos.[12] Na sequência da Conferência da UNFCCC em Bali, em dezembro de 2007, um novo Fundo de Adaptação também foi instituído para financiar projetos e programas em países em desenvolvimento signatários do Protocolo de Kyoto.[13] O Fundo de Adaptação é para ser financiado pelos 2% do imposto sobre rendimentos gerados pelo Mecanismo de Desenvolvimento Limpo (CDM). Em Bali foi aprovada uma doação de US$500 milhões para países em desenvolvimento, a ser sacada de 2012 em diante.

É importante que os países membros do IBAS sejam proativos nesse tópico e que, em conjunto, exijam comprometimentos concretos dos países desenvolvidos, para irem além dos debates retóricos e, em vez disso, definam obrigações específicas da comunidade doadora e cronograma rigoroso para implantação nos países beneficiários. A Cúpula das Nações Unidas sobre Mudança

---

[11] IDS (Institute for Development Studies). Climate change adaptation, *IDS In-Focus*. Summary, p. 25. Esses são números de 2005.

[12] House of Commons, Environmental Audit Committee. *Reaching an International Agreement on Climate Change*. Sixth Report of Session 2007-08. Londres, 8 de julho de 2008.

[13] O Fundo de Adaptação é o primeiro grande acordo gerado pelas discussões, cujo objetivo é elaborar um "roteiro" das bases para negociações previstas para durarem dois anos, para a elaboração de minuta que substituirá o Protocolo de Kyoto que expira em 2012.

Climática, em dezembro, será importante para a discussão desse assunto. Os países do IBAS poderiam liderar os debates ao voluntariamente fazerem suas contribuições financeiras ao Fundo de Adaptação (que essencialmente colabora com o desenvolvimento de suas respectivas regiões). Esse evento importante representa uma oportunidade para o envolvimento de novos doadores. Os membros do IBAS poderiam também usar seus atuais Fundos para o Desenvolvimento para realçar áreas de cobenefício — enquanto continuam com os projetos desenvolvimentistas; isso vai lidar com tópicos relacionados à adaptação climática.[14]

Quadro 1. Setores vulneráveis à mudança climática em regiões dos países membros do IBAS

Produtividade na agricultura e segurança alimentar	A mudança climática vai afetar a precipitação pluviométrica, a temperatura e a disponibilidade de água para a agricultura em áreas vulneráveis. Em 2050 os países africanos poderão ver suas safras diminuídas em até 50%. Em 2100 eles poderão ver suas safras diminuídas em até 90%. Outras regiões emergentes — na América Latina e no Sul da Ásia — também vão experimentar perdas de produtividade na agricultura. E o número de pessoas afetadas pela má nutrição poderia chegar a 600 milhões em 2080.
Crise e insegurança de água	Em 2020, de 75 milhões a 250 milhões de pessoas na África poderiam ficar expostas à crescente crise de água. A Ásia Central, o Norte da China e a parte norte do Sul da Ásia enfrentam imensas vulnerabilidades associadas ao derretimento de geleiras à taxa de 10 metros a 15 metros ao ano, no Himalaia. Sete das maiores bacias hidrográficas da Ásia vão experimentar um aumento de fluxo a curto prazo. A região andina também está enfrentando ameaças iminentes à segurança da água, devido ao colapso das geleiras tropicais.
Aumento do nível do mar e exposição a desastres catastróficos vinculados ao clima	Com mais de 344 milhões de pessoas atualmente expostas a ciclones tropicais, tempestades mais intensas poderiam acarretar consequências devastadoras em um grande número de países. Um bilhão de pessoas que atualmente moram em favelas urbanas sobre encostas frágeis ou em margens de rios sujeitas a enchentes enfrentam sérios problemas.
Saúde humana	No total, um adicional de 220 milhões a 400 milhões de pessoas poderia estar vivendo em áreas infestadas de malária, em 2080.

segue

---

[14] O Fundo de Desenvolvimento do IBAS esteve até o presente comprometido com projetos de cobenefício. Por exemplo, montou um hospital na Guiné-Bissau, o qual tem painéis solares como fonte de energia.

Saúde humana	A dengue já está dando sinais de altos níveis de elevação nunca antes observados, sobretudo na América Latina e em partes do Leste da Ásia.
Ecossistemas e biodiversidade	Estudos preveem que entre 25% a 40% dos mamíferos poderiam estar em risco de extinção ou extintos em 2080. O Amazonas e suas espécies poderiam ficar sujeitos a severas ameaças.

Fonte: adaptado do documento UN Development Programme. *Fighting climate change: human solidarity in a divided world*. Human Development Report, 2007/08. Nova York: Palgrave Macmillan, 2007.

O IBAS e o futuro do regime global sobre mudança climática

Também é importante perceber que apesar dos interesses comuns dos países em desenvolvimento, os membros do IBAS agem e reagem nas negociações primeiramente do ponto de vista nacional. Seria ingenuidade esperar que os países do IBAS fossem acionados por qualquer coisa além de grupos domésticos envolvidos, interesses nacionais e realidade local. E os países do IBAS têm, também, prioridades e problemas diferentes. Por exemplo, a África do Sul tem altas taxas de emissão *per capita*, diferentemente da China e da Índia; por seu lado, a maioria das emissões do Brasil não se origina do setor energético, mas do desmatamento e da degradação da terra. Para compreender essas dinâmicas e o que dá fundamento às suas posturas negociais num nível internacional, é necessário fazer um resumo dos problemas energéticos domésticos e um esboço dos perfis de emissão da Índia, do Brasil e da África do Sul.

Índia, energia e mudança climática

"Estamos convencidos de que as emissões de GEE *per capita* na Índia não vão exceder às dos países desenvolvidos, mesmo enquanto estivermos adotando políticas desenvolvimentistas e de crescimento econômico", afirmou o primeiro-ministro Singh, em Heiligendamm, em junho de 2007. A Índia defende bases *per capita* iguais, levando em consideração as responsabilidades históricas. Com 17% da população do mundo, a Índia contribui com apenas 4% do total de emissões GEE. Em termos de suas emissões de GEE *per capita*, elas representam aproximadamente 23% da média global (Prasad & Kochhner, 2009).

O carvão é o sustentáculo da economia energética da Índia, e as usinas elétricas de matriz de carbono representam dois terços do total da capacidade instalada de geração de energia de 135.000 MW. Nos anos de 2003 e 2004, o carvão respondeu por 62% da produção indiana de energia, enquanto o petróleo respondeu por apenas 36%.[15] Os setores industriais de alto consumo energético na Índia são, entre outros, os de cimento, aço, alumínio e fertilizantes. A Índia está também experimentando altos níveis de emissões de metano (arrozais e animais).

A Índia vem progredindo com a implantação de medidas favoráveis ao clima, especialmente na área de energia renovável e com a adoção da tecnologia do carvão limpo nas novas usinas. Suas quatro novas usinas que estão em construção adotaram uma tecnologia supercrítica com altos níveis de eficiência empregada na geração de energia. A Índia tem um ministro para cuidar exclusivamente das fontes de energia não convencionais e adotou a Política Nacional de Meio Ambiente, de 2006, que contém regras sobre a abordagem de cobenefício para as questões relativas ao meio ambiente e ao desenvolvimento. O crescimento da eletricidade de fontes renováveis está sendo acelerado pelo mandato legislativo por causa da Lei sobre Energia de 2003. Hoje a Índia tem a quarta maior capacidade eólica instalada do mundo, que produz atualmente 7.000 MW de energia do vento.[16] A Política Nacional da Índia sobre Energia Hidrelétrica também

---

[15] Climate Brief 2. India's Climate Change Policy and Trade Concerns: Issues, Barriers and Solutions. Centre for Trade and Development.

[16] "India: Addressing Energy Security and Climate Change". Ministry of Environment and Forests and Ministry of Power Bureau of Energy Efficiency. Government of India, out. 2007.

contribuiu com um substancial aumento de usinas hidrelétricas, e dentre as iniciativas para o setor de transporte estão incluídas: programa de biodiesel, no qual está prevista a adição de 5% de etanol à gasolina; e implantação de estratégias para o transporte público mediante a construção de metrô.

Por meio dessas e de outras iniciativas, o governo planeja reduzir em 20% a intensidade de energia da Índia por unidade de PIB, entre 2007-2008 e 2016-2017, conforme consta do 11.º Plano Quinquenal (2006-2012). Em meados de 2008, a Índia também adotou um Plano Nacional de Ação para Mudanças Climáticas (NAPCC), dispondo sobre mitigação, adaptação e integração de conhecimento estratégico.

Entretanto, tal como na África do Sul, o governo indiano está convencido de que suas políticas nacionais relacionadas ao clima e à energia não deverão produzir resultados prejudiciais ao crescimento do seu PIB. A Índia ainda padece de sérios problemas de desenvolvimento, com aproximadamente 55% de sua população não servida de energia comercial (600 milhões de pessoas), e 70% da população indiana ainda cozinha com a tradicional biomassa. A expectativa é que o crescimento econômico vá levar a uma transição para essas fontes domésticas de energia e que, como consequência, as emissões decorrentes dessa fonte de energia vão quadruplicar até 2030,[17] enquanto o setor de serviço expand-see substancialmente.

Tabela 5. Emissões da Índia, por setor

Eletricidade e aquecimento	39%
Indústria	21%
Agricultura	21%
Residências e serviços	8%
Lixo	6%
Transporte	5%

[17] *The Economist*, 2008.

Tabela 6. Fontes de energia da Índia

Carvão	39%
Petróleo	24%
Biomassa/lixo	28%
Gás	6%
Hidrelétrica	2%
Nuclear	0,86%
Solar/eólica/outras	0,14%

Fonte das Tabelas 5 e 6: *G8 Climate Scorecards 2009*, jul. 2009. Commissioned by Allianz e WWF.

Brasil: desmatamento e mudança climática

De acordo com o Instituto de Recursos Mundiais de 2000, o Brasil é o oitavo maior emissor de GEE e o terceiro maior emissor no mundo em desenvolvimento, após a China e a Índia. Ao contrário da maioria dos países desenvolvidos e de muitos países em desenvolvimento, o setor energético brasileiro contribui muito pouco para as emissões internas de GEE, com baixa intensidade de emissões advindas da geração de eletricidade, devido ao extenso uso de hidrelétricas. Três quartos de suas emissões são consequência do desmatamento e do uso insustentável da terra — conforme as fronteiras agrícolas se expandem, sobretudo na região amazônica.[18] O uso da terra, nesse caso, é basicamente para as grandes plantações de soja e pecuária. As emissões do Brasil por conta da pecuária são também substanciais. Como resultado, as emissões *per capita*, por conta da energia, são relativamente baixas (1,8% em 2004).[19]

---

[18] No jargão da política sobre mudança climática, isso é chamado de *land use, land use change and forestry (LULUCF)*. O desmatamento contribui para a mudança climática quando as florestas são queimadas ou são abertas clareiras para novas terras destinadas à agricultura (principalmente extensas plantações de soja e pecuária). O carbono que antes estava fixo no solo é liberado na atmosfera como dióxido de carbono e metano.

[19] Entretanto, as emissões industriais do Brasil são relativamente intensivas em energia; ferro, aço, cimento, alumínio, químicos, petroquímica, papel e celulose, transporte são os principais poluidores e também dependem pesadamente de combustíveis fósseis.

O Brasil afirma que as emissões anuais não devem ser vistas como um substituto pela responsabilidade de um país pela mudança climática. Essa responsabilidade, esse país argumenta, está mais diretamente relacionada às contribuições históricas dessas economias para o aumento global da temperatura — haja vista que o CO_2 permanece na atmosfera por mais de um século, em média. Por isso, nas negociações internacionais, o Brasil tem-se recusado a aceitar metas de emissões antes de meados do século.

Contudo, o Brasil lançou um Plano Nacional sobre Mudança do Clima (PNMC), em dezembro de 2008, e vem desenvolvendo um impressionante histórico no setor de energias renováveis. De acordo com a Rede de Ciência e Desenvolvimento, 38% do fornecimento de energia no Brasil é gerado de fontes renováveis (hidrelétricas, cana-de-açúcar e madeira) (La Rovere & Pereira, 2007). Seu Programa Nacional do Álcool foi lançado em 1975 e se tornou a maior aplicação comercial de biomassa para produção e utilização de energia no mundo. Esse Programa comprova a viabilidade da produção em larga escala do etanol da cana-de-açúcar e seu uso na produção de combustíveis automotivos. Hoje, carros *flex* no Brasil podem ser abastecidos com gasolina ou álcool, dependendo só da decisão do consumidor na bomba de combustível (isso pode ir de 0% a 100%). As vendas de veículos *flex* representam cerca de 80% do total de carros vendidos hoje no Brasil. O álcool combustível substituiu 40% do uso de gasolina em carros de passeio. De igual forma, o Programa Nacional de Produção e Uso de Biodiesel objetiva aumentar progressivamente o percentual de conteúdo de biodiesel no óleo diesel. A meta é chegar, no mínimo, a 3% de biodiesel adicionado ao diesel fóssil em 2008, e 5% em 2012.[20]

Em 2002, o Congresso brasileiro aprovou uma lei cujo objetivo é estabelecer um mercado compulsório de energia renovável. O programa chamado de PROINFA ajuda os produtores indepen-

---

[20] O Programa Nacional de Produção e Uso de Biodiesel tem por objetivo promover a produção do biodiesel da mamona e do dendezeiro, encontrados nas regiões mais pobres do Brasil.

dentes de energia a fornecerem energia renovável à grade nacional de eletricidade (inclusive capacidade de geração de eletricidade com base na biomassa, pequenas hidrelétricas e usinas eólicas). Isso, combinado com os incentivos do presidente Lula para aumentar os atrativos para o investimento privado em hidrelétricas, resultou em 80% da geração de energia vinda de hidrelétricas.[21]

O Brasil, que abriga um dos maiores ecossistemas e florestas (sequestradores de carbono) do planeta, criou um programa de multiagência para combater o desmatamento da Amazônia, usando um sistema de monitoramento por satélite. De 2005 a 2007 esse programa resultou em uma redução de 52% na taxa de desmatamento.[22] O Brasil também adotou um Plano Nacional para a Prevenção e Controle do Desmatamento, cujo propósito é reduzir em 70% o desmatamento na região amazônica até 2017.[23]

Tabela 7. Emissões do Brasil, por setor

Eletricidade e aquecimento	5%
Indústria	15%
Agricultura	58%
Residências e serviços	4%
Lixo	4%
Transporte	14%

Tabela 8. Fontes de energia no Brasil

Carvão	6%
Petróleo	41%
Biomassa/lixo	30%
Gás	8%
Hisrelétrica	14%
Nuclear	2%
Solar/Eólica/outras	0,01%

Fonte para as Tabelas 7 e 8: *G8 Climate Scorecards 2009*, jul. 2009. Commissioned by Allianz e WWF.

---

[21] Associação Internacional de Energia.

[22] Isso faz parte do discurso "Climate change as a global challenge" proferido pelo diretor-geral do Departamento de Meio Ambiente e Temas Especiais do Ministério das Relações Exteriores, ministro Machado. Embaixada do Brasil em Londres. Climate change policy, ago. 2007.

[23] É preciso observar que o desmatamento não é uma prioridade para os outros países do IBAS. Enquanto as florestas ocupam 57,2% do total do território

África do Sul, carvão e mudança climática

As emissões decorrentes do fornecimento e uso da energia constituem de longe a maior fatia do total de emissões GEE (91%) da África do Sul. A geração de eletricidade das usinas a carvão da paraestatal sul-africana, Eskom, responde por mais de 40% das emissões de GEE na África do Sul.[24] A África do Sul é o 12.º maior emissor de dióxido de carbono do mundo, e suas emissões *per capita* são apenas levemente inferiores às dos países industrializados, e bem acima da média dos países em desenvolvimento.

A África do Sul lançou o que é considerado, por algumas pessoas, o plano mais abrangente dentre os demais membros do G5, em termos de opções para reduzir as emissões no futuro. Sua resposta ao Cenário de Mitigação de Longo Prazo (LTMS), iniciada em 2006, objetiva formular uma política sobre o clima de longo prazo para a África do Sul e um modelo adequado de ação para o clima, baseado nas mais eficientes e possíveis opções de mitigação disponíveis. Esse estudo resultou em vários cenários e opções estratégicas para a África do Sul, e também considerou a possível mitigação e o custo-benefício das diferentes intervenções. Em julho de 2008, o Gabinete Ministerial da África do Sul considerou os resultados do trabalho do LTMS e adotou um Sistema Nacional sobre o Clima bastante ambicioso, no qual são traçadas a visão de governo, a direção estratégica e o cronograma para uma política sobre o clima de longo prazo. O cronograma compromete o governo com uma trajetória de "pico, platô e declínio" para as futuras emissões de GEE do país: um pico de emissões entre 2020/2025, depois uma década de estabiliza-

---

brasileiro, os percentuais para os outros países são: China, 21,2%; Índia, 22,8%; México, 33,7%; e África do Sul, 7,6% (FOA. 2006. Global Forest Resources Assessment 2005, Roma).

[24] República da África do Sul, 2004.

ção, antes de um declínio em termos absolutos já na metade do século (pico, platô e declínio). Isso incluiria, por exemplo, uma alteração da mistura de combustíveis que há na África do Sul (da forma implantada no Brasil), haja vista que três quartos do combustível da África do Sul é dependente do carvão.[25]

Não obstante essas ambiciosas estratégias, a África do Sul coloca o programa de redução da pobreza como sua maior preocupação. Para o futuro próximo, pelo menos, a África do Sul vai continuar dependente da eletricidade vinda do carvão. Aproximadamente 27% da população sul-africana ainda não tem acesso à energia moderna, e a maioria de suas emissões decorre de setores que são essenciais para manter o crescimento econômico e reduzir os níveis de pobreza. A África do Sul também fornece energia para muitos de seus países vizinhos.

Apesar de não estar disposta a assumir nenhum compromisso de cunho nacional, a África do Sul marcou presença nas negociações sobre mudança climática, ajudando o Grupo África a tentar obter a concordância do Norte em questões relacionadas à equidade de clima e ao aumento do financiamento para a adaptação. Dentro do G77 e China, a África do Sul também vem atuando ativamente para conseguir com que o mundo desenvolvido aumente a transferência de tecnologia e aprimore o reforço da capacidade no Sul.

Tabela 6. Emissões da África do Sul, por setor

Eletricidade e aquecimento	59%
Indústria	14%
Agricultura	8%
Residência e serviços	6%
Lixo	4%
Transporte	9%

---

[25] Isso culminou na Segunda Cúpula Nacional sobre Mudança Climática, de março de 2009, com a esperança de que o Cenário de Mitigação no Longo Prazo (da sigla em inglês LTMS) seja transformado em um *white paper*, em novembro de 2009.

Tabela 10. Fontes de energia na África do Sul

Carvão	72%
Petróleo	12%
Biomassas/lixo	10%
Gás	3%
Hidrelétrica	0,24%
Nuclear	2%
Solar/eólica/outras	0,07%
Geotérmica	0%

Fonte para as Tabelas 9 e 10: *G8 Climate Scorecards 2009*, jul. 2009. Commissioned by Allianz e WWF.

Áreas em potencial para os países do IBAS em pesquisa avançada, ciência e tecnologia

No encontro de ministros da Energia, em maio de 2009, os ministros da Energia do G8 e do G13 emitiram uma De-claração Conjunta como parte de seu novo "Acordo Internacional de Cooperação em Matéria de Eficiência Energética (IPEEC)", a qual busca "acelerar a demonstração, o desenvolvimento e a implantação de tecnologias em energia de baixa poluição, inclusive fontes renováveis de energia, sistemas de grade inteligentes e armazenagem de energia, reforma das usinas geradoras de energia e cogeração, mobilidade sustentável, veículos de transporte de baixa poluição, avanços nas demonstrações da Captura e Estocagem de Carbono (CCS) e energia nuclear". Houve também a proposta adicional para a "coordenação de esforços na pesquisa, desenvolvimento, demonstração e aplicação dessas tecnologias de baixa poluição, permitindo o compartilhamento efetivo do conhecimento em tecnologias essenciais", e particularmente a promoção do incremento do uso de renováveis. Isso incluiria, por exemplo, "melhorar a sistemática das políticas e dos marcos regulatórios para fomentar investimentos em energias renováveis, enquanto promove sua aplicação e difusão em todos os outros países".

Yvo de Boer, secretário executivo da Convenção das Nações Unidas sobre Mudança Climática, diz que elaborar políticas eficazes de transferência de tecnologia deve ser uma das plataformas da nova política internacional sobre o clima. Ele menciona a CCS nesse aspecto — sobretudo para os países que dependem do carvão. Ele também cita o aumento do uso de renováveis, mas diz que precisamos criar mecanismos que tornem possível a pesquisa e desenvolvimento conjuntos, entre países ricos e países pobres. Ele diz que "China e Índia se tornaram grandes produtores de fontes renováveis de energia, de modo que não é uma questão de que a tecnologia esteja no Norte. É mais o caso de achar caminhos de preços acessíveis para que os países em desenvolvimento tenham acesso a tal tecnologia".[26]

Conforme mencionado acima, as tecnologias de captura e a estocagem do carbono foram projetadas, por exemplo, para reduzir emissões das centrais elétricas a carvão, mediante a captura e estocagem do CO_2 (em vez de lançá-lo na atmosfera). Essa tecnologia, portanto, oferece imenso potencial de mitigação para países que dependem de combustível fóssil (não para prolongar a vida útil do combustível fóssil, mas como uma etapa de transição na direção de renováveis e de energia nuclear). Há tecnologias de ponta que foram desenvolvidas para esse fim. Entretanto, essas tecnologias são extremamente caras e ainda têm de ser implantadas em larga escala, considerando-se a necessidade de maiores investigações para garantir segurança e eficácia.

Tony Surridge, do Instituto Nacional de Pesquisa Energética da África do Sul, declarou que "tendo em vista a trajetória das emissões da África do Sul, o governo resolveu que todas as novas centrais elétricas a carvão devem ter o sistema CCS". Ele também informou sobre a fundação do Centro Sul-Africano para CCS, em março de 2009, cujo objetivo é montar uma planta de demonstração de CCS, em 2020. Ele afirmou que o Centro estava à época concentrado em elaborar um conjunto de mapas de

---

[26] Entrevista de Yvo de Boer conduzida pela Rede de Ciência e Desenvolvimento durante a Conferência em Poznań da UNFCCC, em 1.º de dezembro de 2008.

CCS, a fim de localizar e descrever os *sites* em potencial, com o objetivo de concluir uma instalação de teste de injeção em 2016. Ele observou que as principais preocupações da África do Sul são a erradicação da pobreza e a geração de empregos, o que significa que a CCS deve estar em harmonia com as prioridades de desenvolvimento.[27] Essa importante iniciativa da África do Sul poderia ser replicada na Índia e no Brasil, para realçar ainda mais a pesquisa global por potenciais locais da instalação e conveniência, segurança, custo e viabilidade. Essas informações deveriam alimentar os debates internacionais sobre tecnologia CCS, como opção relevante para a redução do carbono.

É preciso estar ciente, porém, das enormes dificuldades econômicas, sociais, políticas a serem superadas com a introdução, transferência e disseminação da tecnologia no mundo em desenvolvimento. Aí estão incluídas a falta de capacidade técnica para utilizar novas tecnologias, ausência de leis e regulamentos apropriados, estruturas administrativas imperfeitas e condições de mercado insuficientemente desenvolvidas.[28] Também, aqueles que são os donos da tecnologia precisam protegê-las mediante direitos de propriedade intelectual adequados. Um programa de arbitragem internacional ou de seguros deve ser criado no âmbito dos países membros do IBAS, a fim de garantir aos proprietários seus respectivos direitos de propriedade.

No mesmo sentido, Índia, Brasil e África do Sul têm de concentrar seus recursos e energia na conclusão das negociações da OMC em Doha. Isso precisa ser providenciado com urgência, especialmente no que se refere às suas discussões sobre questões relacionadas ao clima, com ênfase na eliminação de barreiras

---

[27] Boletim sobre Captura e Estocagem de Carbono: um resumo da Conferência de Alto Nível sobre o combate à mudança climática, mediante a captura e estocagem de carbono. Publicado pelo Instituto Internacional para o Desenvolvimento Sustentável, vol. 163, n.º 1, 1.º-6-2009.

[28] S. Sudo. Energy efficiency, technology and climate change: The Japanese experience. In: Loh, Stevenson & Tay (ed.). *Climate change negotiations: can Asia change the game?*, cap. 8, Civic exchange, 2008.

comerciais, o que, por sua vez, vai rapidamente propagar as tecnologias de energia limpa. Uma posição coordenada do Sul em fase de desenvolvimento terá a vantagem de fazer essas discussões irem avante.

Áreas de potencial convergência dentro do regime de mudança climática pós-2012: aproveitar as oportunidades da transição global para uma economia de baixo carbono

Uma das maneiras de promover a participação de vários grupos de interesse, sobretudo no mundo em desenvolvimento, é dar ênfase às oportunidades econômicas oferecidas pelos projetos de mitigação e adaptação, por exemplo, ao salientar a lucratividade da indústria de bens e serviços ligados ao meio ambiente (que inclui recursos renováveis e tecnologia de energia eficiente). Os governantes do Sul e o empresariado não estão totalmente cientes de que esse setor industrial vale aproximadamente US$600 bilhões globalmente e está em rápida expansão. Também, seu forte potencial para a criação de empregos geralmente tem desempenho superior ao das tradicionais indústrias intensivas em energia e em carbono. A tecnologia limpa está colocada em posição de vir a se tornar o quinto maior setor de geração de emprego e investimentos (Tyrer, 2009). Na Alemanha, por exemplo, estima-se que as fazendas de vento tenham gerado 40.000 postos de trabalho. Calcula-se também que se a África do Sul alcançar 15% da capacidade de geração de fontes renováveis de energia, ela terá gerado 34.000 empregos diretos em 2020. Para gerar 5.700 MW de energia solar fotovoltaica geram-se 680 postos de trabalho em horário integral e 8.800 postos de trabalho na construção.

A Agência Internacional de Energia estima que serão necessários cerca de US$45 trilhões para se desenvolver e instalar as novas tecnologias limpas entre agora e 2050. Embora nos últimos anos tenha aumentado não só a quantidade de centrais elétricas a carvão mais limpas e mais eficientes, mas também a retirada de circulação de fontes de combustível que usavam tecnologia mais antiga, sobretudo no mundo desenvolvido, há ainda muito por fazer a fim de promover a rápida difusão da tecnologia. Isso faria as atuais fontes renováveis de energia se tornarem mais viáveis economicamente, além de ser uma opção mais factível para o mundo em desenvolvimento.[29]

A transferência de tecnologia genuinamente cooperativa entre países em desenvolvimento é, portanto, essencial. "Os países em desenvolvimento deveriam unir forças para construir competências de produção com estratégias para promover a pesquisa e desenvolvimento". Os investimentos têm de ser direcionados para áreas de pesquisas financiadas pelo ICT, em categorias como produção da agricultura, gestão ambiental e saúde pública. Um importante motivo para fortalecer as políticas científicas e tecnológicas nos países em desenvolvimento é a criação de novos produtos e serviços que venham melhorar a redução de carbono. Estimular a indústria de tecnologia de baixo carbono é uma forma de chegar à comercialização da pesquisa e desenvolvimento (Juma, DiSenso & Bruce, 2005).

O IBAS e os parceiros internacionais também precisam ter como meta um acordo de direitos de propriedade intelectual sobre as tecnologias necessárias para os esforços de mitigação nos países em desenvolvimento, em condições equivalentes às constantes do bem-sucedido acordo sobre licença compulsória de medica-

---

[29] A África do Sul, por exemplo, identificou abundantes fontes de energia renovável (especialmente a energia solar) e começou a investir em tecnologia e em capital para "colher" esses recursos. A empresa pública de energia Eskom concluiu um estudo de viabilidade preparatório à construção da maior usina solar do mundo, com capacidade de fornecer energia continuada a pelo menos 60% das necessidades diárias do país, usando um sistema de estocagem de energia, pelo método *molten salt* de estocagem de energia. A Eskom também sugeriu a necessidade de um preço universal do carbono, que garantiria que o custo das emissões de carbono fosse pagos pelos poluidores, em vez de transferidos ao consumidor normal doméstico. Isso representa um progresso significativo, mas não oferece uma opção viável para outros países africanos menos desenvolvidos.

mentos para doenças epidêmicas. A Iniciativa sobre Nanotecnologia do IBAS (para o fomento da água limpa) poderia também servir como um bom modelo que o IBAS pudesse replicar para tecnologias específicas sobre o clima.

Em 2006, os países do IBAS criaram o Fundo IBAS para Ciência e Tecnologia, para o qual cada Estado membro aloca US$1 milhão para ações participativas.[30] Até o presente, as atividades incluíram um número limitado de campos de pesquisa: pesquisa médico-farmacêutica (especialmente em HIV, malária e tuberculose — TB); nanotecnologia; biotecnologia; e oceanografia. Algumas dessas áreas de pesquisa claramente já se sobrepõem às prioridades da mudança climática e poderiam fornecer um método de cobenefício para a sustentabilidade ambiental mais ampla. Entretanto, o financiamento poderia especificamente ser exclusivo para pesquisa em tecnologias de baixo carbono e renováveis.

Os mecanismos flexíveis das Nações Unidas e os projetos CDM

Um outro exemplo é oferecido pelo Mecanismo de Desenvolvimento Limpo (CDM), que foi instituído pelo UNFCCC para canalizar financiamentos para as iniciativas de energia renovável em países em desenvolvimento. Os projetos CDM foram projetados para se obter créditos de carbono para investidores que reduzem emissões de carbono em países em desenvolvimento.[31] Esse sistema de crédito estimula o desenvolvimento sustentável e a redução das emissões, ao mesmo tempo em que — simultaneamente — oferece aos países industrializados alguma flexibilidade para cumprirem suas metas de limitação das emissões (conforme

---

[30] <http://www.mrc.ac.za/funding/IBASguidelines.pdf,<zugriff?>>.

[31] Tais projetos recebem Certificados de Redução de Emissão de Carbono (CERs) passíveis de serem vendidos, cada um equivalente a uma tonelada de dióxido de carbono, que pode ser contabilizada na conta do país para atender às metas de Kyoto.

estipulado no Protocolo de Kyoto). Oferece, também, aos países em desenvolvimento que abrigam projetos CDMs, a oportunidade de buscar investimentos nos setores privados e públicos, construir capacidades e capacitação, e ganhar experiência em áreas como a de transferência de tecnologia.[32]

Os altos níveis de emissão em todos os países membros do IBAS, e em outras economias em desenvolvimento, fazem deles atraentes países candidatos para projetos CDM, que poderiam deslocar o setor energético para um patamar de baixa intensidade de emissões e também estimular a transferência tecnológica.

Deve-se observar que todos os países do IBAS (e a China) consideram os projetos CDM quanto a suas respectivas contribuições para o desenvolvimento sustentável. Portanto, todos os projetos CDM devem atender a critérios econômicos (por exemplo, geração de emprego; baixa dependência de combustíveis fósseis; melhora da balança de pagamentos; aumento da segurança de fornecimento, etc.); critérios ambientais (melhora das condições ambientais em âmbito local/nacional); e critérios sociais (por exemplo, aprimoramento da qualidade dos empregos; da assistência social nas comunidades; da infraestrutura local, etc.). Os projetos CDM também devem garantir o desenvolvimento por meio da transferência e adoção de tecnologias de energia limpa, que sejam adequadas aos países e tenham potencial para serem replicadas (esse foi o pré-requisito da Índia). Em outros casos, por exemplo o da China, foram feitas referências à otimização do uso de seus recursos naturais.

De acordo com o UNFCCC, em maio de 2009, eram 1.643 projetos CDM em atividade registrados no mundo. Desses, a China respondia por 34,21%; Índia, 25,93%; Brasil, 9,62%; e México, 6,94%.[33] Pode-se dizer, então, que China, Índia, Brasil e México são os principais países a abrigar projetos CDM, e juntos compõem 77% do total de projetos.

---

[32] De acordo com a Embaixada Brasileira em Londres, "foi o Brasil que tomou a iniciativa de introduzir CDMs como parte do Protocolo de Kyoto".

[33] UNFCCC. <http://cdm.unfccc.int(c)>, 28-5-2009.

Caso fosse analisada uma lista dos vinte maiores países em desenvolvimento em termos de números de projetos CDM por eles abrigados, a África do Sul é o único país do continente africano a ter seu nome na lista. Ao todo, a África abriga apenas 2% de todos os projetos CDM. Em meados de janeiro de 2009, foram submetidas ao seu Departamento de Minas e Energia propostas para mais de 97 projetos CDM; porém, só catorze dos projetos aprovados e registrados eram operacionais. A África do Sul evidentemente lidera o continente em se tratando de projetos CDM, mas fica bem para trás da China, da Índia e do Brasil.

Os ciclos dos projetos CDM são complexos e demandam profundos conhecimentos em formulação, validação, registro, financiamento dos projetos, monitoramento, verificação e certificação dos projetos. Tendo em vista que tanto a Índia quanto a China fizeram grandes progressos nessa área, esses países poderiam aumentar a ajuda à África do Sul e ao continente africano, em termos de experiência técnica e construção da capacidade — para que obtivessem oportunidades similares desse flexível mecanismo.

Um ponto interessante nesse processo, previsto para ser posto em discussão em Copenhague, em dezembro, é quando os países em desenvolvimento deveriam passar da posição de abrigar projetos para a de financiá-los. Críticos do CDM observam que não é do interesse do meio ambiente ceder CDMs para grandes países em desenvolvimento em determinado estágio de desenvolvimento econômico. Por exemplo, os cortes em emissões devidos aos atuais projetos CDM contribuem, apesar do pequeno volume, para as metas da China de poupar energia, mas não diminuem suas emissões de carvão e correspondente dependência a esse mineral.

CDM e a transferência de tecnologia limpa

Os projetos CDMs mais proeminentes são os de tecnologias de energia renovável, especialmente hidrelétricas, seguidas pela produção de energia baseada em biomassa e energia do vento.[34] Atualmente, a maioria dos projetos de hidrelétrica/planos de projeto pode ser encontrada na China, embora Índia e Brasil também tenham numerosos projetos. Os projetos de energia da biomassa apresentam um padrão similar, no sentido de que a Ásia e a América Latina dominam o sistema; porém, dentro da Ásia, o país líder é a Índia, seguido por China e Malásia. Na América Latina, dois terços dos projetos de energia de biomassa estão localizados no Brasil. A terceira maior categoria de projetos CDM é a energia do vento. Ela é claramente dominada pela China e Índia, que juntas abrigam 90% do total global de projetos CDM de energia eólica.[35]

Tendo em vista as informações acima, fica claro que há uma distribuição geográfica desigual de projetos no mundo. Também demonstra que em alguns países, apenas umas poucas tecnologias são nitidamente dominantes (por exemplo hidráulica, energia eólica e "geração própria de energia com eficiência" na China; energia da biomassa e energia eólica na Índia; captura de gás natural no Brasil), enquanto essas tecnologias estão ficando para trás em outros países. Geralmente, presume-se que a distribuição de projetos entre países hospedeiros seja altamente determinada pelo potencial de redução (em alta escala) de emissões de GEE com custos relativamente baixos, e pelo grau de facilidade com que os procedimentos institucionais de CDM funcionam. Evidentemente, os países com procedimentos DNA sem entraves e atividades de projeto eficientes são mais atraentes como parceiros de negócios em CDM.

Ainda são necessárias maiores pesquisas para se descobrir como os países em desenvolvimento poderiam aperfeiçoar as condições para abrigar projetos CDM e as tecnologias de baixo

---

[34] Embora as tecnologias de energia renovável tenham a maior fatia no sistema CDM, elas são seguidas por projetos de redução de metano em aterros sanitários e minas de carvão/jazidas de carvão e eficiência energética pelo lado da oferta.
[35] European Union's Sixth Framework Programme. *CDM state of play*, ENTTRANS, nov. 2008.

carbono que os acompanham. O diálogo Sul-Sul, a cooperação e a transferência de tecnologia dessas fontes renováveis são também importantes.

A importância da cooperação em mudança climática apenas entre os países membros do IBAS, fora a China e parceiros-chave do Ocidente

O futuro das relações dos países membros do IBAS com a China é decisivo para o papel que essa aliança pode exercer futuramente nos processos de governança global (Chevallier, von Drachenfels & Stamm, 2008). Um bem-sucedido regime global de mudança climática pós-2012, por exemplo, depende da inclusão de todos os grandes poluidores. Em termos da ação de mitigação global, o IBAS sem a China carece de substância e de influência política para persuadir os EUA a assumirem compromissos de mitigação mais severos.

A China, do mesmo modo que a África do Sul e a Índia, ainda obtém a maioria de sua eletricidade das usinas de carvão (aproximadamente 64%). Entretanto, a China é a líder mundial em construção de instalações de carvão mais eficientes e menos poluentes, e sua usina de gás natural Taiyanggong produz tanta energia quanto 78 usinas de carvão de baixa eficiência e, portanto, esse país corta suas emissões de CO_2 em 60%.[36] A China também se dedica à energia de fontes renováveis. Ela produz 17% de toda a eletricidade de energia eólica e solar e já é a maior produtora do mundo de painéis solares e aquecedores solares de água. Em 2008, Pequim duplicou sua capacidade eólica instalada pelo quarto ano em seguida e é agora o quarto maior produtor de energia eólica (após os EUA, a Alemanha e a Espanha). A China também lidera em energia hidráulica.

---

[36] Entretanto, o gás natural custa no mínimo quatro vezes mais do que o carvão na China, e a China continua a construir usinas de carvão cada vez mais poluentes/sujas, no ritmo de quase duas por semana.

Colaborando com o Ocidente

A importância das parcerias Norte-Sul não pode ser ignorada, pois as experiências iniciais do mundo desenvolvido na promoção de energia eficiente pode fornecer um valioso *background* para países tentando reformular suas políticas energéticas (Juma, Gitta, DiSenso & Bruce, 2005). Muitas tecnologias baseadas em dotações de recursos dos países em desenvolvimento (por exemplo, biomassa), ou ainda não existem, ou são caras demais. A colaboração em Pesquisas e Desenvolvimento (R&D) entre instituições R&D de países desenvolvidos e em desenvolvimento é necessária para preencher essa lacuna. A Índia sugere que isso seja feito através de um Fundo de Capital de Risco localizado em uma instituição financeira multilateral, com os resultantes Direitos de Propriedade Intelectual (IPR) ficando com o Fundo, e funcionando à base de custo de concessão nos países em desenvolvimento e em bases comerciais nos países desenvolvidos (Prasad & Kochhner, 2009).

Conclusão

Torna-se então evidente, conforme as pesquisas acima, que os países membros do IBAS enfrentam desafios similares, em se tratando de suas respectivas vulnerabilidades aos impactos da mudança climática; de seus problemas ao cuidarem da mitigação e, ao mesmo tempo, garantirem o desenvolvimento econômico (especialmente quando se leva em conta que os indutores da demanda por energia são: crescimento econômico, crescimento populacional e mudanças tecnológicas); e da reformulação de suas políticas para o ramo industrial e estratégias de investimento em setores da economia de baixo ou de zero carbono — enquanto mantêm a competitividade como parceiros na economia global (o que é um desafio maior ainda no atual período de crise econômica). A questão, então, é como os países do IBAS vão redefinir suas vantagens competitivas, deixando de atrair setores intensivos em energia na base de eletricidade barata, mas suja, para construir uma nova vantagem em torno de tecnologias e sistemas favoráveis ao clima. A fim de que isso seja obtido com êxito, os "planos de desenvolvimento" dos países do IBAS sob uma matriz energética convencional, baseada em origens fósseis, devem se afastar da abordagem "Negócios como sempre". Entretanto, isso precisa ser feito sem comprometer as trajetórias de crescimento dos países que ainda enfrentam sérios desafios para o desenvolvimento. Um exemplo prático é como os países membros do IBAS previnem o desmatamento, à luz da pobreza extrema e do uso limitado da terra, e como cada país individualmente expande seu *mix* energético para incorporar tecnologias de energia mais eficiente, diante de uma abundância de carvão barato.

O pilar do diálogo IBAS sobre mudança climática poderia focar em setores nos quais os países em desenvolvimento teriam enormes vantagens advindas dos cortes de emissões, tais como em prédios programados para conservar energia, transporte e indústria, progresso técnico em agricultura e reflorestamento. Deveria haver também mais pesquisa e desenvolvimento nos potenciais cenários econômicos, pela substituição de combustíveis fósseis sujos por fontes de energia de baixo carvão/de carvão neutro. A África do Sul avançou substancialmente nesse aspecto e poderia ajudar outros países a experimentar esse exercício em seus cenários nacionais. A cooperação em projetos práticos também seria vantajosa, a fim de iniciar uma dinâmica entre os países membros do IBAS — em todos os níveis — inclusive *buy-in* de comunidades locais. Isso poderia envolver, por exemplo, substituir os tradicionais fogões dos países africanos e asiáticos por variedades de pouca fuligem e que não representem riscos à saúde e ao meio ambiente. Estudos indianos mostraram que o custo dos novos fogões é de cerca de US$20 para fazer 90% menos fuligem.[37]

---

[37] Climate salvation from low-soot stoves?. *International Herald Tribune*, 17-4-2009.

Todos os membros do IBAS fizeram progressos em áreas específicas de mudança climática e política energética, e deveriam, portanto, liderar o debate e a *expertise* técnica nesse aspecto. O Brasil, por exemplo, fez avanços na promoção de fontes de energia renováveis para mistura de combustíveis com ao álcool, que tem grande potencial para crescer e ser transferida a outros com perfil similar de emissões.[38] O Brasil tem também grandes fontes de energia hidrelétrica, que é um modelo que pode ser estudado pela África do Sul e Índia. As ações de socorro a desastres da Índia são modelos exemplares a serem copiados. A Índia também fez grandes progressos no setor de renováveis, especialmente em energia eólica e solar. Por seu lado, a África do Sul é bastante expressiva em se tratando de adaptação e também assumiu liderança em sua região na produção de cenários econômicos para uma trajetória de baixo carbono. O país não só vem sendo proativo em pesquisa e desenvolvimento de tecnologias CCS, como também vem coletando dados sobre o clima para o hemisfério sul, mediante a construção de um modelo integrado de clima global.

Outra área de potencial cooperação entre países em desenvolvimento é a de elaboração e implantação de projetos CDM. O ponto central é a construção da capacitação nos países hospedeiros para projetar e implantar eficazes projetos CDMs, e o aperfeiçoamento de regras e incentivos para os países desenvolvidos investirem em setores-chave e regiões. A China e a Índia vêm experimentando crescimento exponencial em projetos CDMs,

---

[38] Entretanto, é importante observar que a indústria de biocombustível no Brasil não necessariamente se aplica à Índia ou à África do Sul. O Brasil, por exemplo, pode suportar uma indústria de biocombustível viável sem subsídios dos contribuintes do fisco, ao contrário de outros países que não podem, pois custa muito em subsídios dos contribuintes. De acordo com o Instituto Internacional para o Desenvolvimento Sustentável (IISD), os biocombustíveis demandam subsídios entre 50 centavos e 70 centavos por litro, para substituir um litro de combustível fóssil, quase tanto quanto o custo de um litro de gasolina normal. Os biocombustíveis também demandam água, e o uso da água para a produção de energia — em vez de comida —, não faz sentido em países como a África do Sul e a Índia.

desde 2005, e a experiência desses países claramente indica que a construção da capacitação é a chave para dar partida nos projetos CDMs, e que pesados investimentos são imprescindíveis para concretizar os benefícios CDM. Essas experiências são importantíssimas para a África do Sul (e o restante de sua região) e também para o Brasil.

Apesar do acesso à tecnologia de ponta, os países em desenvolvimento precisam investir em acesso a qualificações, *know-how* e capital que os capacitem a usar, reproduzir e se adaptar a tecnologias limpas. Para isso, o atual diálogo entre pesquisadores e representantes dos governos deveria se expandir, para incluir engenheiros, técnicos especialistas e representantes de empresas comerciais do setor privado. Maior colaboração é necessária em todos os níveis, e os cientistas devem trabalhar em conjunto com empresas de serviços públicos, siderúrgicas e outros para garantir que o projeto atenda à função.

Uma outra área de potencial cooperação entre os países do IBAS é a da pauta de trabalho sobre adaptação. Os países do IBAS ainda estão tentando assimilar o impacto total da mudança climática em suas comunidades e, portanto, precisam providenciar avaliações de vulnerabilidade nos níveis nacional e regional, e também precisam realizar análises com base em evidências e pesquisas. Entretanto, isso também poderia ser feito como um estudo coletivo, apontando as vulnerabilidades das nações pobres. Observa-se a ausência de troca de informações em preparação para desastres e acidentes extremos, entre os países do Sul, e também falha no intercâmbio de dados meteorológicos e de informações sobre o clima. Os países do IBAS precisam cooperar mais ainda nesse tópico, atraindo recursos financeiros para esse fim e trocando informações e dados. O IBAS poderia também contribuir financeiramente para o Fundo de Adaptação da UNFCCC, que cuida de áreas de adaptação que, em última instância, ocupam-se de questões desenvolvimentistas nos projetos LCDs.

As negociações em Copenhague dão ao IBAS uma oportunidade perfeita para consultas recíprocas sobre mudança climática. O IBAS tem de usar sua influência política e a força da própria coligação para exigir que certos tópicos sejam negociados, não só por causa do mundo em desenvolvimento, mas também especificamente para os LCDs em suas respectivas regiões. Também é importante que os países em desenvolvimento em conjunto exerçam pressão sobre os EUA e China quanto à solução para o impasse na questão de compromissos sobre mitigação.

Referências

BAUMERT, K. T. HERZOG et al. *Navigating the numbers: greenhouse gas data and international climate policy*. Washington DC: World Resource Institute. 2005.
BOKO, M.; NIANG, I.; NYONG, A.; VOGEL, C.; GITHEKO, A. et al. *Climate change 2007: impacts, adaptation and vulnerability*. Contribution of Working Group II to the Fourth Assessment Report of the IPCC. Cambridge: Cambridge University Press.
BROWN, O. & CRAWFORD, A. *Climate change and security in Africa: a study for the Nordic-African Foreign Ministers meeting*, mar. 2009. International Institute for Sustainable Development.
Carbon Capture and Storage Bulletin. A summary of the high-level conference on fighting climate change with carbon capture and storage. Published by the International Institute for Sustainable Development, vol. 163, n.º 1, 1.º-6-2009.
Climate salvation from low-soot stoves? *International Herald Tribune*, 17-4-2009.
EUROPEAN UNION SIXTH FRAMEWORK PROGRAMME. The potential of transferring and implementing sustainable energy technologies through the clean development mechanism of the Kyoto Protocol: CDM State of Play, nov. 2008.
G8. Joint Statement by Energy Ministers of the G8 and G13 at the Energy Ministers meeting in May 2009.
G8 Climate Scorecards 2009. Commissioned by Allianz and WWF, jul. 2009. Autores participantes: HÖHNE, N. EISBRENNER, K.; HAGEMANN, M. & MOLTMANN, S. Intergovernmental

Panel on Climate Change (IPCC), 2007 Fourth Assessment Report.

LA ROVERE, E. L. & PEREIRA, A. S. *Brazil and climate change: a country profile*. Policy Briefs. Science and Development Network, 14-2-2007. <http://www/scidev.net/en/policy-briefs/brazil-climate-change-a-country-profile.html>.

PRASAD, H. A. C. & KOCHHNER, J. S. *Climate change and India – some major issues and policy implications*. Department of Economic Affairs and Ministry of Finance. Government of India. Working paper n.º 2/2009-DEA, mar. 2009.

RUNNALLS, D. *Biofuels are not the answer*. An International Institute for Sustainable Development Commentary, mai. 2009.

SOMANATHAN, E. What do we expect from an international climate agreement? A perspective from a low-income country, dez. 2008. Discussion Paper 08-27, p. 11. The Harvard Project on International Climate Agreements. Harvard Kennedy School. Indian Statistical Institute.

SUDO, S. Energy efficiency, technology and climate change: the Japanese experience. In: LOH, C.; STEVENSON, A. & TAY, S. (eds.). *Climate change negotiations: can Asia change the game?* cap. 8, Civic exchange, 2008.

TYRER. L. Rough road: South Africa's path on the steep and rocky road to Copenhagen. *Engineering News*, fev. 20-26, 2009, p. 84.

UNFCCC. Registered project activities by host party: Total 1643. <http://cdm.unfccc.int(c)>; acesso em 28-5-2009.

UNDP (UN Development Programme). *Fighting climate change: human solidarity in a divided world*. Human Development Report, 2007/08. Nova York: Palgrave Macmillan, 2007, pp. 18--9; and <http://www.data.org/issues/climate_change_and_africa_012408.html>, 2007, acesso em 24-1-2008.

MUDANÇA CLIMÁTICA E A POSIÇÃO DA ÍNDIA NAS NEGOCIAÇÕES INTERNACIONAIS

Uttam Kumar Sinha

Mudanças climáticas e negociações internacionais

Questões ambientais não são exatamente uma nova faceta das relações internacionais. Basta recordar a Conferência das Nações Unidas sobre Desenvolvimento Humano, realizada em Estocolmo, em 1972, que muito contribuiu para aumentar o interesse do público em geral e dos governos pelas questões ambientais, e lançou as bases da futura cooperação em termos ambientais. Contudo, o que permanece inalterável é a busca por um consenso global, cujo principal empecilho são os interesses dos próprios países. Esse é, decerto, o paradoxo permanente do sistema internacional. Os Estados são unidades políticas e os principais causadores dos problemas; porém — fiéis à própria natureza —, definem suas ações pelos princípios de soberania, interesse nacional e segurança.

Conforme prosseguem as negociações para o período pós-2012 — estruturadas sobre as notáveis conquistas da UNFCCC (Convenção Quadro das Nações Unidas sobre Mudanças Climáticas) e seu Protocolo de Kyoto —, não se tinha certeza se um "Acordo Mundial" seria fechado em Copenhague, em dezembro de 2009, nem qual será o formato de um sistema pós-Kyoto, após o ano de 2012. A ciência das mudanças climáticas pode nos ter despertado; todavia, as políticas a ela relacionadas continuam permanentemente divididas e contestadas.[1]

O Quarto Relatório de Avaliação (AR4) do Painel Intergovernamental sobre as Alterações Climáticas (IPCC), de 2007, aponta para probabilidades alarmantes de aumento de temperatura — 1,1 a 6,4°C nos próximos cem anos.[2] Para os países, os desafios ligados a essas projeções são igualmente severos e interligados. Há as questões de erradicação da pobreza e de crescimento econômico, de um lado, e as de sustentabilidade dos recursos naturais e de escolhas energéticas, do outro.

Não é de surpreender, por conseguinte, que o tema mudança climática tenha entrado no âmbito das negociações internacionais. Questões como plano de ação nacional, em vez de compromissos obrigatórios globais, papel das lideranças e responsabilidades históricas, estão determinando as posições dos países e, em grande parte, definindo suas prioridades em termos de relações exteriores. A incorporação da mudança climática à política externa, baseada nos imperativos nacionais e internacionais, reflete uma mudança de rumo no pensamento estratégico. Ela cria possibilidades para que a comunidade internacional procure soluções e, com isso, articule iniciativas políticas variadas e posições diferenciadas.

---

[1] Para um trabalho interessante sobre a ciência e as políticas das mudanças climáticas, ver Andrew Dessler & Edward A Parson. *The science and politics of global climate change*. Cambridge: Cambridge University Press, 2006, pp. 34-37.

[2] O IPCC da ONU, formado por cientistas de 130 países, é considerado a "última palavra" em Ciência da Mudança Climática. O IPCC é uma iniciativa conjunta do Programa das Nações Unidas para o Meio Ambiente e a Organização Meteorológica Mundial, cujo objetivo é avaliar dados científicos, técnicos e socioeconômicos, imprescindíveis para se compreender os riscos associados às mudanças climáticas provocadas pelo ser humano. Desde 1990, o IPCC produziu quatro relatórios de avaliação. Para maiores detalhes dos relatórios, ver: <http://www.ipcc.ch/pdf/assessment-report/ar4/syr/ar4_syr_spm.pdf>; acesso em 8-6-2009. Outros materiais ver *IPCC, climate change 2007: the physical science basis*. Cambridge: Cambridge University Press, 2007.

Discute-se que uma boa política externa somente pode ser desenvolvida à custa de debates. Franqueza e diálogo são os elementos fundamentais da política externa. As mudanças climáticas têm o potencial de criar condições para mudar a política externa num mundo globalizado. O debate sobre mudanças climáticas se tornou uma precondição para o que continua sendo as mais importantes tarefas da política: transcender às preocupações atuais e olhar para além dos desafios do momento. A política sobre mudança climática gira em torno de palavras objeto de controvérsias, como "comprometimento *vs.* obrigatoriedade", que levam a posições opostas, com os EUA se recusando a aceitar qualquer redução obrigatória. China e Índia, dois protagonistas decisivos nas negociações sobre mudança climática, sustentam suas posições de "redução", como parte das necessidades de crescimento econômico dos países emergentes, e de que quaisquer medidas "obrigatórias" vão de encontro aos esforços de enfrentamento da pobreza. A Conferência de Bali, em novembro de 2007, sem metas específicas estabelecidas para os países desenvolvidos contarem as emissões e praticamente ignorando o cronograma que determina quando as emissões vão chegar ao máximo e depois cair abruptamente, é um exemplo das longas dificuldades de se reduzirem as emissões de carbono.

    O AR4, de 2007, teve o foco voltado para dois aspectos essenciais: primeiro, o "impacto das mudanças climáticas"; e segundo, o "plano de ação para mitigação". Esse último vai além dos limites das políticas e das negociações sobre as corretas ações a serem tomadas pelos países, ao contra-atacarem as ameaças de mudança climática. Mesmo enquanto o texto do relatório estava sendo redigido, os negociadores discutiam sobre quais palavras seriam mais apropriadas. Os EUA estavam desconfortáveis com a palavra *irreversível* e queriam que fosse eliminada do texto. A Índia, por seu lado, insistia na importância da palavra *adaptação*. O relatório, atento às diferenças, concluiu que embora certos países pudessem perder até 5,5% de seus respectivos PIBs ao reduzir as próprias emissões de carbono provenientes do carvão, tanto a mitigação como a adaptação teriam de ser alcançadas com o objetivo de estabilizar a temperatura.[3] Os holofotes estarão voltados para os EUA, a China e a Índia (os três grandes) que, de acordo com as estimativas atuais, serão responsáveis por metade das emissões de carbono do mundo em 2015.

O caminho para Copenhague

No caminho para Copenhague em dezembro de 2009 havia duas placas de sinalização bem visíveis. Numa delas estava escrito: "o momento para uma ação contra a mudança climática é agora"; na outra: "o caminho é acidentado". A primeira placa avisa, em linguagem apocalíptica, que o aumento da temperatura da Terra está prestes a provocar consequências irreversíveis, caso não sejam tomadas medidas concretas de imediato. Ela sugere que o clima está chegando a níveis altíssimos. A segunda placa adverte que chegar a um acordo ao mesmo tempo "ousado, equitativo e com força de lei" não é tarefa fácil, e que as políticas sobre mudanças climáticas vão desestabilizar a ciência das mudanças climáticas. Sem levar em conta o fato de a probabilidade de mudança climática ser alta, média ou baixa, chegar a um consenso em Copenhague, entre os dias 7 e 18 de dezembro, conhecido como o "Filho de Kyoto", vai manifestamente pôr à prova a tendência geral da comunidade internacional em se envolver com um cronograma para depois de 2012. Qualquer esperado "Acordo Mundial" será estruturado em torno de quatro questões polêmicas, a saber:

A primeira questão diz respeito a quem vai pagar a conta. Enquanto a mudança climática demanda que todos os países se autoexaminem e redefinam as respectivas prioridades, os países

---

[3] <http://www.ipcc.ch/pdf/assessment-report/ar4/syr/ar4_syr_spm.pdf>; acesso em 10-6-2009.

desenvolvidos terão de, em termos definitivos, explicar claramente "como" e em "que" nível eles pretendem cortar suas emissões de carbono. A equidade é um princípio importante. Na média, um norte-americano emite, aproximadamente, quatro vezes mais dióxido de carbono pelo uso de energia do que um chinês, e vinte vezes mais do que um indiano. Essa disparidade de volume de emissões de CO_2 *per capita* tem implicações importantes para se chegar a um acordo com força de lei sobre mudança climática global. Os países emergentes esperam que o mundo desenvolvido reduza a emissão de gases de efeito estufa em 40% até 2020. Isso nos reporta diretamente aos EUA, que têm persistido numa posição de não comprometimento com relação às metas de redução de emissão de carbono e não ratificaram o Protocolo de Kyoto. Mas com a troca de governo e as modificações das táticas políticas e das medidas práticas introduzidas pelo governo do presidente Barack Obama, pode-se esperar uma postura muito mais engajada — quem sabe até mais comprometida — dos EUA, nas questões de mudança climática. As políticas governamentais de reduzir a extrema dependência norte-americana ao petróleo e de se concentrar em energia limpa, e a aprovação pelo Congresso de um pacote de "incentivo" que inclui um "incentivo verde" são alguns sinais positivos de uma nova abordagem da aceitação, pelos EUA, da mudança climática e de boa vontade para agir. Entretanto, nas negociações rumo a Copenhague, a retórica norte-americana permanece a mesma. Isso dá forma, em grande medida, à questão número dois, que trata da distribuição do ônus. Nesse ponto, os EUA e a Austrália vão exigir que a Índia e a China tenham igualmente de prestar contas das emissões, visto que suas economias estão crescendo em ritmo acelerado, e que algum tipo de compromisso de redução das emissões de carbono por parte dos países em desenvolvimento deva ser costurado.

A União Europeia, por outro lado, vem repensando sua distribuição de ônus ao estabelecer metas, e torce para que outros países, sobretudo a Índia e a China, se revelem "culpados" e decidam segui-la. Por exemplo, sua "2020 em 2020" promete reduzir 20% de suas emissões até 2020, mediante uma investida de 20% do consumo de energia oriunda de fontes renováveis. Embora as intenções sejam lógicas e significativas, o terceiro mundo continua duvidando delas e se recusa a ser pressionado nas "discussões sobre metas".

A terceira questão diz respeito ao apoio financeiro que os países em desenvolvimento demandariam por conta da redução das emissões de carbono. A Conferência das Nações Unidas sobre Mudança Climática em Poznań (Polônia), em dezembro de 2008, tropeçou no polêmico Fundo de Adaptação destinado a auxiliar os países em desenvolvimento a se adaptarem às mudanças climáticas, que inclui o financiamento de nova tecnologia. Embora o Fundo de Adaptação tenha sido criado, permanece a questão crucial de como levantar o dinheiro. O mundo industrializado — a União Europeia e o Reino Unido permanecendo indiferentes à ideia, os EUA ainda por desenvolver um mercado de crédito de carbono, e a Rússia com seu grande parque industrial — é avesso a tributar ainda mais às indústrias pesadas que já estão pagando pelo direito de poluir, e isso em meio a uma recessão global. De fato, pode-se argumentar que a recessão econômica fará o mundo desenvolvido tornar-se mais conservador e protecionista à época de Copenhague.

A quarta questão tem a ver com a formulação de uma política abrangente sobre mudança climática, baseada nos princípios da "equidade e compromisso" que todas as nações possam adotar. Isso, naturalmente, é difícil de se tornar realidade, a não ser que os países altamente industrializados reconheçam o seguinte: *a*) que até o presente, foram eles que contribuíram com mais da metade das emissões de dióxido de carbono na atmosfera; e *b*) que, por conseguinte, deveriam se comprometer a metas mais efetivas para a redução de gases de efeito estufa e a acordos mais sérios para contribuir com iniciativas que sirvam para combater aumentos adicionais das concentrações de gás de efeito estufa. O tão falado "Acordo Mundial" espera reduzir as disparidades Norte-Sul ao associar os problemas de desenvolvimento aos problemas de mudança climática. Ele leva a Índia e a China a adotarem uma estratégia proativa que pressupõe um modelo de crescimento limpo e exige dos países desenvolvidos que eles paguem os custos e disponibilizem suas mais avançadas tecnologias. Essas questões são tão amargas, que carregam em si potencial de paralisar o processo de negociação e, provavelmente, o caminho para Copenhague não vai dar a parte alguma — uma ironia quando se leva em conta que o mundo sabe quais ações e quais políticas são necessárias, mas falha na tentativa de acertar os detalhes quer se trate de ações sobre imposto sobre o carbono, mercado de créditos de carbono, quer se trate de regras ou do aumento de ajuda tecnológica. E visto que há divergências em todas essas questões, é interessante saber como será o cenário geopolítico.

A primeira marca profunda nesse cenário será a preocupação com a segurança do petróleo. O aquecimento global não pode ser discutido como fato isolado, e a necessidade do petróleo vem precisamente garantir isso. Portanto, mudança climática, prospecção de petróleo e a conjuntura política que se faz acompanhar estão interligadas. Para países como a China, cuja demanda por petróleo é imensa, a mudança climática é uma preocupação residual. Garantir o suprimento de petróleo, construir oleodutos transnacionais e investir pesado na diplomacia do petróleo, como se vê na Ásia Central e na África, não apenas convém aos chineses, com também dão ao mundo incalculáveis vantagens, ao trazer o óleo para o mercado que, de outra forma, não teria sido produzido. Para países importadores de petróleo, como a China e até os EUA e a Índia, a mudança para uma segurança energética nacional baseada na autossuficiência energética e diversificação, longe das turbulências dos países da Ásia Ocidental/Oriente Médio é significativa, mas somente quando seu abastecimento de energia for atendido. Isso suscita uma pergunta crucial: será que o temor envolvendo segurança energética é maior que o temor envolvendo mudança climática? Se a resposta for positiva, então será interessante observar como se formarão as alianças políticas entre produtores de petróleo e importadores de petróleo. De grande interesse será a equação que virá à tona entre os EUA e a China: terão esses países interesses comuns para manter o mercado energético robusto, ou se tornarão rivais na procura por petróleo? Quer a relação seja, ou não, complementar ou antagônica, a necessidade de petróleo e a sua procura permanecerão como adversários naturais dos esforços para sustar o aquecimento global.

O segundo aspecto peculiar desse cenário geopolítico é o surgimento do Brasil, da África do Sul, da Índia e da China (BASIC) como economias fortes com prioridades de desenvolvimento definidas. Essas economias emergentes, à proporção que crescerem em solidez, tentarão alterar o cenário geopolítico e reformular as relações entre o antigo mundo industrializado e o novo mundo industrializado, produzindo um modelo reformulado ao debate Norte-Sul sobre mudança climática. Não se pode ignorar a presença global desses países, por terem sido inicialmente incluídos no mecanismo G8+ e por também terem recebido a condição de membros do G20. Na condição de verdadeiras "potências intermediárias", os países do BASIC assumiram uma posição de proeminência em instituições como as Nações Unidas, a Organização Mundial de Comércio, IBAS — Índia, Brasil e África do Sul e o Grupo+5 dentro do G8, agora o G20. O que precisa ser analisado é como os países do BASIC vão se aglutinar em questões de emissões de carbono, e se vão, ou não, articular acordos multilaterais para "restringir" emissões, em vez de para "reduzir" emissões. Muitas vezes, o papel da liderança é tema discutido nos debates sobre mudança climática. Provavelmente chegou a hora de os países do BASIC construírem um consenso Sul e definirem a agenda de trabalho para o "acordo mundial" a ser alcançado em Copenhague.

Das duas considerações geopolíticas acima mencionadas, pode-se concluir que a mudança climática entrou no âmbito das negociações-chave da diplomacia mundial. A incorporação do tema da mudança climática à política externa reflete uma mudança de rumo no pensamento estratégico. Isso cria possibilidades para a comunidade internacional procurar soluções e, com isso, conciliar variadas iniciativas políticas e posições diferentes. Tópicos como plano de ação nacional em vez de compromissos globais, papel da liderança e responsabilidades históricas estão determinando as posições dos países e redefinindo suas prioridades em política externa. Argumenta-se que uma boa política externa somente pode ser desenvolvida por meio de debate e diálogo. São esses os recursos imprescindíveis à política externa. Afinal, uma das tarefas fundamentais da política governamental é transcender as preocupações contemporâneas e olhar para além dos desafios do momento. O papel de liderança se tornou um aspecto importante da mudança climática. Países como o Reino Unido estão cada vez mais assumindo papel de líderes. Presume-se que o papel de liderança em mudança climática revela responsabilidade moral. Ele igualmente reforça a ideia de assumir papéis desafiantes em outros assuntos de extrema importância, como terrorismo e redução da pobreza global. Também, tanto os EUA como a China foram exortados a assumirem papel de liderança em questões de mudança climática. Francamente, ninguém consegue ver nenhum dos dois tomando qualquer iniciativa. Liderança e presença positiva virão de onde menos se espera. Por exemplo, a proposta sem precedentes do presidente do Equador, Rafael Correa, de não explorar sua maior reserva de petróleo, com o propósito de contribuir com a redução global dos gases de efeito estufa. Uma decisão extraordinária para um país exportador de petróleo.

Posição da Índia nas negociações: visão geral

A Índia faz parte da UNFCCC e de seu Protocolo de Kyoto. Participa do diálogo G8+5, é membro da Parceria Ásia Pacífico para Desenvolvimento Limpo e Clima; e mantém relações bilaterais com o Reino Unido e a União Europeia no âmbito de pesquisa climática e tecnologia. O tão comentado acordo com os EUA sobre energia nuclear para fins pacíficos traz significativas vantagens climáticas. Estima-se que o aumento de 40GW de energia de matriz nuclear na Índia, em 2015, resultará na redução de 300 milhões de toneladas de emissões de dióxido de carbono.

A Índia está no centro da discussão do mundo em desenvolvimento, considerando a mudança climática de um contexto desenvolvimentista e de bem-estar social. No âmago da posição da Índia sobre mudança climática está o princípio de que ao país deve ser permitido poluir, em bases *per capita*, tanto quanto o Ocidente. A Índia vem, portanto, sugerindo a linha da "emissão *per capita*".[4] Essa é uma posição forte, incondicional, que imediatamente desloca para os países desenvolvidos a responsabilidade de cortarem drasticamente suas emissões, caso o mundo decida assumir as metas para manter o aquecimento global dentro do usualmente aceito "limite de segurança" de dois graus.[5] Ela também concede à Índia o espaço e o tempo para crescer num ritmo sustentável e para reforçar a mitigação da pobreza e os programas desenvolvimentistas. Contudo, mais importante, sobretudo em se tratando de foro internacional, é a garantia de que suas emissões *per capita* nunca excederão às dos países em desenvolvimento.[6] É uma posição de confiança e de crença nas

---

[4] A emissão *per capita* é fundamental para a posição da Índia no tópico sobre emissões de carbono. Isso formou a base da desaprovação da Índia à estipulação de 80% de redução da emissão de carbono em países desenvolvidos e 20% de redução em países em desenvolvimento, no ano de 2050, constante do Relatório UNDP. Embora pareça igualitário, Montek Singh Ahluwalia salientou: "Se considerarmos as emissões *per capita*, países como a Índia terão de suportar um ônus muito superior se seguir a recomendação da UNDP". Em vez disso, ele argumentou: "aos países em desenvolvimento deveria ser permitido aumentar suas emissões *per capita*, enquanto o mundo desenvolvido deveria reduzi-la". Leia os comentários de Read Montek Singh Ahluwalia ao Relatório UNDP o qual foi citado amplamente nos jornais de 28 de novembro de 2007.

[5] O limite de segurança de dois graus foi fixado pelo IPCC.

[6] Um comentário que o primeiro-ministro indiano fez em seu discurso na Reunião de Cúpula do G8, em 9 de julho de 2008.

próprias políticas econômicas, um desafio e uma mensagem ao mundo desenvolvido de que não será pressionada no processo de negociação.[7]

Posição da Índia: legítima e até prudente

A Índia não põe em dúvida a mudança climática, mas vê as questões relativas à mudança climática sob perspectivas diferentes. Essas posições são vistas, em geral, como rígidas, chegando mesmo a serem obscuras. Em linhas gerais, a Índia tem três posições que definem as atuais negociações em termos de um modelo pós-2012. Primeiro, o desenvolvimento é a *chave*. A erradicação da pobreza e outras melhorias sociais são fundamentais. A Índia está experimentando um rápido desenvolvimento econômico, uma taxa de crescimento que é absolutamente necessária. É uma posição não negociável. Isso significa usar a energia mais barata e mais à mão que, em grande medida, é baseada na alta emissão de carbono. Daí, consequentemente, emerge uma importante correlação. Mudança climática para a Índia tem a ver com desenvolvimento e segurança energética. A política governamental é elaborada com base na prioridade que esteja em harmonia com suas necessidades de desenvolvimento. Trezentos milhões de pessoas vivem com renda inferior a US$ 1,00 por dia. Esse vasto número de pessoas só poderá sair desse terrível nível de pobreza, quando a Índia garantir um crescimento econômico sustentável de 8% a 10 % ao ano. Isso define a primeira posição de negociação da Índia. Qualquer acordo global sobre redução das emissões de carbono é calculado e avaliado dentro desse parâmetro. Essa posição é totalmente baseada na "arquitetura de compartilhamento dos ônus" da UNFCCC e seu Protocolo de Kyoto.

---

[7] As negociações sobre mudança climática estão sendo conduzidas de acordo com a Convenção Quadro das Nações Unidas sobre Mudanças Climáticas, assim como o trabalho sobre regras e ferramentas de redução sob o Protocolo de Kyoto. Isso é parte de um processo de negociação.

Essa arquitetura de compartilhamento dos ônus tem dois elementos essenciais que dão à posição da Índia certa legitimidade: redistribuição do espaço ecológico e responsabilidade comum, mas diferenciada. O primeiro elemento é que a linguagem do UNFCCC e do Protocolo de Kyoto expressa com toda clareza que "a cota das emissões globais de países em desenvolvimento crescerá para atender às suas necessidades sociais e de desenvolvimento". O trecho "cota das emissões globais" é crucial. Significa que a UNFCCC admite o aumento das emissões nos países em desenvolvimento relativamente às emissões dos países industrializados, não em si mesmas. E mais, o reconhecimento da necessidade de aumento do consumo de energia em países em desenvolvimento é sustentado por referências à "maior eficiência energética" e ao "uso de novas tecnologias". Apesar dos limites dentro dos quais o crescimento das emissões em países em desenvolvimento é admitido, há evidência de que um dos objetivos da UNFCCC é a redistribuição do espaço ecológico.

A segunda posição de amplo escopo diz respeito à questão da mitigação.[8] Até o presente, o debate sobre mudança climática, primeiramente conduzido pela Europa — que o considera como um problema econômico —, deu ênfase à mitigação. Isso vem na contramão das necessidades do mundo em desenvolvimento. Para a Índia, o problema da mudança climática é existencial. A adaptação é, portanto, uma ameaça muito maior e mais imediata à Índia do que a mitigação. Desejar a participação da Índia nos esforços de mitigação sem atentar para a adaptação por meio de sólidos financiamentos é uma paródia da dura

---

[8] O Décimo Primeiro Documento de Planejamento da Comissão de Planejamento diz o seguinte: "Temos de desenvolver uma postura positiva com relação à adaptação e também à comunidade internacional para, de forma construtiva, chegar a um consenso sobre mitigação, baseado em princípios justos de compartilhamento do ônus". E num trecho mais adiante, afirma: "O esforço do governo será no intuito de criar um ambiente propício para estimular eficiência energética e de carbono em setores públicos e privados, e no sentido de internalizar preocupações com a mudança climática ao fazer seus planejamentos".

realidade da mudança climática. Por esse motivo, é importante que o arcabouço das negociações coloque a adaptação como seu ponto central. O impacto da mudança climática será sentido, sobretudo, nos países em desenvolvimento, por causa de suas vulnerabilidades e da limitada capacidade de adaptação. A transferência de tecnologia para países emergentes, com vistas à mitigação, tem de ser incondicional e não vinculada a cortes de emissão, eficiência ou quaisquer outros parâmetros. Em certo sentido, a adaptação é uma abordagem oposta à mitigação, e não inteiramente uma posição de uma/ou outra. A adaptação desafia a perspectiva dos países desenvolvidos sobre soluções centradas na mitigação para as mudanças climáticas. Questiona também a abordagem prepotente do mundo desenvolvido na hora de buscar formas e soluções para o problema e de tentar consertá-lo não apenas através da própria perspectiva. A estratégia de adaptação, também de maneira bem sutil, questiona todo o tópico da mudança climática por estar excessivamente ligado ao medo do carbono, descartando a ideia geral de que a humanidade sempre se adaptou às mudanças climáticas. Então, conquanto seja verdade que a mudança climática é uma preocupação para a Índia, ela não é uma paranoia. Para a Índia, a mudança climática não é tanto um argumento científico, mas uma situação política.

 O terceiro posicionamento da Índia sobre mudança climática é que esse país não considera o tema uma "ameaça", especialmente no sentido de pressupor opções militares como resposta. No debate das Nações Unidas de 17 de abril de 2007, ela criticou os cenários catastróficos sugeridos pelo *Relatório Stern* e propôs uma mais "imediata e quantificável ameaça decorrente de possíveis conflitos oriundos de recursos inadequados para o desenvolvimento e a erradicação da pobreza, assim como competição por energia".[9]

---

[9] Para o Debate sobre Mudança Climática, ver <http://www.un.org/News/Press/docs/2007/sc9000.doc.htm>.

A insistência da Índia em uma "ação de colaboração de nível global, tanto através de mediação quanto de adaptação, de acordo com as responsabilidades comuns, mas diferenciadas dos vários países", sinaliza sua crença na UNFCCC como a agência responsável por implementar as negociações. Do ponto de vista diplomático, a Índia não foi favorável a que o Conselho de Segurança cuidasse da questão da mudança climática. Assim, está evidente para a Índia que a administração efetiva do clima, com compartilhamento equitativo do ônus, pode ajudar a lidar com os impactos adversos, e associar mudança climática à segurança é algo implausível e desnecessariamente alarmista. Mudança climática é uma preocupação, mas a Índia preferiria se preocupar com um comércio mais livre e mais justo, sobretudo de produtos agrícolas, e em corrigir as práticas de comércio distorcidas dos países poderosos.

Com base nos três princípios fundamentais e determinantes acima mencionados, algumas das características mais salientes da política indiana sobre mudança climática estão relacionadas abaixo:[10]

♦ A Índia parte do pressuposto de que o "poluidor paga a conta".

♦ A responsabilidade histórica por emissões acumuladas é dos países desenvolvidos. Eles deveriam pagar a conta das emissões. Observa-se que no período entre 1850 e 2000, os EUA contribuíram com 30% das emissões de CO_2; a EU-25 contribuiu com 27,2%; enquanto a China contribuiu com 7,3%; e a Índia com apenas 2%.

♦ A Índia rejeita o argumento de que seja um dos "maiores poluidores". Muito pelo contrário, seu recorde de emissão está entre os melhores. Por outro lado, os países desenvolvidos, ape-

---

10 Maiores informações sobre o capítulo sobre Visão Geral podem ser encontradas no *IDSA Report on "Security Implications of Climate Change for India"* (disponível). Nova Delhi: Academic Foundation, 2009.

sar dos compromissos assumidos em Kyoto, vêm aumentando as emissões desde 2000.

◆ A emissão de CO_2 *per capita* da Índia está entre as mais baixas do mundo: 1 tonelada ao ano, contra a média mundial de 4 toneladas ao ano. A Índia contribui apenas com 4% das emissões globais de CO_2, comparadas com 20% nos EUA e 16% na China.

◆ O Plano de Ação Nacional sobre Mudança Climática da Índia[11] é um dos maiores esforços já realizados, objetivando o desenvolvimento sustentável. Dentre as seis missões, conforme citadas no relatório se incluem: Missão Solar; Missão de Preservação da Água; Plano Nacional de Gestão de Resíduos Sólidos; florestamento de mais seis milhões de hectares de terra degradadas; regras de eficiência energética para as indústrias mais relevantes etc. Essas missões serão executadas por meio de parcerias público-privadas.

◆ A intensidade no uso de energia da Índia é comparável à da Alemanha. A Índia consegue um crescimento de 8%, com 4% de aumento de energia. Seiscentos milhões de pessoas na Índia não têm acesso à eletricidade. Não há alternativa, salvo expandir o uso da energia para alcançar as metas nacionais de desenvolvimento e as Metas de Desenvolvimento do Milênio.

◆ A Índia vem prestando bastante atenção ao desenvolvimento sustentável. Aqui se incluem: Política Nacional de Meio Ambiente; Lei de Preservação de Energia; e uma nova Lei sobre Energia que exige a compra de eletricidade de fontes renováveis.

◆ A Índia está lançando o maior projeto de florestamento cobrindo 6 milhões de hectares de florestas degradadas ao custo de US$ 1,5 bilhão.

---

[11] O Plano de Ação Nacional sobre Mudança Climática (NAPCC), anunciado em junho de 2008, inclui oito missões de âmbito nacional sobre desenvolvimento sustentável. Acompanha a Política Nacional de Meio Ambiente Lei de Preservação de Energia e uma nova Lei sobre Energia.

♦ A Índia tomou uma série de medidas para aprimorar a eficiência energética. Foi até mesmo aprovado um Código de Eficiência Energética para novas construções, e introduzidos padrões e etiquetas. A eficiência energética teve melhora nos maiores setores de alto consumo de energia, alcançando níveis mundiais. Estão sendo envidados esforços para introduzir no mercado lâmpadas fluorescentes compactas a preços acessíveis.

O que a Índia pode oferecer e pode exigir

Por mais que permaneça firme em suas posições, a Índia sofrerá pressões vindas de várias direções, e em relação a diferentes questões interligadas. Antes do encontro de Cúpula do G8 no Japão, em 2008, a Índia tomou posição contrária à dos EUA, a respeito de imposição de barreiras tarifárias para bens exportados da Índia que são vistos como produtos com alta pegada de carbono, tais como o ferro e o aço. Os japoneses, na Cúpula sobre Mudança Climática de Acra, em agosto de 2008, levantaram o assunto dos "enfoques setoriais" com a Índia, cuja finalidade era estabelecer "padrões internacionais de eficiência energética" para indústrias poluidoras em todo o mundo. A Índia rejeitou essa proposta, temerosa de que os países em desenvolvimento seriam forçados a usar tecnologias importadas e a se adaptar a padrões desenvolvidos por terceiros. Isso faria com que os países em desenvolvimento ficassem dependentes dos países desenvolvidos em termos de tecnologia, o que seria contraproducente. Mas o problema resiste: se a Índia está interessada em emissões mundiais, suas próprias emissões são importantes. Aqui é que moram os desafios e o dilema. A Índia terá de repensar, profundamente, seu posicionamento quanto à questão da mudança climática e avaliar se uma posição baseada em princípios é, por si só, suficiente para salvaguardar seus interesses, ou se, alternativamente, precisa tomar certas atitudes para pressionar por um acordo aceitável e eficiente, e que não comprometa seus próprios interesses. A seguir, o presente texto discorre sobre os papéis de liderança que a Índia deveria assumir.

a) Definição de metas

Muito embora a "emissão *per capita*" esteja sendo amplamente aceita, também pelas Nações Unidas, tem-se a impressão de que a posição da Índia é extremamente radical, sem espaço para até mesmo a adoção de medidas voluntárias de redução gradual de emissão de carbono. Nisso a Índia está deixando de assumir um papel positivo de liderança. Uma coisa é estar, com total obstinação, defendendo os interesses nacionais à mesa de negociação; outra bem diferente é estar redefinindo os interesses da nação. Há espaço para se manejar com habilidade e flexibilidade, quando possível. A Índia pode tomar a iniciativa e influenciar o regime de clima e elaborar alguns tratados em andamento, ao "voluntariamente" e "unilateralmente" cumprir as próprias metas e, muito importante, ver como elas vêm sendo satisfeitas/obtidas — uma estratégia para influenciar o comportamento de outros países, no que diz respeito às emissões, sobretudo os do Grupo de 77 Países (G77). Até o presente, a Índia está trabalhando com objetivos mais abrangentes de responsabilidades comuns, porém diferenciadas no âmbito do G77, e não nas especificidades da igualdade de emissão *per capita*. A definição de metas voluntárias não apenas vai colaborar na limitação do aumento das emissões, mas também ajudar no aprimoramento da eficiência energética e na fixação de um cronograma para estabilizar e, num momento futuro, reduzir emissões. Tal compromisso é exequível. Primeiro, a rota do desenvolvimento e a rota das emissões não seguem direções opostas; segundo, a eficiência energética é mensurável e praticamente alcançável por meio da tecnologia atualmente disponível e de incentivos. O papel de liderança da Índia deveria justamente focar numa solução tecnologicamente sustentada e em investimentos em pesquisa e desenvolvimento. Isso permitiria que o país estivesse conectado ao desenvolvimento tecnológico global e à implantação da grade.

Com o acordo nuclear, o desenvolvimento da energia nuclear com o propósito de fazê-la mais segura e mais aceitável socialmente seria uma contribuição substancial para se chegar a resolver os desafios globais da mudança climática. A previsão é de que as futuras negociações estarão centradas num pacote completo, composto de adaptação, mitigação e transferência de tecnologia, e as lideranças indianas deveriam atentar para esse fato.

b) Desenvolvimento sustentável
Estar isenta, pelo Protocolo de Kyoto, de cumprir metas específicas não deveria significar que a Índia, como país em desenvolvimento, estivesse liberada da obrigação de cuidar dos seus níveis de emissão ou de se desenvolver de forma sustentável. Trilhar o caminho de sempre nos negócios é arriscado, e a Índia precisa se certificar de que não ficará restrita a um modelo de desenvolvimento altamente dependente de carbono. A Índia compreende a importância e a necessidade de ficar atenta às suas emissões. Portanto, a legislação ambiental e sua regulamentação deveriam se fazer obedecer, de modo que harmonizasse a necessidade de desenvolvimento econômico com a obrigação de proteger o meio ambiente. As melhores práticas em uso de energia, técnicas construtivas e princípios gerais de construção, agricultura, uso da água, geração e distribuição de eletricidade, e reciclagem de lixo devem ser adotadas. Há também algumas vantagens do "enfoque setorial" e algumas de suas variantes deveriam ser consideradas. Tudo isso demanda uma capacidade de liderança bem além da posição "limitada" atualmente assumida em questões relativas à mudança climática.

c) Desligando-se da China
Outro ponto crítico é desligar-se da China. A China está, quase sem nenhum esforço, pegando carona na posição da Índia de "desenvolvimento econômico em primeiro lugar", enquanto continua poluindo num ritmo bem mais acelerado. A percepção

é de que a Índia e a China são os verdadeiros culpados. A postura dos indianos diante do tema da mudança climática é baseada na segurança energética e no desenvolvimento sustentável, enquanto os chineses superaram os EUA em total de emissões, muito embora a emissão *per capita* na China seja inferior à nos EUA.[12] A Índia também pode assumir a liderança de reformulação dos acordos bilaterais e multilaterais, a fim de minimizar a pressão internacional. Tais acordos conciliatórios vão levar a um novo entendimento e a novas alternativas de alianças. Com algumas dessas iniciativas, a Índia poderá ficar numa posição favorável para "exigir" mais durante as negociações. A exigência mais óbvia seria centralizar os instrumentos de compensação financeira criados em resposta à mudança climática, nas áreas da mitigação e adaptação. A reestruturação dos fundos de carbono e do Mecanismo de Desenvolvimento Limpo (MDL) para incluir mais projetos, inclusive os de tecnologia de energia eficiente, é parte essencial da lista de exigências. Tecnologia é outro importante capacitador de uma resposta à mudança climática, e a Índia pode exigir maior acesso à "tecnologia limpa" e às várias tecnologias de adaptação, mediante um sistema de propriedade intelectual mais flexível.

Conclusão

A posição de barganha da Índia não só está sendo objeto de crescente exame, como também se tornou o próprio tópico de debate. Seja como for, sua participação é altamente solicitada e crucial para um eventual sucesso de um novo regime de mudança climática. A Índia tem grande experiência em negociações sobre mudança climática (desde a Conferência de Estocolmo, em 1972) e tem estado em posição de proeminência desde que Mahatma Gandhi fez a conexão "ganância e necessidade". "Ganância" e

---

[12] *Relatório da Agência de Avaliação Ambiental da Holanda.*

"necessidade" ou, de fato, também "pobreza", embora sejam argumentos de grande força nas discussões sobre mudança climática, não necessariamente colaboram para colocar um ponto final na questão das emissões poluentes. É uma ironia que, embora o chamado terceiro mundo não seja responsável pela mudança climática, terá de arcar com suas consequências. Pior ainda é o fato de que a Índia — indubitavelmente vulnerável à mudança climática — é vista mais como obstáculo do que como uma líder. Embora a mudança climática seja uma ameaça à Índia, ainda assim o custo de uma ação individual e imediata é igualmente alto. E mais, admitir a necessidade por ações globais enfraquece sua posição de barganha. O desafio é buscar uma solução para essa polarização. As necessidades da Índia por adaptação são imediatas, enquanto suas emissões representam ameaça à mudança climática. Solicitar, agora, ajuda para adaptação e mitigação em troca de redução de futuras emissões seria uma fórmula de negociação aceitável. Há a necessidade de expandir os debates sobre políticas, sobre o clima e de avaliar como os acordos em vigor têm funcionado, para preparar "estratégias de reparo". Também requer um método sistemático de compreensão e mapeamento dos conhecimentos locais sobre eficiência e conservação e, se necessário, fundi-lo com a ciência atual disponível. De igual forma, as considerações geopolíticas e de políticas nacionais permanecerão como fatores determinantes do processo de negociação que antecedem 2012. A identificação da mudança de poder e a predominância de movimento em direção à Ásia poderão ver novos agrupamentos e alinhamentos que irão influenciar os atuais sistemas de mudança climática. Conforme nos aproximamos de Copenhague, é hora de os países declararem abertamente suas posições e seus dados na questão de mudança climática, a fim de chegarem a um acordo justo, eficiente e efetivo. Ainda que não se possa chegar a um acordo dito perfeito, alguns ajustes serão sempre bem-vindos, pois está mais do que provado que o custo da inação é descomunal, se comparado ao custo da ação.

OS ANTECEDENTES POLÍTICOS, ESTRATÉGICOS E ECONÔMICOS DO FÓRUM IBAS: UM EXAME DO PAPEL DO HIV/AIDS NESTA COALIZÃO*

Adriana Mesquita Corrêa Bueno

O CONTEXTO DO SISTEMA INTERNACIONAL (SI) pós-Guerra Fria caracteriza-se pelo triunfo do capitalismo sobre o socialismo e a prevalência da ideologia neoliberal — tendo os Estados Unidos como seu principal propagador. Dentre os principais pontos do neoliberalismo, pode-se inferir: reformas macroeconômicas liberalizantes, desregulamentação da economia, abertura dos mercados internacionais e livre fluxo dos capitais financeiros.

Outra tendência deste período foi a formação de blocos econômicos; ascensão de temas ligados à *low politics*, como comércio e meio ambiente, na agenda política internacional; e o aprofundamento das desigualdades entre Estados desenvolvidos, em vias de desenvolvimento e subdesenvolvidos, no âmbito socioeconômico. Durante a década de 1990, é notável o surgimento de novos blocos econômicos, tais como: Mercado Comum do Sul (Mercosul), North American Free Trade Area (NAFTA) e Southern African Development Community (SADC), que objetivam me-

---

* *Paper* preparado para o Seminário Internacional – Novas Direções no "Sul"? Avaliando a Importância e as Consequências do Fórum de Diálogo Índia-Brasil-África do Sul (IBAS) para as Relações Internacionais. Rio de Janeiro, Brasil, 23-24 de junho, 2009. A autora gostaria de agradecer aos pesquisadores que participaram do seminário e ao Prof. Dr. Henrique Altemani de Oliveira por fornecerem comentários e sugestões à versão inicial deste texto.

lhorar o comércio intrabloco e fortalecer sua capacidade de negociação comercial com outros Estados e/ou blocos.

Nesta mesma década, nota-se a atenuação da dicotomia entre *high politics* e *low politics*, isto é, entre as políticas que visam segurança, interesses de poder e militarização do SI e as que englobam outros assuntos, quais sejam: comércio exterior, meio ambiente, direitos humanos, temas sociais, etc. Embora o fim da Guerra Fria denotasse a prevalência do sistema capitalista neoliberal democrático, as benesses desse modo de produção concentraram-se ainda mais em um menor número de países.

O reflexo visível desta concentração é o agravamento das desigualdades e o aumento da miséria e pobreza em diversas partes do globo, tais como: África Subsaariana, América Latina e Caribe, Ásia Central e Leste Europeu. O Brasil está inserido numa região em que houve pouco crescimento do PIB, onde o índice de pobreza teve aumento significativo desde a década de 1980 (Banco Mundial, 2002), e caracteriza-se por ser um país em vias de desenvolvimento, com relativa liderança regional e sub-regional — também denominado Estado intermediário.[1]

A posição do país como líder regional é percebida por meio da capacidade de influenciar os processos decisórios da região, mediação exercida nos conflitos regionais e na forte atuação em prol da segurança, democracia e integração regionais.[2]

Neste contexto, o país busca empreender articulações com outros Estados intermediários e em vias de desenvolvimento, sobretudo a partir da década de 1990. Dentre estes países,

---

[1] Conforme Hurrell (2000), Estados intermediários constituem um grupo bastante diverso no SI, com categorias de poder distintas entre si e variadas arenas de atuação, o que dificulta sua conceituação. Contudo, o autor afirma que é possível definir Estados intermediários pela lente construtivista, na qual estes são entendidos como ideologia, ou entidades autocriadas; isto é, a definição de um determinado Estado como "intermediário" deve envolver a compreensão de ideias e ideologias que motivam a ação deste Estado. A partir dessa colocação, o autor aponta como Estados intermediários: Austrália, Brasil, Canadá e Índia.

[2] Para uma relação entre Estado intermediário e poder regional ver Lima & Hirst, 2006.

destacam-se: China, Rússia, Índia e África do Sul. Os dois últimos países conformam, juntamente com o Brasil, a coalizão IBAS (Fórum de Diálogo Índia-Brasil-África do Sul) desde 2003, com o fim de cooperar em diversas áreas de interesse comuns e fortalecer suas posições no Sistema Internacional do pós-Guerra Fria. A questão da aids desempenha importante papel, doméstica e externamente, nos países desta coalizão. Como será analisado neste texto, a sinergia e complementaridade entre os três Estados na questão foram decisivos para o diálogo trilateral: a Índia tem a maior indústria nacional produtora e exportadora de medicamentos genéricos, especialmente os antirretrovirais. O Brasil destaca-se em políticas públicas que são consideradas modelo no combate doméstico ao HIV/aids e exporta *know-how* na área para vários países africanos, asiáticos e latino-americanos. A África do Sul, por outro lado, tem grande demanda nessa matéria, pois é o primeiro país do mundo em número absoluto de soropositivos: 5,7 milhões de sul-africanos têm o vírus HIV (UNAIDS, 2009b).

Dessa forma, este artigo busca analisar as atividades conjuntas dos países IBAS (não seria tudo IBAS?) na questão da aids e como essa epidemia, enquanto uma determinante doméstica, influencia as prioridades de Política Externa desses três Estados, bem como as ações internacionais do IBAS, enquanto coalizão do Sul. Ademais, este estudo objetiva determinar o papel da questão do HIV/aids na agenda da coalizão IBAS.

Antecedentes histórico-estratégicos da constituição da coalizão:[3] perspectivas brasileiras de relações com África do Sul e Índia

As relações Brasil-África do Sul iniciaram-se em 1918, por meio da criação de um Consulado de Carreira na Cidade do Cabo.

---

[3] A definição de coalizão aqui utilizada compreende "um conjunto de governos que defendem uma posição comum em uma negociação por meio de coordenação explícita" (Odell, 2006, apud Narlikar, 2005; tradução livre).

Todavia, até a década de 1970 as relações entre os dois países caracterizaram-se pelo pragmatismo comercial brasileiro e a política de segregação racial sul-africana — que inibia o intercâmbio dessa nação com os países democráticos do Sistema Internacional: o *apartheid*. Da década de 1960 até meados de 1980, o principal condicionante da política exterior do país foi defender o sistema racial de "desenvolvimento em separado" sul-africano perante o Sistema Internacional e preservá-lo internamente. O contexto da Guerra Fria permitiu que a República Sul-Africana adotasse programas de combate aos movimentos de resistência — referindo-se a eles como ameaça comunista interna — e um *cordon sanitaire* em volta do país, aumentando seu isolamento regional. No âmbito mundial, a África do Sul contou com o apoio implícito dos Estados Unidos, sobretudo na gestão Reagan (1981-1989).

A existência do *apartheid* foi um dos fatores que inibiu a integração sul-africana, não só aos demais países africanos, mas também à grande maioria dos Estados democráticos. Quanto ao Brasil, esse afastamento apresentou outro agravante: a divergência de metas na política externa de ambos os governos. Para o Brasil, a política formulada com relação à África do Sul significava obtenção de vantagens comerciais e cooperação com os interesses coloniais de Portugal no continente. Segundo Penna Filho, essa política consubstanciava-se em um pragmatismo comercial. Já para o governo sul-africano, a aproximação com o governo brasileiro era uma estratégia de inserção política no cenário internacional. Durante as décadas de 1950 e 1970, o Brasil preocupava-se em manter contatos diplomáticos com a África do Sul devido a laços com o salazarismo português, ao apoio à manutenção das colônias portuguesas no continente africano e à obtenção de vantagens econômico-comerciais.

Contudo, com o recrudescimento do regime do *apartheid* e a reformulação da política brasileira quanto ao colonialismo — a qual passou a apoiar a independência das colônias africanas e asiáticas — e o abandono da comunidade luso-brasileira pelo governo do presidente Ernesto Geisel (1974-1979), o Brasil começou a combater a política sul-africana na ONU e distanciou-se política, econômica e diplomaticamente desse país (Penna Filho, 2001, p. 70). Esta inflexão na PE brasileira em relação à África do Sul também produziu efeitos nas relações com esse continente; a nova política africana brasileira na década de 1970 implicou o aumento da importância dos outros países africanos para a política exterior do Brasil.

No entanto, esse quadro foi revertido na década de 1990, após o processo de abertura política sul-africano, que culminou com eleições democráticas em abril de 1994 e a eleição de Nelson Mandela como presidente. A parceria Brasil-África do Sul revelou-se importante e estratégica para o governo brasileiro, pois colaborou na diversificação de parceiros e o governo sul-africano passou a ser aliado do Brasil em questões fundamentais, como o multilateralismo, reformas nas regras da OMC, o aprimoramento dos mecanismos de atuação da ONU e a reforma do Conselho de Segurança da ONU, a promoção do desarmamento efetivo, a proteção do meio ambiente e direitos humanos. Assim, ocorreu o fortalecimento de ambos os Estados como líderes dos países em desenvolvimento e, especialmente, dos países do hemisfério sul.

Em meados dos anos 2000, Brasil e África do Sul acordaram três documentos. Após estudo feito pelo Ministério da Ciência e Tecnologia, o governo brasileiro assinou um acordo sobre cooperação técnica em 1.º de março de 2000,[4] na Cidade do Cabo, com o governo da África do Sul. Este prevê doze áreas comuns de cooperação técnica, entre elas mineração, energia e saúde. Em 2003, os países assinaram dois documentos com vistas a aprofundar as relações bilaterais: o primeiro concernente à dupla ta-

---

[4] Apesar de ter sido assinado em março de 2000, o acordo entrou em vigor apenas três anos depois, em julho de 2003.

xação (*Convenção para evitar a dupla tributação e prevenir a evasão fiscal em relação aos impostos sobre a renda*) e o segundo referente à defesa e aos exercícios militares conjuntos (*Acordo sobre cooperação em assuntos relativos à defesa*).

Além da África do Sul, o Brasil também ampliou e aprofundou relações bilaterais com a Índia. De acordo com Samuel P. Guimarães, Brasil e Índia constituem *grandes países periféricos*, isto é, são países "não desenvolvidos, de grande população e de grande território contínuo, não inóspito, razoavelmente passível de exploração econômica" (Guimarães, 1998, p. 110). Apesar das grandes disparidades culturais, religiosas e societais, os dois países apresentam grandes similitudes que podem ser exploradas por ambos, na busca de sua consolidação no Sistema Internacional.

As relações diplomáticas entre os dois Estados foram estabelecidas pela primeira vez em 1948, quando da abertura da embaixada indiana no Brasil. De meados da década de 1950 até o fim dos anos 1970, o contato entre os dois países foi restrito à esfera multilateral de negociação. No início da década de 1960, Brasil e Índia atuaram conjuntamente para a criação da UNCTAD[5] (1964) e do G-77[6] (1964). Esta atuação conjunta foi intensificada durante a UNCTAD II, em 1968, realizada em Nova Délhi. Durante essa Conferência, foi discutido o Sistema Geral de Preferências (SGP). Sua ideia inicial foi proposta por Raúl Prebisch, na UNCTAD I, porém adotada apenas na Conferência seguinte, em processo liderado por Brasil e Índia. Conforme a Resolução 21 (ii) da UNCTAD II (UNCTAD, *website*),

---

[5] A Conferência das Nações Unidas para Comércio e Desenvolvimento (UNCTAD) foi estabelecida em 1964 como organismo intergovernamental permanente para tratar de questões ligadas ao comércio, desenvolvimento e investimentos.

[6] O G-77 foi formado durante a primeira sessão da UNCTAD, com o objetivo de aumentar a coordenação entre países em desenvolvimento para ampliar a cooperação em comércio e desenvolvimento. Na década de 1970, o Grupo iniciou a discussão a respeito da Nova Ordem Econômica Internacional (NOEI). Em 2005, o Grupo possuía 132 membros, contudo seu nome original foi mantido em razão do seu significado histórico.

[. . .] os objetivos do sistema geral, não recíproco e não discriminatório de preferências em favor dos países em desenvolvimento, incluindo medidas especiais em favor do menos desenvolvidos dentre os países em desenvolvimento, devem ser: (a) aumentar seus ganhos por meio da exportação; (b) promover sua industrialização; e (c) acelerar suas taxas de crescimento econômico.

Na década seguinte, Brasil e Índia trabalharam conjuntamente na definição da agenda da Rodada Uruguai[7] do GATT, liderando juntamente com o Egito a coalizão de países em desenvolvimento que objetivava bloquear a introdução de novos temas e questões normativas, o G-10. Entre os anos de 1982 e 1986, a agenda da Rodada foi discutida tendo como principais pautas a inclusão de "novos temas" — propriedade intelectual, comércio de serviços e investimentos — e temas referentes à agricultura e subsídios. Contudo, no início da Rodada Uruguai, o impasse referente à definição da agenda continuava, tendo permanecido até a elaboração do *Mid-term Review* da Rodada, no início de 1989. Na reunião do GATT deste mesmo ano, Brasil e Índia insistiram no debate dos direitos de propriedade intelectual relacionados somente ao comércio, já que o debate indiscriminado acerca da propriedade intelectual beneficiaria apenas os países desenvolvidos, sobretudo Estados Unidos e Japão.

Outro fator de aproximação bilateral ocorreu no início da década de 1990, quando do processo de mudanças políticas e econômicas internas que ambos os países sofreram. Brasil e Índia passaram por reformas internas liberalizantes de forma simultânea: o primeiro em 1990 e a segunda, em 1991. De forma geral,

---

[7] Até o presente momento já ocorreram nove rodadas de negociação da OMC (abarcando o período do GATT), a saber: Genebra (1947); Annecy (1947); Torquay (1950-1); Genebra (1955-6); Dillon (1960-1); Kennedy (1964-7); Tóquio (1973-9); Uruguai (1986-1993); Doha (2001-presente). Estas rodadas são fóruns multilaterais de discussão das regras do comércio internacional, a fim de regular as relações econômico-comerciais internacionais.

ambos reduziram tarifas de importação e aboliram o regime de licenciamento às compras externas (Nassif, 2008).

Essa similitude de interesses e reformas facilitou a cooperação bilateral, bastante enfatizada na década de 1990. A aproximação entre os dois Estados foi lenta, inicialmente com visitas diplomáticas esparsas, que se intensificaram ao longo da década. As principais áreas de trabalho intergovernamental foram: agricultura, saúde, meio ambiente, economia, ciência e tecnologia e comércio, com prioridade para as duas últimas áreas. No fim da década de 1990, as relações indo-brasileiras aumentaram consideravelmente e a cooperação bilateral foi ampliada, e em alguns casos, aprofundada, para várias áreas como Ciência e Tecnologia, Espaço e Fármacos.[8]

Em 2002, ambos os países firmaram um *Memorando de entendimento para cooperação política, econômica, científica, tecnológica e cultural*, que pretendia, entre outras coisas, promover a transferência tecnológica bilateral, encorajar o acesso mútuo ao mercado para produtos dos dois países e estreitar os laços entre os empresariados indiano e brasileiro. Em *Comunicado conjunto*, realizado no ano seguinte, os dois países constataram a relevância da contribuição da indústria farmacêutica indiana com medicamentos de alta qualidade e preços competitivos ao Programa Nacional de Saúde do Brasil, principalmente para o subprograma nacional de Acesso Universal e Gratuito de Medicamentos para aids. Ainda, comprometeram-se a manter o empenho nas áreas preestabelecidas de cooperação tecnológica, quais sejam: tecnologia da informação, biotecnologia, especialmente no campo da saúde e medicina, agricultura e genômica (Comunicado Conjunto Índia-Brasil, 2003).

Neste mesmo ano, foram firmados o *Acordo marco de cooperação comercial entre o Mercosul e a Índia* e o *Acordo de*

---

[8] Informação extraída do sítio da Embaixada Indiana no Brasil, disponível em <http://www.indianembassy.org.br>; acesso em 29-12-2008.

preferências tarifárias fixas, em junho e setembro respectivamente. Inicialmente, este instrumento cobre duzentos produtos de ambos os países, que poderão ser expandidos conforme negociação bilateral. É o primeiro acordo desse tipo assinado pelo Mercosul com um país que não pertence à Associação Latino-Americana de Integração (ALADI) e pode, futuramente, tornar-se um acordo de livre comércio (Amaral Jr. & Sanchez, 2004, p. 244).

Em relação à cooperação trilateral, os três países atuaram conjuntamente na OMC e na Organização Mundial da Saúde (OMS) na questão das patentes de medicamentos antiaids,[9] conhecidos como antirretrovirais (ARVs), no caso de saúde pública. O arranjo trilateral permitiu a aprovação de documentos em ambas as organizações que determinam a manutenção das flexibilidades do *Acordo relativo aos aspectos do direito da propriedade intelectual relacionados com o comércio* (TRIPS) para licenciamento compulsório de ARVs e por meio dos quais os países signatários comprometem-se a aumentar o enfrentamento dessa epidemia.[10]

Destarte, observa-se a contínua aproximação dos três países especialmente a partir dos anos 1990, tanto em termos políticos e diplomáticos, quanto em negociações comerciais multilaterais, além do maior intercâmbio em áreas como Ciência e Tecnologia e Saúde.

A constituição formal do Fórum de Diálogo Índia-Brasil-África do Sul (IBAS)

O Fórum de Diálogo IBAS representa a institucionalização cooperativa trilateral, unindo três países democráticos, líderes regionais e em desenvolvimento que escolheram a cooperação

---

[9] A cooperação em HIV/aids e sua relevância para a coalizão IBAS serão analisadas adiante.

[10] Para uma descrição mais detalhada, consultar Cepaluni (2005).

Sul-Sul como uma de suas prioridades para alcançar desenvolvimento e obter seus interesses nacionais em fóruns multilaterais de negociação. Estes Estados também compartilham diversas áreas para cooperar: ciência e tecnologia, energia, transportes, segurança internacional, planejamento urbano e saúde pública, especialmente HIV/aids.

De acordo com o chanceler brasileiro Celso Amorim, a ideia inicial do IBAS já estava presente no pensamento dos três Estados, mas foi impulsionada pelo presidente sul-africano, Thabo Mbeki, o qual, por intermédio de sua ministra dos Negócios Estrangeiros, Nkosazana Dlamini-Zuma, entrou em contato com o chanceler brasileiro e com o ministro de Assuntos Exteriores indiano, Yashwant Sinha.

O primeiro encontro ocorreu no mês de junho de 2003, em Brasília. Nesta reunião, os três ministros elaboraram a *Declaração de Brasília*, documento que oficializou a criação do IBAS e que contém os principais pontos em que Índia, Brasil e África do Sul pretendem fortalecer sua cooperação e um *Comunicado conjunto*. Na entrevista conjunta concedida à imprensa aos seis dias do mesmo mês, o ministro das Relações Exteriores esclareceu como as semelhanças entre os três países foram fundamentais para a aproximação trilateral. Conforme Amorim,

> São três democracias; são três países que têm um importante papel a desempenhar em suas respectivas regiões; são três países democráticos, países em que a democracia tem um forte papel na sua vida política; são países que têm também problemas sociais, mas que estão dispostos a enfrentá-los; e são países que têm também visões muito semelhantes em muitos temas multilaterais, e, quando não em absolutamente todos, a perspectiva que nós temos é, sem dúvida alguma, muito semelhante. Então, *era preciso transformar essa coincidência virtual numa cooperação real* (entrevista conjunta, 2003; ênfase minha).

Por essa fala, percebe-se que esses países partilham de princípios comuns — tais como a democracia, multilateralismo, cooperação para o desenvolvimento —, ou seja, eles têm comportamentos semelhantes que facilitam o diálogo e a cooperação trilaterais.[11]

A *Declaração de Brasília* é composta por vinte pontos que abordam os objetivos da instituição do Fórum IBAS, bem como a esfera de ação do grupo no cenário internacional. Os temas presentes no documento são: fortalecimento e reforma da Organização das Nações Unidas; reforma do Conselho de Segurança da ONU; comércio justo; promoção da inclusão e equidade sociais; combate à fome;[12] desenvolvimento socioeconômico; desenvolvimento sustentável e novas ameaças à segurança.[13]

---

[11] Apesar das semelhanças, é preciso ressaltar que estes três países compõem esferas concêntricas de interesses, ao conformarem o IBAS e o G-20, na OMC. No âmbito do G-20, o Brasil defende a liberalização da agricultura, que porém prejudicaria os interesses africanos, pois estes possuem acordos privilegiados com os países europeus, que seriam perdidos em uma eventual liberalização. Ainda, o Brasil pretende que a abertura agrícola ocorra sem restrições, já a Índia pretende isentar 20% de seus produtos agrícolas da liberalização.

[12] Em 2005, o Fundo IBAS para Alívio da Pobreza e Fome implementou seu primeiro projeto no país africano Guiné-Bissau. Este projeto-piloto estabeleceu a montagem de um programa de apoio ao desenvolvimento da agricultura e da pecuária nesse país, com ênfase na geração de renda e no combate à pobreza. Ainda, no mesmo ano, o Fundo prestou suporte técnico e financeiro ao Projeto de Coleta de Lixo Sólido no Haiti (Collection of solid waste: a tool to reduce violence and conflict in Carrefour Feuille), elaborado pelo escritório do PNUD no Haiti.

[13] Embora não seja o foco principal deste texto, é necessário ponderar que, apesar do alto nível de sinergia presente na coalizão IBAS, ela tem importantes variáveis que limitam sua capacidade de ação e o empoderamento político do bloco no longo prazo. A agenda de cooperação do Fórum é bastante ampla e ambiciosa, principalmente no que concerne às reformas da ONU e de seu Conselho de Segurança. Nesta questão, estes Estados ainda sofrem resistência de países vizinhos: a Aliança Africana se opôs à agenda IBAS de reforma do Conselho de Segurança da ONU porque a liderança regional sul-africana não é totalmente aceita na região; Brasil e Índia enfrentam situação semelhante com Argentina e Paquistão, respectivamente. No setor comercial, além dos interesses opostos no âmbito da OMC, no qual Brasil tem uma postura de considerável liberalização e a Índia, de protecionismo, as oportunidades são reduzidas, pois os produtos de exportação dos três países não têm complementaridade e competem no mercado internacional.

As reuniões ministeriais e encontros dos dezesseis Grupos de Trabalho (GTs)[14] intensificaram-se a partir de 2006, quando ocorreu a 1.ª Cúpula de Chefes de Estado do IBAS, com periodicidade anual deste então. Como resultado dos encontros de Cúpula, o Fórum IBAS produziu, até 2009,[15] três Declarações Conjuntas, que delineiam/enfatizam as seguintes diretrizes principais de atuação trilateral: reforma da ONU e de seu Conselho de Segurança; destravamento da Rodada Doha no âmbito da OMC; propriedade intelectual; desenvolvimento sustentável; uso pacífico de energia nuclear; cooperação técnica para vacina contra HIV/aids e estabelecimento de uma área trilateral de livre comércio entre Índia, Mercosul e Southern Africa Customs Union (SACU). Hodiernamente, o Fórum tem onze Atos Internacionais em vigor e produziu quinze documentos emitidos por Chefes de Estado/Governo e/ou Chanceleres.[16]

Além de avanços em questões políticas, de Ciência e Tecnologia e econômicas, Índia, Brasil e África do Sul progrediram consideravelmente no comércio bilateral, que foi fomentado pela constituição do IBAS desde 2003. O volume de comércio bilateral brasileiro-sul-africano era da ordem de US$1,56 bilhão na década de 1980. Apenas no ano de 2007, as transações comerciais alcançaram US$2,28 bilhões. Desde 2003, o comércio corrente bilateral aumentou 143,5%; no mesmo período a participação do comércio Brasil-África do Sul aumentou 6% em relação ao intercâmbio comercial total brasileiro, passando de 0,77% para 0,81%. Os principais itens na pauta comercial bilateral são: equipamentos

---

[14] São eles: Agricultura, Cultura, Defesa, Educação, Energia, Meio Ambiente e Mudança do Clima, Saúde, Assentamentos Humanos, Sociedade da Informação, Administração Pública, Administração Tributária e Aduaneira, Ciência e Tecnologia, Desenvolvimento Social, Comércio e Investimentos, Transportes e Turismo.
[15] A 4.ª Cúpula de Chefes de Estado do Fórum IBAS ocorreria em 8 de outubro de 2009; contudo, a pedido da Chancelaria indiana, o encontro foi adiado para o início de 2010, entre os meses de fevereiro e abril.
[16] Em seu evento mais recente, o Fórum criou a Conferência de Cortes Supremas do IBAS, conforme Declaração Conjunta assinada em 24 de janeiro de 2009, na Cidade do Cabo (África do Sul).

de transporte, minerais, têxteis, maquinário e açúcares de cana, beterraba e sacarose.[17]

Gráfico 1. Comércio corrente bilateral Brasil-África do Sul, em milhares de dólares (2003-2007)

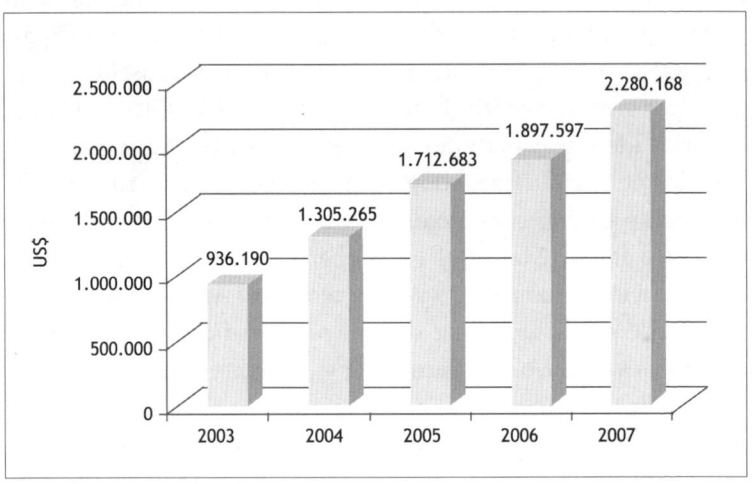

Fonte: SECEX, 2008.

O intercâmbio commercial indo-brasileiro também cresceu significativamente no período analisado.[18] O comércio Brasil-Índia é mais robusto do que o brasileiro-sul-africano, tanto em termos absolutos, quanto relativos. O crescimento do comércio foi da ordem de 200,4%, alcançando US$3,12 bilhões em 2007. No mesmo período, a participação do comércio indo-brasileiro aumentou 31% em relação ao intercâmbio comercial total bra-

---

[17] Ver tabela Intercâmbio Comercial Brasileiro, África do Sul, 2008, elaborada pela Secretaria de Comércio Exterior. Disponível em <http://www.desenvolvimento.gov.br/sitio/secex/depPlaDesComExterior/indEstatisticas/intCom_IntBlo EconPaises2007.php>; acesso em 6-3-2009.
[18] Ver também tabela Intercâmbio Comercial Brasileiro, Índia, 2008, elaborada pela Secretaria de Comércio Exterior. Disponível em <http://www.desenvolvimento.gov.br/sitio/secex/depPlaDesComExterior/indEstatisticas/intCom_IntBlo EconPaises2007.php>; acesso em 6-3-2009.

sileiro, passando de 0,85% para 1,11%. Os principais produtos na agenda comercial são: sulfetos de minério de cobre, óleo diesel, óleo de soja e compostos heterocíclicos.

Gráfico 2. Comércio corrente bilateral Brasil-Índia, em milhares de dólares (2003-2007)

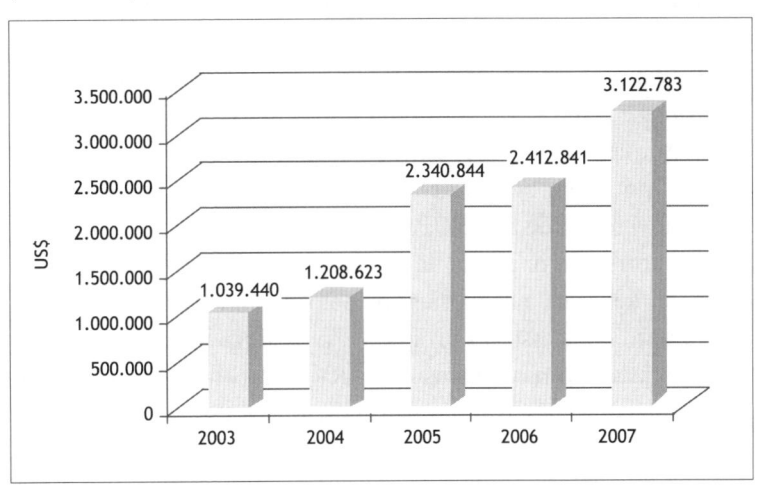

[Gráfico de barras mostrando: 2003: 1.039.440; 2004: 1.208.623; 2005: 2.340.844; 2006: 2.412.841; 2007: 3.122.783]

Fonte: SECEX, 2008.

A seção seguinte deste texto analisará a relevância da epidemia de aids no âmbito doméstico em cada um dos três países IBAS e como esta epidemia contribuiu para a aproximação trilateral desde o fim do século XX e a constituição do Fórum IBAS.

A relevância da cooperação em HIV/aids para a institucionalização do Fórum IBAS

A política de Acesso Universal e Gratuito de Medicamentos para aids a brasileiros soropositivos iniciou-se em 1991. O governo brasileiro tornou as drogas antirretrovirais (ARVs) disponíveis para a população, distribuindo-as por intermédio do Sistema Nacional de Saúde, produzindo-as em laboratórios governamentais e enfrentando as posições dos Estados Unidos e dos laboratórios farmacêuticos internacionais.

A produção por laboratórios públicos principiou-se em 1993. Em 1995, o então ministro da Saúde, José Carlos Seixas, declarou que a provisão de antirretrovirais para tratar a aids seria uma política do governo e de seu ministério. Em 1996, o sucessor de José Carlos Seixas, José Serra, estabeleceu um comitê técnico para elaborar diretrizes para o uso de ARVs e inibidores de protease. Em novembro do mesmo ano, o presidente Fernando Henrique Cardoso garantiu a distribuição gratuita de drogas antiaids por meio de um decreto presidencial (Lei n.º 9.313, de 13 de novembro de 1996) (Passarelli & Terto, 2002).

A produção nacional de medicamentos genéricos — quimicamente idênticos aos fabricados pelo detentor da patente — é crítica para o sucesso do programa, pois seria impossível para o governo arcar com os custos dos ARVs estabelecidos pelas companhias farmacêuticas internacionais. Em 2000, os laboratórios públicos e privados do Brasil já tinham capacidade e tecnologia para produzir sete dos doze medicamentos antirretrovirais que são distribuídos pela rede nacional de saúde. Como resultado da política de genéricos, o Brasil obteve uma redução de 72% nos gastos com medicamentos antiaids. Em comparação, os medicamentos importados e protegidos por patentes tiveram uma redução de apenas 9,6%.[19]

Outro resultado do programa Acesso Universal e Gratuito de Medicamentos para Aids é seu alto índice de cobertura de terapia antirretroviral (ART). Para o ano de 2007, a estimativa mais baixa de cobertura ART foi de 69% e a maior estimativa, 93%. Dessa forma, a percentagem média de brasileiros soropo-

---

[19] Ver Programa Brasileiro de Distribuição Universal de Medicamentos para Aids. Disponível em <http://www.aids.gov.br/final/biblioteca/metas/metas.pdf# search =%22programa%20brasileiro%20de%20distribui%c3%87%c3%83o% 20universal%20de%20medicamentos%20para%20aids%20%2B%20minist% C3%A9rio%20Sa%C3%BAde%22>; acesso em 20-10-2004.

sitivos que têm acesso gratuito ao tratamento antirretroviral é de 81%, o que corresponde a 180.000 pessoas. O Gráfico 3 a seguir mostra a evolução da cobertura ART no Brasil entre os anos de 2004 e 2007.

Gráfico 3. Cobertura estimada de terapia antirretroviral no Brasil, 2004--2007 (%)

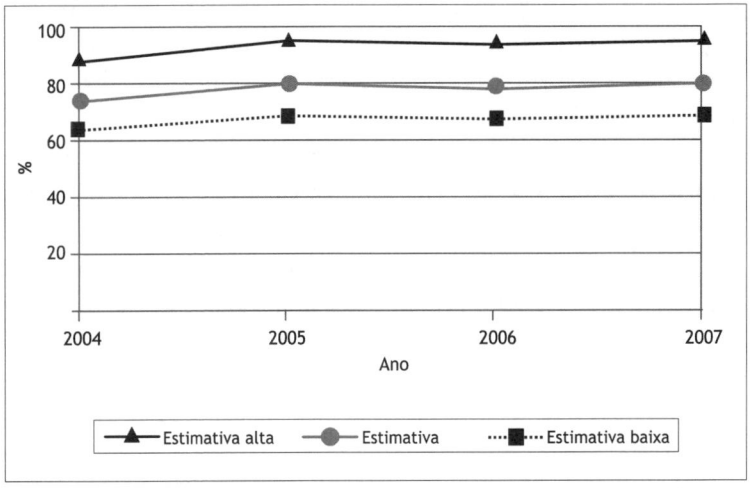

Fonte: UNAIDS/OMS, 2008.

Conforme explicado acima, o Brasil é um dos países mais bem-sucedidos no combate interno à Síndrome da Imunodeficiência Adquirida (aids) e tem atraído a atenção de vários Estados que sofrem com os altos índices de mortalidade de suas populações, causada pelo Vírus da Imunodeficiência Humana, o HIV. Entre esses países, destacam-se os africanos, como Botsuana, Namíbia e África do Sul. Este último tem o maior índice de soropositivos de todo o mundo, totalizando 5,7 milhões de pessoas em 2008, ou seja, 11,8% da população sul-africana está contaminada com a aids (UNAIDS, 2009b).

Contatos, no âmbito diplomático, foram estabelecidos com a República Sul-Africana. Os anos de 1999 a 2001 foram essenciais para a cooperação bilateral na questão da aids. Em 1999, por iniciativa do Ministério das Relações Exteriores (MRE), o Brasil enviou duas missões aos países africanos de língua inglesa para elaborar um diagnóstico situacional e levantar áreas de interesse mútuo para futuros acordos de cooperação técnica. O relatório destacava dois países com grandes possibilidades de cooperação: Namíbia e África do Sul — este último em razão da sua importância regional e aos altos índices de aids. As atividades apontadas para este país foram: Gestão, Vigilância Epidemiológica e Informação, Educação e Comunicação (IEC) (Ministério da Saúde do Brasil, 2001).

No ano de 2000, para fortalecer a cooperação bilateral, o Ministério das Relações Exteriores brasileiro e o Ministério dos Negócios Estrangeiros sul-africano elaboraram uma *Declaração de intenções sobre cooperação na área da saúde*, firmada em dezembro de 2000. Entre as dez áreas definidas para a cooperação, destacam-se quatro: (*i*) HIV/Aids; (*ii*) desenvolvimento de Recursos Humanos; (*iii*) sistema de informação em gerenciamento de saúde; e (*iv*) medicamento, fármacos e vacinas (Meireles, 2005).

Em setembro do ano seguinte, o governo brasileiro assinou um acordo de cooperação com a organização não governamental Médicos sem Fronteiras (MSF). O acordo objetivava desenvolver ações concretas em países nos quais já existam trabalhos feitos pelo Brasil e/ou MSF, especialmente no continente africano. A África do Sul foi um dos países contemplados pelo programa mediante: transferência tecnológica; assessoria técnica; execução de projetos junto com o governo ou sociedade civil local; treinamento de profissionais de saúde para prevenção de HIV/aids; assistência aos soropositivos e, finalmente, promoção da política de acesso a medicamentos, por meio da produção e distribuição do coquetel anti-HIV nos países contemplados pelo acordo. Com os recursos financeiros do MSF, o Ministério da Saúde brasileiro pôde distribuir medicamentos produzidos pela Fiocruz (laboratório público do Brasil que produz ARVs genéricos) na África do Sul, que beneficiaram quatrocentas pessoas, da cidade de Western Cape, infectadas pela aids.[20] Entretanto, a cooperação não se aprofundou nos anos seguintes, quando o Brasil lançou o *Programa de cooperação internacional para ações de prevenção e controle do HIV/Aids para outros países em desenvolvimento* (PCI).[21] Embora a África do Sul atendesse a todos os pré-requisitos para participar do Programa, não o fez. Tal fato explica-se pela mudança de governo no país: a política de combate à aids de Thabo Mbeki, sucessor de Nelson Mandela na Presidência da República da África do Sul, não admitia o vírus HIV como causador desta doença e dessa forma, o governo passou a desestimular a distribuição gratuita de ARVs. Neste período, o governo impôs barreiras a programas nacionais de combate à aids que vinculavam esta doença ao HIV e que visavam a distribuição de antirretrovirais à população soropositiva.

Assim, compreende-se que a cooperação bilateral Brasil-África do Sul, na questão da aids, esteve constante e enfaticamente presente nos discursos oficiais dos Executivos e Ministérios de Relações Exteriores brasileiro e sul-africano; todavia, na prática, ela não foi fomentada de forma tão incisiva. Faltou aos *policy makers* maior vontade política de estabelecer acordos e ferramentais institucionais e jurídicos que obrigassem ambos os países a manterem o comprometimento político de criar e estimular conjuntamente medidas combativas à aids e aos danos causados por ela. Entretanto, embora os efeitos bilaterais não fossem tão significativos, no plano multilateral a cooperação Brasil-África do Sul mostrou-se fundamental na discussão internacional acerca das consequências dessa epidemia.

---

[20] Informação obtida da COOPEX/Ministério da Saúde, com Paulo Guilherme Ribeiro Meireles. Entrevista gentilmente cedida à autora por telefone e correio eletrônico em 9 e 10 de maio de 2005.

[21] O objetivo deste programa é a implantação de dez projetos-piloto, no valor de R$ 250.000/ano, através de assistência técnica e doação de medicamentos ARVs produzidos por laboratórios públicos brasileiros para o tratamento de portadores do vírus da aids em países menos desenvolvidos.

Além da África do Sul, o programa brasileiro de combate ao HIV/aids também foi estudado pela Índia, em razão de seus altos índices recentes de prevalência viral do HIV. A Índia é, hodiernamente, o segundo país com maior número absoluto de soropositivos. O primeiro caso informado foi diagnosticado entre profissionais do sexo da província de Chennai, em 1986. Em 1998, esse número subiu para 1.148. Todavia, no fim do século XX e início do XXI, os casos reportados oficialmente de HIV/aids aumentaram significativamente. Segundo levantamento feito pelo UNAIDS (Programa Conjunto das Nações Unidas para HIV/aids) em 2003, a Índia tem 2,4 milhões de soropositivos, entre adultos e crianças (UNAIDS, 2009a). Em 1999, com o intuito de combater a epidemia do vírus HIV/aids, bem como suas consequências socioeconômicas, o governo indiano iniciou o Programa Nacional de Controle da Aids (do inglês, National AIDS Control Program, ou simplesmente NACO), cujas diretrizes eram: educação para prevenção, intervenção em populações de risco, campanhas para juventude e mobilização social (NACO, 2004). Porém, este esforço mostrou-se insuficiente diante da grandeza da epidemia e da dificuldade de mobilizar o alto escalão governamental para apoiar as iniciativas de combate à aids.

Nesse contexto, a Índia também passou a investir na produção de medicamentos antirretrovirais (ARVs) genéricos e atualmente é um dos maiores produtores de medicamentos genéricos para HIV/aids, tuberculose e malária e tem os preços mais baixos. A produção indiana de genéricos consiste em combinar doses fixas de ARVs de primeira linha (os que têm preço mais acessível), as chamadas pílulas "três-em-um", em um único comprimido. Isso era possível, pois não existiam restrições de patente na Índia para a combinação desses medicamentos. Tal fato permitia à Índia exportar matéria-prima para os EUA e para vários países da Europa Ocidental. Os principais laboratórios responsáveis por tal produção são o Ranbaxy Ltda. (que tem uma *joint venture* na cidade de São Paulo, a Ranbaxy SP Medicamentos) e o Core. A relevância da produção farmacêutica indiana pode ser mais bem compreendida por meio de dados obtidos da ONG Médicos sem Fronteiras: nos países em desenvolvimento, das setecentas mil pessoas sob terapia antirretroviral, no início do século XXI, cerca de 50% delas utilizaram medicamentos genéricos antiaids produzidos e exportados pela Índia (MSF-Brasil, 2005).

A troca de experiências da Índia com outros Estados, nesta questão, iniciou-se em julho 2000, quando da realização da XIII Conferência Internacional de Aids, em Durban, África do Sul. Seis países com grande população e com significativo índice de contaminação do HIV/aids, quais sejam: Bangladesh, Brasil, China, Índia, Nigéria e Rússia, encontraram-se para discutir as situações epidemiológicas internas de cada um e para trocar experiências sobre suas ações para controlar a epidemia (Portal da Saúde, 2000a). Este encontro, que foi organizado pelo UNAIDS, permitiu o reaquecimento dos contatos bilaterais entre este país e o Brasil na questão da aids, o que culminou na visita do ministro da Saúde brasileiro à época, José Serra, a Nova Délhi, cerca de quinze dias após o término da Conferência em Durban.

Nessa visita, os dois países reafirmaram a importância da cooperação bilateral farmacêutica e do estímulo governamental a ela, pelo ministro da Saúde e Bem-Estar Familiar indiano, C. P. Thakur, e o ministro José Serra. Os principais tópicos discutidos foram: (*i*) importação de matéria-prima da Índia para fabricação de medicamento antiaids, tuberculose e malária; (*ii*) transferência de tecnologia entre os dois países para produção de insulina, vacina contra hepatite B e ciclosporina e (*iii*) incentivo aos empresários indianos para a instalação de indústrias de medicamentos genéricos no Brasil (Portal da Saúde, 2000b).

No ano seguinte, o Ministério da Saúde do Brasil registrou o primeiro genérico antirretroviral a ser utilizado pelos laboratórios públicos brasileiros na constituição do coquetel de medicamentos antiaids. Este medicamento, a Lamivudina (3TC), era produzido pelo laboratório indiano supramencionado, o

Ranbaxy, e era importado da Índia. A redução dos gastos foi da ordem de 40%, já que o equivalente da Lamivudina, o Epivir, produzido pelo laboratório privado Glaxo Welcome, custava R$ 3,50/comprimido e o genérico produzido pelo Ranbaxy, custou aos cofres públicos R$ 2,10/comprimido (Portal da Saúde, 2001). Anualmente, estes 40% equivalem a uma economia de R$ 30,8 milhões (US$14,250 milhões).

Em 2001, ambos os países, juntamente com a África do Sul, lideraram as conversações, no âmbito da OMS, que resultaram na aprovação dos documentos *Resolução sobre HIV/Aids* e *Aumentando a resposta ao HIV/Aids*. O primeiro definiu o apoio à cooperação construtiva para fortalecimento das políticas farmacêuticas, incluindo as práticas aplicáveis aos remédios genéricos e aos regimes de propriedade intelectual, visando a promoção, inovação e desenvolvimento das indústrias farmacêuticas domésticas. O segundo documento, de teor inédito até o momento, estabeleceu o acesso a medicamentos para pacientes com aids como direito humano fundamental; a prática diferenciada de preços, de acordo com o grau de desenvolvimento de cada país; a redução do custo dos medicamentos; a produção de medicamentos genéricos nos países pobres e, ainda, a criação de um fundo internacional — que gerisse os recursos destinados pelos países e os distribuísse de acordo com as necessidades dos mais atingidos pela aids — para ajudar os países pobres no combate à aids.

Ao longo dos anos, a Índia consolidou sua indústria nacional produtora de genéricos e incentivou fortemente este tipo de indústria. Todavia, no ano de 2005, esgotou-se o prazo acordado na OMC para que países em desenvolvimento que não tinham lei de patentes conformadas ao TRIPS reformulassem suas leis de patentes. Em troca, os países desenvolvidos se comprometeram a abrir seus mercados para os produtos agrícolas advindos dos países subdesenvolvidos.

Assim, para evitar restrições aos seus produtos agrícolas no mercado internacional, em março de 2005 o parlamento indiano aprovou uma emenda à sua lei de patentes. Originalmente concebida em 1970, ela era considerada extremamente branda com relação à Propriedade Intelectual por não permitir a concessão de patentes no território indiano. A emenda tornou possível a patenteabilidade de medicamentos presentes no mercado a partir de 1995.[22] Apesar de criar entraves ao acesso a medicamentos genéricos baseados em novos fármacos, a nova lei indiana garante a disponibilidade de acesso aos medicamentos que são produzidos genericamente e são importados pelos países em desenvolvimento. Para tanto, o laboratório indiano produtor do genérico deverá pagar um *royalty* razoável ao detentor da patente e assim, não precisará suspender a produção e comercialização de versões genéricas de medicamentos.[23]

Portanto, a questão da aAids é importante para os três países e influencia políticas públicas nacionais e a agenda de cooperação internacional de Índia, Brasil e África do Sul e, assim, contribui para a promoção da cooperação bi e trilateral entre estes países. Na próxima seção, será examinado mais proximamente o papel desta epidemia na coalizão IBAS.

O papel do HIV/aids
na Agenda do Fórum de Diálogo IBAS

O Fórum IBAS congrega interesses de três países que, na área da aids, são bastante convergentes e complementares. A Índia

---

[22] Ver Conheça melhor as consequências da nova lei indiana de patentes no acesso a medicamentos. *Médicos sem Fronteiras*, 1.º-4-2005. Disponível em <http://msf.org.br/noticia/msfNoticiasMostrar.asp?id=448>; acesso em 4-4-2006.

[23] Apesar das dificuldades impostas pela adequação da lei indiana de patentes ao acordo TRIPS, no ano de 2006, quatro laboratórios indianos firmaram acordo com a fundação homônima do ex-presidente dos EUA, Bill Clinton, para fornecimento de dois antirretrovirais com preços reduzidos. A Fundação Clinton e os laboratórios Cipla, Ranbaxy, Strides Arcolab e Matrix acordaram em uma redução de quase 30% do preço de mercado praticado para os ARVs Efavirenz e Abacavir. Os medicamentos estarão disponíveis para cinquenta países em desenvolvimento, entre eles o Brasil e a África do Sul, através do Consórcio de Aquisições da Fundação.

tem o segundo maior índice mundial de soropositivos (2,4 milhões) e a maior indústria nacional produtora e exportadora de medicamentos genéricos, com destaque para os ARVs. O Brasil tem políticas públicas-modelo no combate interno ao HIV/aids e exporta *know-how* na área para inúmeros países africanos, asiáticos e latino-americanos. Já a África do Sul tem alta demanda nessa questão, já que é o segundo maior país do mundo em número absoluto de soropositivos (5,7 milhões) e tem graves entraves[24] à democratização de serviços de saúde pública concernentes ao HIV/aids. Dessa forma, os interesses nacionais de Índia, Brasil e África do Sul, na questão da aids, entrelaçam-se e permitem maior acesso a informações sobre ela, o que reduz os custos de negociação e cooperação, tornando a cooperação vantajosa trilateralmente. Outrossim, a Síndrome da Imunodeficiência Adquirida pode ser um instrumento de barganha nas instâncias multilaterais, sobretudo no que tange às negociações com os países desenvolvidos. A cooperação bilateral entre os três países tem uma característica complementar, já que ocorreu no âmbito de políticas públicas de combate à aids (Brasil-África do Sul) e no de intercâmbio tecnológico e importação de fármacos (Brasil-Índia).

Como visto anteriormente, o IBAS considera o HIV/aids não só uma ameaça à saúde pública, mas também à segurança, o que demonstra o alto grau de importância dada à questão pelo Fórum. Conforme a *Declaração de Brasília*, os seguintes são considerados ameaças à segurança:

> [. . .] o terrorismo, em todas as suas formas e manifestações, as drogas e delitos a elas conexos, o crime organizado transnacional, o tráfico ilícito de armas, *as ameaças à saúde*

---

[24] Alguns destes entraves são: consequências socioeconômico-políticas do regime segregacionista *apartheid*, graves dificuldades econômicas, não vinculação do HIV como causador da aids pelo governo sul-africano e consequente falta de políticas públicas no combate efetivo à epidemia.

pública, em particular o HIV/AIDS, os desastres naturais, o trânsito de substâncias tóxicas e dejetos radioativos por via marítima (*Declaração de Brasília*, 2003; ênfase minha).

O chanceler Celso Amorim, em entrevista conjunta concedida em Brasília, por ocasião do lançamento do Fórum, reiterou a relevância do tema, ao afirmar que o Brasil tem cooperação bilateral importante na questão do HIV/aids com a Índia, África do Sul e vários países africanos e que esse tema, certamente, tem seu lugar na agenda cooperativa do IBAS.

No ano seguinte ao estabelecimento do IBAS, realizou-se em Brasília a I Reunião de Pontos Focais do Fórum de Diálogo Índia-Brasil-África do Sul, que estabeleceu a saúde como importante área de interesse comum. O resultado dessa reunião introdutória, no campo da saúde, pode ser observado no *Plano de ação* e no *Programa de apoio à cooperação científica e tecnológica trilateral entre Índia, Brasil e África do Sul*.

O *Plano de Ação* contemplou a questão da saúde em sete tópicos (do 41.º ao 47.º) e definiu seis macroáreas com potencial cooperativo: direitos de propriedade intelectual e acesso a medicamentos; medicamentos tradicionais; integração entre laboratórios/regulação sanitária; levantamento epidemiológico; vacinas e pesquisa e desenvolvimento de produtos do setor farmacêutico. É interessante notar que a cooperação em aids pode ser explorada em todas estas macroáreas, já que compreende a questão de propriedade intelectual e licenciamento compulsório de antirretrovirais para populações carentes ou em situações de emergências nacionais, o desenvolvimento de medicamentos ARVs genéricos pelos laboratórios públicos nacionais, o monitoramento e levantamento dos índices da epidemia nos níveis nacional, regional e local, e por fim, o esforço para desenvolvimento de uma vacina eficaz contra seu vírus causador, o HIV.

As principais decisões deste documento referem-se ao TRIPS e ao estímulo da produção nacional de fármacos. Acordou-se que o arcabouço estatutário nacional[25] dos três países deveria refletir todas as flexibilidades permitidas pelo Acordo TRIPS e pela *Declaração sobre o TRIPS e saúde pública* (2001), a fim de assegurar a produção e distribuição de antirretroviais genéricos para suas populações. Ainda, o IBAS concordou em envidar esforços para instar outros países, principalmente subdesenvolvidos e em desenvolvimento, a tomar medidas similares que reflitam essas flexibilidades nas suas legislações nacionais e também a se oporem aos acordos comerciais conhecidos como TRIPS Plus.[26] Quanto à produção farmacêutica, decidiu-se tomar todas as providências necessárias para fortalecer a capacidade produtora nacional e disponibilizar, a baixo custo, fármacos eficientes e de qualidade.

O *Programa de apoio à cooperação científica e tecnológica trilateral entre Índia, Brasil e África do Sul* aborda especificamente a questão do HIV/aids, e recomenda o início da cooperação em: HIV/aids, tuberculose e malária; biotecnologia em saúde e agricultura; nanociências e nanotecnologia e ciências oceanográficas.

Até 2006, os documentos oficiais do Fórum IBAS não continham menções explícitas e constantes sobre a questão da aids. Esta ausência era alarmante, já que os três Estados compartilham importante potencial cooperativo nessa questão e poderiam beneficiar-se mutuamente dessa cooperação e influenciar consideravelmente o regime internacional de propriedade intelectual no setor farmacêutico. Percebe-se, então, que o IBAS carece de uma estratégia comum para abordar essa epidemia e reforçar as posições de seus países no Sistema Internacional como líderes do Sul.[27]

---

[25] Note-se, de acordo com a seção anterior, que a emenda realizada no ano seguinte (2005) à lei indiana de patentes não seguiu a recomendação acordada no âmbito do IBAS.

[26] Os TRIPS Plus são acordos de comércio bilaterais e regionais que estabelecem compromissos adicionais aos definidos no Acordo TRIPS.

[27] Este texto não objetiva dar explicação sobre por que a questão do HIV/aids não foi suficientemente explorada desde a criação do Fórum IBAS. Contudo, Varun Sahni (Vaz, 2006) justifica a ausência no fato de que o sucesso brasileiro no combate à epidemia representa embaraço político para Índia e África do Sul.

Todavia, na *Declaração conjunta da I Cúpula do Fórum IBAS*, os chefes de Estado/Governo afirmaram as oportunidades para cooperação científica em HIV/aids e se comprometeram a continuar a enfatizar a cooperação trilateral nessa questão, especialmente no que tange ao desenvolvimento de uma vacina anti--aids. Em outubro de 2007, foi assinado o *Memorando de entendimento no campo da saúde e medicina* que explicitamente expressa a cooperação em HIV/aAids. Conforme o artigo 2 menciona, a cooperação em HIV/aids incluirá:

a) esforços para estabelecer uma estratégia comum e desenvolver ações paralelas nos três países, em resposta à epidemia de HIV, de acordo com as especificidades nacionais;
b) produção de drogas antirretrovirais (ARVs) e de outros medicamentos para o tratamento de aids e de infecções oportunistas, para assegurar acesso universal e a preços acessíveis a medicamentos de emergência e de suporte à vida;
c) pesquisa, desenvolvimento e produção de vacinas e antimicrobianos, inclusive matérias-primas, em combinação com o programa de trabalho conjunto do IBAS para Ciência e Tecnologia (C&T);
d) produção de matérias-primas para fabricação de testes rápidos, testes de carga viral de CD4 e genotipificação; e
e) transferência e compartilhamento de tecnologia em ciências laboratoriais para garantia de qualidade, pesquisa sobre resistência de drogas, confecção de *kits* de diagnóstico de baixo custo e recursos correlatos.

Em 2006, o Fundo IBAS recebeu proposta do país africano Burundi para fortalecer sua infraestrutura e capacidade para o combate ao HIV/aids por meio da construção de um centro de saúde para a população soropositiva e a realização de exames de HIV. No mesmo ano, o Fundo decidiu estabelecer uma comissão para examinar a proposta burundiana, elaborar recomendações concretas e visitar esse país para uma investigação preliminar. Finalmente, em 2008, o Fundo aprovou US$1,1 milhão de dólares para esse projeto, e a construção do centro de saúde deveria ser iniciada até fim de 2009.

Portanto, tem-se que a temática da aids ocupa lugar significativo na agenda do Fórum IBAS, primeiramente porque os três países enfrentam essa epidemia, em graus diferentes, em seus territórios e porque já tinham histórico de cooperação bilateral na questão. Em segundo lugar, por se tratar o HIV/aids de um assunto em que Índia, Brasil e África do Sul convergem, enquanto interesse nacional e que confere um certo poder de barganha em face dos Estados desenvolvidos no Sistema Internacional. Finalmente, por meio da análise de documentos acordados entre esses países que especificamente mencionam esforços trilaterais para combater o HIV/aids, é possível inferir que a cooperação nesse tema fortaleceu-se desde o início da parceria, em 2003.

Considerações finais

Os países IBAS são considerados Estados intermediários no Sistema Internacional e a cooperação trilateral deve ser compreendida como um esforço cooperativo Sul-Sul. Isto é, um esforço por meio do qual países em desenvolvimento promovem maior intercâmbio entre si, com o objetivo de avançar em seu desenvolvimento social, econômico e político.

Os antecedentes da constituição da coalizão, por meio da recuperação das relações bilaterais entre Brasil-África do Sul e Brasil-Índia, permite afirmar que houve um efeito de *spillover* nessas relações, que se iniciaram centradas nas questões de Ciência e Tecnologia e comércio, mas ao longo dos anos 1990 ampliaram-se para outras áreas cooperativas, tais como: transportes, infraestrutura, meio ambiente e saúde pública. O *spillover* das relações bilaterais levou os *policy makers* à percepção de que os três Estados tinham grande potencial para a cooperação trilateral e os esforços para institucionalizar esse potencial começaram em 2003. A questão da aids, na agenda do IBAS, não se restringe a preocupações de saúde pública, mas é considerada grave ameaça à segurança humana e, dessa forma, pode ser percebida nos principais documentos acordados no âmbito da coalizão. A cooperação trilateral nessa questão é anterior à institucionalização formal do IBAS e foi essencial para a aproximação dos três países no fim da década de 1990 e início do século XXI. Pode-se afirmar que as atividades coletivas empreendidas pelos três países na OMS, OMC e ONU, concernentes ao HIV/aids e ao acesso universal à terapia ART, foram cruciais para a criação do Fórum.

Conforme descrito anteriormente, a epidemia de aids é uma questão doméstica relevante para os três países, no sentido de que constrange o principal objetivo aspirado por eles: o desenvolvimento. Destarte, os países IBAS empregam sua política externa como ferramenta para melhorar a resposta doméstica à epidemia, bem como para fortalecer sua posição de líderes do Sul. Em outras palavras, a cooperação em aids no Fórum IBAS confere uma característica de poder brando à coalizão, enquanto coletividade e atores individuais no Sistema Internacional. O poder brando permite que esses países exerçam poder de barganha ao negociar com países desenvolvidos e, assim, tenham maiores oportunidades de alcançar seus interesses.

Portanto, a cooperação em aids desempenha forte papel na parceria IBAS, desde sua criação até os últimos documentos e encontros dos Grupos de Trabalho; e um papel que contribui para o empoderamento do IBAS no Sistema Internacional.

Referências

ALDEN, C. & VIEIRA, M. A. M. C. The new diplomacy of the South: Brazil, South Africa, India and trilateralism. *Third World Quarterly*, vol. 26, pp. 1077-95, 2005.

ALMEIDA, P. R. Uma política externa engajada: a diplomacia do governo Lula. *Rev. Brasileira de Política Internacional*, vol. 47, n.º 1, pp. 162-84, 2004.

—. Uma nova "arquitetura" diplomática? – interpretações divergentes sobre a política externa do governo Lula (2003-2006). *Rev. Brasileira de Política Internacional*, vol. (1), pp. 95-106, 2006.

AMARAL JR., A. & SANCHEZ, M. R. (orgs.) *Relações Sul-Sul: países da Ásia e o Brasil*. São Paulo: Ed. Aduaneiras, 2004.

BERNAL-MEZA, R. A política exterior do Brasil: 1990-2002. *Rev. Brasileira de Política Internacional*, vol. 1, pp. 36-71, 2002.

BRASIL LIDERA bloco na luta contra a aids. Portal da Saúde, 11-7--2000. Disponível em <http://portal.saude.gov.br/portal/aplicacoes/noticias/noticias_detalhe.cfm?co_seq_noticia=192>; acesso em 3-11-2005.

BRASILIA DECLARATION. Disponível no sítio do Ministério das Relações Exteriores do Brasil. <http://www.mre.gov.br/portugues/politica_externa/grupos/IBAS/dec_brasilia.asp>; acesso em: 3-11-2005, 2003.

BRAZILIAN MINISTRY OF HEALTH. Brazilian Program of Universal Distribution of AIDS drugs. Disponível em <http://www.aids.gov.br/final/biblioteca/metas/metas.pdf#search=%22 programa%20brasileiro%20de%20distribui%c3% 87%c3%83o%20universal%20de%2 0medicamentos%20para%20 aids%20%2B%20minist%C3%A9rio%20Sa%C3%BAde%22>; acesso em 20-10-2008.

—. Brazilian Report for the World Bank, Mission of Middle Term – Missions and Activities of Technical International Cooperation, Brasília, 2001.

CERVO, A. L. Relações internacionais do Brasil: um balanço da era Cardoso. *Rev. Brasileira de Política Internacional*, vol. 45, n.º 1, pp. 4-35, 2002.

CERVO, A. L. & BUENO, C. *História da política exterior do Brasil*. 3.ª ed. Brasília: EdUnB, 2008.

CONHEÇA melhor as consequências da nova lei indiana de patentes no acesso a medicamentos. Médicos sem Fronteiras, 1.º-4-2005. Disponível em <http://msf.org.br/noticia/msfNoticiasMostrar.asp?id=448>; acesso em 4-4-2006.

GUIMARÃES, S. P. Desafios e dilemas dos grandes países periféricos: Brasil e Índia. *Rev. Brasileira de Política Internacional*, 41, n.º 1, pp. 108-31, 1998.

HURRELL, A. Some reflections on the role of intermediate powers in international relations. In: HURRELL, A. et al. (orgs.). *Paths to power: foreign policy strategies of intermediate states*. Woodrow Wilson Center for Scholars, 244, pp. 1-11, 2000.
JOINT INTERVIEW. Brasília, 6-6-2003. Disponível no sítio do Ministério das Relações Exteriores do Brasil, <http://www.mre.gov.br/portugues/politica_externa/grupos/IBAS/entrevista.asp>; acesso em 3-11-2005.
IBAS. Disponível em <http://www2.mre.gov.br/IBAS/>; acesso em 2--12-2008.
LIMA, M. R. S. de. *Na trilha de uma política externa afirmativa*. Observatório da Cidadania. IBASE, Relatório n.º 7, pp. 94--100, 2003. Disponível em <http://www.socialwatch.org/en/informeImpreso/pdfs/panorbrasileirog2003_bra.pdf>; acesso em 26-12-2008.
—. A política externa brasileira e os desafios da cooperação Sul-Sul. *Rev. Brasileira de Política Internacional*, vol. 48, n.º 1, pp. 24--59, 2005.
LIMA, M. R. S. de & HIRST, M. Brazil as an intermediate state and regional power: action, choice and responsibilities. *International Affairs*, vol. 82, n.º 1, pp. 21-40, 2006.
MEIRELES, P. G. R. Cooperação com África do Sul. [anexo: Declaração de intenções entre o Governo da República Federativa do Brasil e o Governo da República da África do Sul sobre Cooperação na área da saúde. Brasília, 13-12-2000]. Mensagem recebida por <drikamcb@yahoo.com.br> em 9 -5-2005.
—. [anexo: Ajuste de cooperação mútua celebrado pela Fundação Oswaldo Cruz e MSF (Médecins Sans Frontières). Rio de Janeiro, set. 2001]. Mensagem recebida por <drikamcb@yahoo.com.br> em 9-5-2005.
MEMORANDO DE ENTENDIMENTO EM COOPERAÇÃO NA ÁREA DE SAÚDE E MEDICINA ENTRE O GOVERNO DA REPÚBLICA FEDERATIVA DO BRASIL, O GOVERNO DA REPÚBLICA DA ÍNDIA E O GOVERNO DA REPÚBLICA DA ÁFRICA DO SUL. Pretoria, 17-10-2007. Disponível no sítio do Ministério das Relações Exteriores do Brasil, <http://www2.mre. gov.br/dai/m_ibas_3955_2007.htm>; acessado em 20-11- 2008.
MILLER, D. A África do Sul e o IBAS: constrangimentos e desafios. *Cena Internacional*, vol. 6, n.º 2, pp. 160-80, 2004.

MINISTRO José Serra vai à Índia para aumentar produção de genéricos. Portal da Saúde, 21-7-2000. Disponível em <http://portal.saude.gov.br/portal/aplicacoes/noticias/noticias_detalhe.cfm?co_seq_noticia=188>; acesso em 3-11-2005.

NACO. Indian HIV and AIDS statistics, 2004. Disponível em <http://www.nacoonline.org/facts_hivestimates.htm>; acesso em 14--5-2006.

NASSIF, A. Índia: economia, ciência e tecnologia (em perspectiva panorâmica com o Brasil). Trabalho apresentado na conferência sobre a Índia, organizada pela Fundação Alexandre de Gusmão (FUNAG) e pelo Instituto de Pesquisa de Relações Internacionais (IPRI). Rio de Janeiro, 2008.

NOVA lei de patentes em debate na Índia ameaça acesso a genéricos até no Brasil. Médicos sem Fronteiras, 15.03.2005. Disponível em <http://www.msf.org.br/noticia/msfNoticiasMostrar.asp?id=442>; acesso em 29-1-2006.

OLIVEIRA, A. J. N. de; ONUKI, J. & OLIVEIRA, E. de. Coalizões Sul-Sul e multilateralismo: Índia, Brasil e África do Sul. *Contexto Internacional*, vol. 28, n.º 2, pp. 465-504, 2006.

OLIVEIRA, H. A. de. *Política externa brasileira*. São Paulo: Saraiva, 2005.

OLIVEIRA, M. F. de. Alianças e coalizões internacionais do governo Lula: o IBAS e o G-20. *Rev. Brasileira de Política Internacional*, vol. 8, n.º 2, pp. 55-69, 2005.

PASSARELLI, C. & TERTO JR., V. Good medicine: Brazil's multifront war on Aids. NACLA: report on the Americas, vol. 35, n.º 5, pp. 35-42, 2002. Apud Wilson Web Journal. Disponível em <http://www.vnweb.hwwilsonweb.com/hww/Journals/getIssues.jhtml>; acesso em 25-10-2004.

PENNA FILHO, P. África do Sul e Brasil: diplomacia e comércio (1918-2000). *Rev. Brasileira de Política Internacional*, vol. 44, n.º 1, pp. 69-93, 2001.

RUBARTH, E. O. *A diplomacia brasileira e os temas sociais: o caso da saúde*. Brasília: FUNAG, 1999.

SARAIVA, M. G. As estratégias de cooperação Sul-Sul nos marcos da política externa brasileira de 1993 a 2007. *Rev. Brasileira de Política Internacional*, vol. 50, n.º 2, pp. 42-59, 2007.

SAÚDE aprova o primeiro genérico para aids. Portal da Saúde, 9-7--2001. Disponível em <http://portal.saude.gov.br/portal/aplica-

coes/noticias/noticias_detalhe.cfm?co_seq_noticia=431>; acesso em 3-11-2005.

SILVA, A. G. da. Poder inteligente: a questão do HIV/aids na política externa brasileira. *Contexto Internacional*, vol. 27, n.º 1, pp. 127-58, 2005.

TAYLOR, I. *South Africa, the G-20, the G-20+ and the IBAS Dialogue Forum: implications for future global governance*. Trabalho apresentado na conferência "The ideas-institutional nexus project: the case of the G-20". Buenos Aires, 19-21 de maio de 2004.

UNAIDS. India: 2008 Epidemiological fact sheets on HIV/AIDS and sexually transmitted infections, 2009a. Disponível em <http://www.data.unaids.org/Publications/Fact-Sheets01/India_EN.pdf>; acesso em 26-2-2009.

—. South Africa: 2008 Epidemiological fact sheets on HIV/AIDS and sexually sransmitted infections, 2009b. Disponível em <http://www.data.unaids.org/Publications/Fact-Sheets01/ZA_EN.pdf>; acesso em 26-2-2009.

UNCTAD website. Disponível em < http://www.unctad.org/Templates/Page.asp?intItemID=2309&lang=1>. Acesso em 17/4/2009.

VAZ, A. C. (ed.). *Intermediate states, regional leadership and security: India, Brazil and South Africa*. Brasília: EdUnB, 2006.

VIEIRA, M. A. M. C. *Southern Africa's response(s) to international HIV/AIDS norms: the politics of assimilation*. Trabalho apresentado na 48.ª Reunião Anual da ISA, Hilton Chicago, 2007.

VIEIRA, M. A. M. & ALDEN, C. India, Brazil and South Africa, a lasting partnership? assessing the role of identity in IBAS. In: International Studies Association Annual Convention, San Francisco. ISA Paper Archives, 2008.

VILLARES, F. (org.). *Índia, Brasil e África do Sul: perspectivas e alianças*. São Paulo: Ed. Unesp, 2006.

WHITE, L. *IBAS: a state of the art*. South African Institute of International Affairs. University of Witwatersrand, 2006.

A ARTICULAÇÃO DOMÉSTICA DA BUROCRACIA BRASILEIRA PARA A IMPLEMENTAÇÃO DAS AÇÕES POLÍTICAS DO FÓRUM IBAS*

Joana Laura Marinho Nogueira

A POLÍTICA EXTERNA BRASILEIRA (DORAVANTE PEB) manteve ao longo da história recente do Brasil dois eixos principais de condução. O primeiro caracteriza-se pela presença dos Estados Unidos como principal parceiro, tendo como foco central das ações o continente americano, e denominado de americanismo; o segundo pode ser caracterizado pela recorrência de ações multilaterais, não havendo uma área específica do globo para atuação externa e chamado de globalismo. A PEB, durante os séculos XIX e XX, realizou um movimento pendular entre estes dois eixos. Contudo, Saraiva (2007) afirma que a cooperação Sul-Sul não pode ser tomada como uma novidade, pois desde 1993 a cooperação com o eixo do Sul vem sendo ampliada e, no início do século XXI, ganhou novo impulso, transformando o globalismo como principal eixo condutor da PEB.

Além disso, essas críticas [feitas a essa nova estratégia de política externa] revelam percepções equivocadas sobre o Brasil (e suas supostas fraqueza), o mundo (unipolar) e as prioridades dos EUA (econômicas e direcionadas à América

---

* A autora agradece a Patrick Mallmann e a Nadia Kadre, dois grandes amigos, pela cuidadosa revisão da tradução deste texto.

Latina). Portanto, para implementar sua política exterior o governo Lula vem sendo confrontado por inúmeros desafios, corrigindo padrões prévios. Primeiro, a percepção da fraqueza foi substituída por uma reavaliação do papel do Brasil como potência média e nação emergente que precisa de uma diplomacia de alto perfil adequada a suas capacidades e necessidades (Pecequilo, 2008, p. 143).

Desde seu início, o governo Lula deixou claro que a PEB seria conduzida de maneira pragmática e global, tendo prevalência às ações de cooperação do eixo Sul-Sul; para tanto, duas principais linhas seriam seguidas: (1) a de integração e priorização do subcontinente sul-americano e (2) o relacionamento direto com os países emergentes. Nesse sentido o fortalecimento do Mercosul, com a entrada da Venezuela, a criação da Unasul e a criação do Fórum IBAS podem ser tomados como ações-modelo destes eixos de ação. Importa-nos identificar as ações da política externa brasileira que estão voltadas à cooperação com países emergentes ou potências médias que são entendidas como "a característica recorrente das Potências Médias ocupando, de um lado, uma posição intermediária no sistema internacional global com sua consequente condição de *system-affecting states e*, de outro, participando intensamente dos sistemas regionais e subregionais onde se encontram" (Sennes, 2003, p. 25).

Segundo Lima (2006), a classificação de *system-affecting states* é dada aos países que dispõem de recursos para uma atuação internacional, mesmo que limitada quando comparada aos recursos das potências globais e, apesar disso, estes países são capazes de alterar os resultados da política internacional sobre certos aspectos (além do Brasil, neste mesmo conceito enquadram-se Índia e África do Sul, os outros dois países que participam do IBAS). As conquistas em âmbito multilateral são muitas vezes favoráveis a esses Estados, em razão da maior facilidade nas negociações e na obtenção de melhores resultados.

Com base nestes conceitos pode-se afirmar que a PEB do governo Lula vem desenvolvendo ações nas quais a reestruturação democrática dos órgãos, instituições, bem como das relações internacionais em si e *per se*, ocupam posicionamento importante. Diante de toda essa estratégia de redimensionamento do Brasil no sistema internacional, argumenta-se que o governo vem desenvolvendo uma política que tem como linha central uma estratégia denominada pelo ministro Alexandre Parola de "pragmatismo democrático".[1] Este argumento pode ser comprovado baseado na tentativa contínua de pluralização dos parceiros e das arenas nas quais o Brasil se apresenta.

A dinâmica internacional vem sendo gradualmente alterada a partir da emergência de coalizões de países, sejam em blocos ou grupos econômicos e políticos de tomada de decisão. Países como Brasil, Índia, África do Sul e outros em desenvolvimento com objetivos comuns passam a atuar em alguns aspectos no primeiro plano do sistema internacional, modificando os resultados esperados. Pode-se, portanto, afirmar que o sistema internacional no pós-Guerra Fria não é um unipolar em todos os aspectos, visto que alianças entre potências regionais podem alterar a estrutura do sistema internacional, pois o "[. . .] redesenho da balança de poder global, a qual vem criando novas possibilidades e brechas de inclusão de novos atores e projetos de reorganização do sistema de Estados e dos valores no seio da comunidade internacional" (Saraiva, apud Oliveira, 2005, p. 56).

Esses arranjos de tentativa de redesenho do poder global buscando incrementar a cooperação Sul-Sul, segundo Saraiva (2007) não pode ser considerado novidade na política externa brasileira. Desde 1993, com o presidente Itamar Franco, há forte tendência

---

[1] Termo apresentado pelo professor do Instituto Rio Branco, ministro Alexandre Parola, em conferência proferida em Brasília, no dia 25 de agosto de 2008, no seminário internacional "Teorias e conceitos de relações internacionais: perspectivas nacionais e regionais".

de fazer cooperação com o eixo Sul, sendo essa uma das mais frequentes estratégias da política externa no país. Pode-se retroceder ainda mais no tempo e afirmar que desde a Política Externa Independente (durante os anos 1960) a estratégia de avanços e alianças políticas no eixo Sul-Sul já fazia parte da estratégia da PE no Brasil.

No entanto, há de se considerar que no governo Lula essa opção foi priorizada. Todavia, não tomaremos como parte da argumentação deste texto ações que se voltem para o continente americano, interessando especificamente a proposta de cooperação entre países emergentes, especialmente a partir da interação dos Estados que compõem o Fórum IBAS. Tais ações, nas palavras de Oliveira (2005), exemplificam a "inserção periférica dos países em desenvolvimento" caracterizado não apenas pelo atual viés sulista da PEB, mas também por seu caráter universalista, uma vez que esses parceiros estão localizados em regiões não tradicionais, como os Países Árabes ou da Ásia do Leste.

Essa estratégia, hoje, está desenhada de modo multilateral, com a criação dentro da estrutura burocrática do Itamaraty, especificamente na Subsecretaria Geral Política II (SGAP II). Em 2008, foi criado o Departamento de Mecanismos Regionais (DMR), que abriga a Divisão do Fórum de Diálogo Índia-Brasil--África do Sul (DIBAS) e a Divisão de Seguimento de Cúpulas, reunindo a Cúpula América do Sul-Países Árabes (ASPA) e a Cúpula América do Sul-África (ASA).

Parte deste trabalho está voltada para compreender as razões para a criação do IBAS, seu modo de funcionamento no aspecto intraministerial, bem como analisar sua articulação doméstica, considerando as interações intragovernamentais de modo a verificar a participação dos diversos setores envolvidos na produção e implementação das ações de política externa no Brasil. Para tanto, se faz necessário apreciar os recursos burocráticos criados pelo MRE para gerir e administrar o Fórum IBAS e a necessidade de participação de outros órgãos e ministérios na implementação das ações do Fórum, além do estudo sobre a coordenação e a cooperação da burocracia especializada na produção de PE também trará benefícios ao entendimento do funcionamento das instituições nacionais, que agem no sentido de implementar a política externa.

Não obstante, deve-se ressaltar que a análise da implementação dessas políticas fará parte do esforço de compreensão do *modus operandi* da burocracia na implementação das políticas, em especial a política externa. E, de certo modo, abrir a "caixa-preta" do funcionamento estatal para a implementação da PEB direcionada ao Fórum IBAS.

Alianças Sul-Sul e o Fórum IBAS

O Fórum de Diálogo Índia, Brasil e África do Sul (IBAS) foi criado em junho de 2003, após a reunião dos ministros das Relações Exteriores dos três países: Nkosazana Dlamini Zuma, da África do Sul; Celso Amorim, do Brasil; e Yashwant Sinha, da Índia. A iniciativa foi justificada, segundo o chanceler brasileiro, pelas seguintes razões.

Porque são três países, cada um de uma das três regiões do mundo em desenvolvimento: Ásia, África e América Latina. São três democracias; são três países que têm um importante papel a desempenhar em suas respectivas regiões; são três países democráticos, países em que a democracia tem um forte papel na sua vida política; são países que têm também problemas sociais, mas que estão dispostos a enfrentá-los; e são países que têm também visões muito semelhantes

---

[2] Em entrevista coletiva à imprensa em julho de 2003. Disponível em <http://www.mre.gov.br/portugues/politica_externa/discursos/discurso_detalhe3.asp?ID_DISCURSO=2116>; acessao em 9-2-2008.

em muitos temas multilaterais, e, quando não em absolutamente todos, a perspectiva que nós temos é, sem dúvida alguma, muito semelhante (ministro Celso Amorim).[2]

Como precedente do Fórum IBAS pode-se considerar a proposta feita pela África do Sul no início de 2001, para que as potências médias localizadas no sul formassem um grupo de países com o objetivo de confrontar as decisões tomadas pelo G-8, ou seja, que pudesse ser criado um Grupo dos 8 do Sul. Na ideia inicial fariam parte do grupo Índia, Brasil, China, Arábia Saudita, além da África do Sul, todavia, em virtude dos ataques de 11 de setembro de 2001, a proposta foi adiada para ser retomada no ano seguinte, entretanto não foi adiante (Almeida Filho, 2005).

Justifica-se a criação do IBAS por inúmeros fatores, a união de Índia, Brasil e África do Sul, pode ser analisada por diversos aspectos, pelas convergências e aparentemente desaconselhada por suas divergências. Todavia, acontecimentos conjunturais levaram a aproximação dos três Estados e segundo Almeida Filho (2005) os três Estados uniram-se devido à conjunção de fatores específicos de cada um deles, que favoreceram esta e não qualquer outra configuração do grupo.

O IBAS materializa a proposta de universalização das parcerias, pretendida pelos atuais condutores da PEB, já que Índia e África do Sul se encontram em regiões geográficas distintas e demonstram potencialidades de relacionamento. Ademais, a iniciativa busca modificar a posição do Brasil e dos demais países no sistema, com o objetivo de fortalecer sua posição como potências. Nesse sentido, o IBAS insere-se como exemplo de outro aspecto da estratégia política do governo Lula, o de consolidar a posição do país como Estado importante na atual configuração do Sistema Internacional.

Para os três países pode-se afirmar que o IBAS é um caminho para implementação de suas mais pungentes estratégias de política externa. Em linhas gerais, para a Índia interessa redesenhar a dinâmica internacional do país conquistando mais espaço e importância no sistema, de maneira que obtenha papel tão relevante quanto o exercido pela China, uma vez que ambos os países detêm população de semelhante envergadura, têm potencial nuclear e economia em ascensão. Já a África do Sul busca consolidar-se regional e internacionalmente após os anos de isolamento devido ao regime de *apartheid*. Após mais de uma década do fim do regime, o país busca implementar a "estratégia da borboleta", na qual aponta o corpo para o norte, com estreitamento das relações especialmente com os EUA, e abre suas asas para o leste e o oeste. E, o IBAS aparece como ação política concreta para seus Estados membros (Almeida Filho, 2005; Moura, 2008).

Dissociada das razões para sua criação importa considerar que a iniciativa já dura mais de cinco anos e ao observarmos as ações políticas dos Estados membros ao longo deste tempo é possível verificar uma sofisticação de suas relações Estados membros, tanto no aspecto político quanto administrativo-burocrático do Fórum IBAS. Cabe destacar também que desde sua criação o IBAS se propunha a ser um Fórum de Diálogo entre os três Estados, a fim de multiplicar as ações de cooperação entre eles. Para tanto, os três Estados de maneira singular criaram nas burocracias setores específicos que seriam responsáveis pela formulação e implementação das ações políticas que se destinassem ao Fórum IBAS, importa observar a partir de então como foi desenvolvida no Brasil essa articulação burocrática.

A organização do IBAS no Brasil

Em 2003, foi designado, dentro da estrutura organizacional do MRE, um diplomata responsável pela gestão e coordenação das ações do Fórum. Instituída dentro da Subsecretaria Geral Política II (SGAP II), responsável pela gestão da agenda para

África e Ásia, a Coordenação do Fórum de Diálogo Índia-Brasil--África do Sul (CIBAS), respondeu até 2008, pelas atividades do IBAS para dentro da burocracia brasileira e no seu relacionamento com os outros países participantes do Fórum. Em virtude do crescimento da cooperação entre as partes, a ampliação das atividades dos Grupos de Trabalhos, a multiplicação dos temas tratados pelo Fórum e a realização de diversos eventos, entre eles duas Cúpulas Presidenciais, tornou-se necessário ampliar a estrutura responsável pelo IBAS para dentro do MRE.

Portanto, em 30 de janeiro de 2008, por meio da Circular Telegráfica n.º 66.881, a SGAP II foi reestruturada, tendo sido criado o Departamento de Mecanismos Regionais (DMR), que funciona em paralelo aos três já existentes, a saber: Departamento de África; Departamento de Ásia e Oceania e Departamento de Oriente Médio e Ásia Central, e é o responsável pela gestão dos diversos Mecanismos Regionais instituídos ao longo dos últimos anos, sobretudo durante o governo Lula, em razão da priorização da política externa multilateral, direcionada, especialmente, ao eixo Sul-Sul.

O DMR passa a coordenar as atividades das Cúpulas América do Sul-Países Árabes e Cúpula América do Sul-África, bem como as atividades do Fórum IBAS. Para tal finalidade, foram criadas duas divisões subordinadas ao DMR: Divisão de Seguimento de Cúpulas (DSC), que passa a ser responsável pela gestão das Cúpulas, e a Divisão do Fórum de Diálogo Índia-Brasil-África do Sul (DIBAS), que substituiu a CIBAS; essa mudança reflete tanto um aumento nas atividades do Fórum no Brasil, e significa, principalmente, um aumento dos burocratas envolvidos na implementação das ações do IBAS no MRE. Todas essas estruturas, apesar de funcionarem normalmente na estrutura organizacional do MRE e contarem com funcionários lotados nas funções, não estão regulamentadas, uma vez que o decreto de modificação da estrutura funcional do MRE, que prevê tais mudanças, ainda não foi publicado (até janeiro de 2010).

Figura 1. Alterações esperadas no Organograma do MRE (Decreto n.º 5.979, de 6 de dezembro de 2006), a partir das informações contidas na Circular Telegráfica 66.881, de 30 de janeiro de 2008.

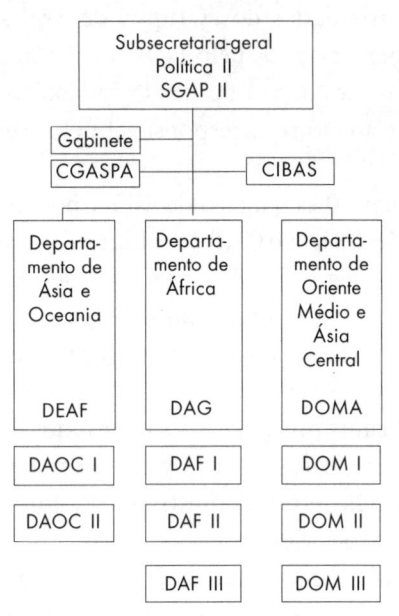

```
                Subsecretaria-geral
                   Política II
                    SGAP II
        ┌──────────────┼──────────────┐
     Gabinete
     CGASPA                        CIBAS

  Departamento    Departamento    Departamento
     de Ásia       de África      de Oriente
    e Oceania                     Médio e Ásia
                                    Central

     DEAF            DAG             DOMA
     DAOC I          DAF I           DOM I
     DAOC II         DAF II          DOM II
                     DAF III         DOM III
```

Fonte: Elaboração própria.

A estrutura organizacional da DIBAS no Itamaraty é hoje composta por nove burocratas, enquanto a CIBAS era composta por apenas um diplomata, segundo define o Decreto n.º 5.979, de 6 de dezembro de 2006. Esta mudança ocorreu após a criação da DIBAS, autorizada pela Circular Telegráfica 66.881, de 30 de janeiro de 2008, e está representada no Quadro 1 da página seguinte.

Quadro 1. Diplomatas lotados na SGAP II-DRM-DIBAS/MRE

Nome	Posição	Unidade
Embaixador Roberto Jaguaribe	Ponto Focal Brasileiro e subsecretário responsável por SGAP I	MRE, SGAP II
Embaixador Gilberto Fonseca Guimarães de Moura	Coordenador nacional e diretor do DMRI	MRE, DMR
Conselheira Maria Dolores Penna de Almeida Cunha	Responsável pelo IBAS e BRICs no DMR	MRE, DMR
Conselheiro João Genésio de Almeida Filho	Chefe da DIBAS	MRE, DIBAS
André Baker Melo	Subchefe da DIBAS	MRE, DIBAS
Francisco Figueiredo de Souza	Secretário	MRE, DIBAS
Gustavo Ludwig Rosas	Secretário	MRE, DIBAS
Álvaro Alberto de Sá Fagundes	Secretário	MRE, DIBAS
Talita Cardoso Cordoba de Lima	Secretário	MRE, DIBAS

Elaboração própria.

A DIBAS tem papel de gerência e interlocução entre as diferentes entidades domésticas envolvidas nas ações do Fórum, bem como com a chancelaria dos outros dois Estados membros. Seu principal papel é fazer a ponte entre as diversas partes envolvidas na implementação das atividades do Fórum, quer seja no âmbito intraministerial, quer seja no âmbito intragovernamental, e até mesmo entre setores da sociedade civil. Nesse sentido, destaca-se a participação da sociedade civil nos Fóruns denominados *People-to-People* ou *entre povos*, que envolvem área empresarial e acadêmica, tendo ainda encontros de editores e sobre gênero.

A estrutura burocrático-organizacional do IBAS funciona em níveis distintos hierárquicos e para a cooperação intragrupo são articuladas diferentes estruturas, distribuídas numa estrutura triangular. No topo encontramos as Cúpulas Presidenciais, realizadas anualmente desde 2006, com alternância de sede, representam a estrutura máxima do Fórum momento em que os acordos são assinados e as diretrizes para a política do IBAS desenhadas pelos Estados.

Seguindo, há as Reuniões Ministeriais ou Comistas, realizadas sempre que necessário (V Comista foi realizada em 11 de maio de 2008, na África do Sul), nelas se reúnem os ministros das Relações Exteriores dos países, para gerenciar as atividades realizadas pelo Fórum, além de buscarem concertação política quaisquer para outros assuntos que envolvam os três países em searas distintas da do próprio Fórum. Há também encontro dos chanceleres à margem da Assembleia Geral da ONU, principalmente com o intuito de avaliar o andamento do Fundo IBAS, que é gerenciado pela ONU através do PNUD.

Na base da estrutura política do Fórum encontramos os Pontos Focais[3] e os Coordenadores Nacionais[4] do IBAS, estes são responsáveis pela interlocução mais prática entre as partes envolvidas, cuidando também da gerência da articulação doméstica da política de cada um dos países para o IBAS. Os Pontos Focais reúnem-se periodicamente com o objetivo de administrar melhor as atividades do Fórum e buscam facilitar o acompanhamento das atividades dos Grupos de Trabalho, eles trabalham sempre em parceria com os Coordenadores Nacionais. Cada país tem seu Ponto Focal, que é um alto funcionário da burocracia federal responsável pela ligação entre os elementos políticos do Fórum e o aspecto mais técnico da cooperação entre os Estados membros.

Mesmo sem uma estrutura supranacional, como uma Secretaria-Geral ou mesmo uma Presidência, no IBAS convencionou-se a existência de uma secretaria informal, gerida por cada um dos países num revezamento anual, ou seja, a cada ano um país fica responsável pela realização de encontros Ministeriais e Cúpulas Presidenciais. Hoje, considera-se findo o primeiro ciclo de atividades do IBAS, ou seja, cada um dos países já sediou uma

---

[3] No Brasil o ponto focal é o embaixador Roberto Jaguaribe, subsecretário responsável pela SGAP II.
[4] O coordenador nacional é o embaixador Gilberto Moura, chefe do Departamento de Mecanismos Regionais.

Cúpula Presidencial e ficou durante um ano inteiro responsável pela mobilização e coordenação dos encontros.

Além de todo esse arcabouço político de entendimento e cooperação entre as partes, o Fórum IBAS, no seu sentido mais técnico, compreende os Grupos de Trabalho (GTs), que se dividem em temas diversos no sentido de abranger setores de interesse para a cooperação dos três países. Atualmente, são dezesseis GTs divididos nos seguintes temas: (*a*) Administração Pública; (*b*) Administração Aduaneira e Tributária; (*c*) Agricultura; (*d*) Assentamentos Humanos; (*e*) Ciência e Tecnologia; (*f*) Comércio e Investimentos; (*g*) Cultura; (*h*) Defesa; (*i*) Desenvolvimento Social; (*j*) Educação; (*k*) Energia; (*l*) Meio Ambiente e Mudança do Clima; (*m*) Saúde; (*n*) Sociedade da Informação; (*o*) Transportes; e (*p*) Turismo.

Os Grupos de Trabalhos representam o aspecto mais prático do IBAS, que se denomina Fórum de Diálogo, cujo objetivo é incentivar e ampliar a cooperação entre seus membros. Assim os GTs têm por função desenvolver ações concretas de implementação das políticas estabelecidas nas instâncias políticas. Eles foram criados como o intuito de possibilitar maior intercâmbio de experiências e práticas governamentais, possibilitando a execução de futuras ações conjuntas.

A articulação doméstica do IBAS: os grupos de trabalho e a coordenação intraministerial e intragovernamental

> A considerable gap frequently separates what leaders choose, and what organizations implement[5] (Allison & Zelikow, 1999, p. 17).

Os GTs por serem a base técnica do Fórum IBAS, desenvolvem as atividades mais práticas para o diálogo e a cooperação entre as partes. E é a partir da estrutura destes Grupos de Trabalho

---

[5] Existe frequentemente um espaço separado o que os líderes escolhem daquilo que as organizações implementam (tradução livre).

que podemos verificar como se dá a implementação das ações para o IBAS e como é feita a articulação doméstica dos diversos órgãos envolvidos na implementação dessas atividades. Cabe destacar que existe apenas um único GT para cada tema no IBAS, existindo, porém três delegações que o compõem. As reuniões dos Grupos podem ocorrer a qualquer tempo, mas realizam-se sobretudo à margem dos encontros de Pontos Focais, Reuniões Ministeriais e Cúpulas Presidenciais do IBAS, todavia podem ainda ocorrer durante outros fóruns multilaterais ligados aos seus temas de origem.

As políticas de ação dos GTs estão descritas nos Memorandos Trilaterais de Entendimentos ou ainda nos Guias de Ações, documentos oficiais assinados pelos três países, que norteiam as atividades dos Grupos, e que são elaborados e debatidos durante os encontros de cada GT, sendo neste caso indispensável a presença das três delegações para que a reunião possa se realizar.

Para deixar claro o modo de implementação das ações dos GTs, faz-se necessário compreender a sua estrutura intergovernamental. Cada GT é formado a partir do país de cada um dos Estados membros do IBAS. São coordenados pelos pontos nodais,[6] também em número de três, sendo um para cada representação, e domesticamente são compostos pelos órgãos específicos de cada burocracia.

Cada GT funciona de maneira autônoma, tendo seu próprio ritmo de trabalho e atuação, razão pela qual se pode considerar os diferentes estágios de trabalho nos GTs, devendo ser pensadas as diferenças estruturais das burocracias dos três Estados, uma vez que o avanço dos trabalhos em cada GT está diretamente ligado à cooperação intergovernamental. Porém, o papel exercido pelos Pontos Nodais, que por serem coordenadores dos GTs exercem papel de líderes, assim suas características pessoais e po-

---

[6] Coordenadores nacionais dos GTs, cada um conta com um burocrata responsável pela articulação intra e intergovernamental com o intuito de dar melhor andamento ao Grupo.

sições burocrático-institucionais, podem interferir no funcionamento do GT no qual ele atua.

Todos os GTs estão num mesmo nível hierárquico (ver Quadro 2), submetidos apenas às estruturas mais políticas do Fórum, porém não há nenhuma participação direta dos Pontos Focais no funcionamento dos GTs. Em cada país há um coordenador do GT, os chamados Pontos Nodais, que são funcionários designados em um dos órgãos envolvidos no funcionamento do GT no país, para facilitar o acompanhamento e a implementação das atividades do Grupo e funcionam como coordenadores das atividades. Os Pontos Nodais estão nominados abaixo (até janeiro de 2010).

Quadro 2. Grupos de Trabalho e Pontos Nodais brasileiros

GT	Nome	Organização	Função
Agricultura	Célio Brovino Porto	Ministério da Agricultura	Secretário de Relações Internacionais do Agronegócio
Cultura	Ministra Eliana Zugaib	Ministério das Relações Exteriores	Diretora do Departamento Cultural
Defesa	Maj.-brig. do ar Marcelo Mário de Holanda Coutinho	Ministério da Defesa	Diretor do Departamento de Assuntos Internacionais
Educação (inclui Academias Diplomáticas e Cooperação Esportiva)	Leonardo Rosa	Ministério da Educação	Chefe da Divisão de Relações Internacionais
Energia	Helena Cláudia Cantizano	Ministério das Minas e Energia	Chefe: Relações Internacionais
Meio Ambiente e Mudanças Climáticas	Conselheiro André Odenbreit Carvalho	Ministério das Relações Exteriores	Divisão de Política Ambiental e Desenvolvimento Sustentável
Saúde	Ministro Eduardo Botelho Barbosa	Ministério da Saúde	Chefe do Departamento de Relações Internacionais
Assentamentos Humanos	Inês da Silva Magalhães	Ministério das Cidades	Secretaria Nacional para Habitação

segue

GT	Nome	Organização	Função
Sociedade da Informação	João Batista Ferri de Oliveira	Ministério do Planejamento Orçamento e Gestão	Diretor, Departamento de Governo Eletrônico
Administração Pública	Cláudio Almeida Machado	Ministério do Planejamento Orçamento e Gestão	Chefe da Secretaria de Relações Internacionais
Administração Tributária	Marcos Aurélio Pereira Valadão	Secretaria da Receita Federal	Diretor da Coordenação Geral de Relações Internacionais
Ciência e Tecologia (inclui Pesquisa Antarctica)	José Monserrat Filho	Ministério da Ciência e Tecnologia	Chefe do Escritório de Relações Internacionais
Desenvolvimento Social	Bianca Lazarini	Ministério do Desenvolvimento Social e Combate à Fome	Departamento Internacional
Turismo	Secretário Flávio Marcílio Moreira Sapha	Ministério das Relações Exteriores	Chefe da Divisão de Feiras e Turismo
Comércio e Investimentos (assuntos de comércio, incluindo facilitação comercial)	Conselheiro João Tabajara de Oliveira Jr.	Ministério das Relações Exteriores	Chefe da Divisão de Informação Comercial
Transporte	Secretário Anselmo Cesar Lins de Gois	Ministério das Relações Exteriores	Chefe da Divisão Negociação e Serviços

Fonte: DIBAS.

No entanto, segundo os arquivos da DIBAS, há dificuldades de coordenação e acompanhamento das atividades dos grupos devido ao grande número de instituições envolvidas, bem como os interesses próprios de cada órgão (burocracia) diante da PE. Como definição, aproveitaremos o conceito de coordenação apresentado por Alexander (1993), para melhor compreendermos este aspecto do IBAS.

Coordination is defined as a deliberate activity undertaken by an organization or an interorganizational system to concert the decisions and actions of the subunits or constituent organization. Such coordination is manifested both in process and structure[7] (Alexander, 1993, p. 331).

Alexander (1993) afirma que sistemas organizacionais e intraorganizacionais devem buscar a coordenação de suas atividades quando seu escopo e complexidade crescerem a ponto de não mais estarem contidos nos limites do simples controle hierárquico. No caso da coordenação doméstica das ações de política externa, uma multiplicação de temas da agenda internacional exigiu nos últimos anos dos organismos formuladores e condutores a busca por intercâmbios e parcerias em áreas e setores técnicos mais específicos. Cabe neste ponto, apropriar-se da categorização feita por Souza (2008) sobre relações intergovernamentais, que se divide em dois grupos: os verticais entre instâncias de diferentes níveis, e neste caso haverá hierarquia, e as horizontais entre instância de um mesmo nível, não havendo hierarquia. Este argumento, transposto para a realidade aqui retratada, permite pensar em relações interorganizacionais, uma vez que interessam às relações entre diferentes órgãos localizados dentro de um mesmo governo.

Para efetivar a coordenação interorganizacional, que pode ser vertical ou horizontal, Alexander (1993) descreve modelos de estruturas que são definidos como: redes informais, grupos interorganizacionais, a designação de um coordenador formal para o serviço, a definição de uma unidade-guia de coordenação, os "programas não administrados", a escolha de uma organização líder e, por fim, a criação de uma organização singular.

Já os teóricos realistas tratam os governos como um bloco único de decisão e interesses, uma "caixa-preta" lacrada e unitária quando, na verdade, são constituídos por burocracias, ou seja,

---

[7] Coordenação é definida como uma atividade voluntária realizada por uma organização ou um sistema interorganizacional direcionada para as decisões e ações das subunidades ou da organização constituinte. Essa coordenação se manifesta tanto no processo quanto na estrutura (tradução livre).

funcionários que têm posições, percepções e interesses distintos. Snyder et al. (2002) descrevem três características da tomada de decisão em política externa: a percepção, a escolha e as expectativas, e há uma caracterização dessas especificidades para cada organização burocrática.

Apesar da diversidade de interesses e objetivos entre os órgãos burocráticos domésticos envolvidos no IBAS, busca-se a prevalência dos objetivos gerais delimitados pelos acordos assinados no Fórum. Todos os membros do IBAS buscam a cooperação para o desenvolvimento, sendo importante para o sucesso da iniciativa não apenas a formulação, mas também a implementação das políticas nos três países.

Os organismos em interação na implementação da política externa consideram suas percepções e expectativas de maneira própria, podendo, portanto, até gerar conflito de interesses. Desse modo, pressupõe-se haver agentes de coordenação para essas ações.

Antes de serem identificados os tipos descritos por Alexander (1993) na burocracia brasileira vinculada ao Fórum IBAS, cabe destacar que essas estruturas podem existir concomitantemente em diferentes níveis do sistema interorganizacional, no entanto, faz-se necessário relembrar que nos interessa compreender a estrutura interorganizacional criada no interior da burocracia brasileira visando à implementação das atividades do Fórum IBAS.

Essa estrutura conta com a participação de diversas instituições da administração pública federal, tanto nos ministérios quanto em órgãos federais. Desse modo pode-se afirmar que há uma interdependência entre os órgãos para a implementação das políticas. Destaca-se que os órgãos envolvidos encontram-se horizontalmente distribuídos no organograma do executivo federal, e espera-se que possa haver cooperação entre os envolvidos, para o exercício das atividades. Desse modo, segundo Alexander (1993), as estruturas de coordenação, como coordenadores, são necessárias quando há horizontalidade entre as organizações envolvidas, situação que ocorre no âmbito intragovernamental.

Já as redes informais de coordenação são descritas como interações particulares, que se encontram em relações *ad hoc*, podendo ser encontradas na estrutura do IBAS, quando se observa o início das atividades de um GT ou ainda na concepção dos Fóruns da Sociedade Civil, como o acadêmico ou o de parlamentares. Nesses momentos ainda não há uma estrutura formal pronta, e suas atividades ultrapassam os limites da hierarquia, exigindo dos participantes uma estrutura de coordenação, mesmo que seja informal, para que no segundo momento se possa desenvolver uma estrutura de coordenação mais formalizada.

Um exemplo prático dessa rede informal de coordenação pode ser visto também na coordenação mais ampla das atividades do Fórum, conforme já explicitado. Não há uma estrutura supranacional responsável pela gerência das atividades intergovernamentais do Fórum, tendo sido criada uma secretaria *ad hoc* que a cada ano muda de coordenador a partir da ordem aleatoriamente definida pela realização das Cúpulas Presidenciais, porém, nada impede que essa ordem seja desfeita ou um novo modelo gerencial seja implementado. Contudo, espera-se a institucionalização efetiva desse modelo de coordenação.

Já a estrutura denominada "grupo interorganizacional" pode ser encontrada em todos os GTs, uma vez que há participação de diferentes instituições da administração federal na composição dos GTs. Segundo Alexander (1993, p. 335; tradução livre), "grupos interorganizacionais também têm sido utilizados para a coordenação horizontal entre as agências federais em âmbito regional, bem como para a coordenação federal local",[8] situação comum na estrutura do Fórum que agrega horizontalmente diversos entes e agências públicas. "Interorganizacional groups may come into existence through the routinization over time of *ad hoc* meetings or working groups and in response to

---

[8] Interorganizational groups also have been used for "horizontal" coordination between federal agencies at the regional level and for federal-local coordination.

the need to address ongoing problems arising from perceived or actual interdependencies"⁹ (ibidem).

Cada GT *per se* pode ser considerado como um "grupo interorganizacional", pois agrega horizontalmente órgãos federais, que cooperam para implementar os interesses dos Estados membros.

Outra estrutura descrita por Alexander (1993) encontrada no IBAS é o Coordenador Formal que, segundo o autor, funciona em paralelo com outras estruturas, especialmente vinculado a uma unidade de coordenação, sendo rara apenas a existência do coordenador como único responsável pelas atividades de gerência. Há em cada um dos países um responsável pela coordenação das atividades do Fórum. No Brasil, o diretor do Departamento de Mecanismos Regionais (DMR) é o Coordenador Nacional do IBAS e é, indubitavelmente, instrumento político apropriado de articulação ente organizações, países e GTs.

Nesse sentido, Alexander afirma que a personalidade, a qualificação e o compromisso burocrático são fatores importantes para o sucesso desta coordenação. "Two independent factors seem related to the effectiveness of a coordinator. One is the individual's personality, qualifications, and commitment in this boundary-spanning role. The other is how the role is structured in the interorganizational network"¹⁰ (Alexander, 1993, p. 336).

Complementando e auxiliando as atividades do coordenador, a "Unidade de Coordenação" também é responsável pela coordenação das atividades do Fórum, sendo representada na estrutura burocrática brasileira pelo Ponto Focal.¹¹ Conforme a descrição do

---

⁹ Grupos interorganizacionais podem surgir através do tempo pela rotinização de reuniões *ad hoc* ou grupos de trabalhos e em resposta às necessidades dos problemas cotidianos decorrentes das interdependências reais e percebidas (tradução livre).

¹⁰ Dois fatores interdependentes estão relacionados com a efetividade da coordenação. A personalidade do indivíduo, suas qualificações e seu compromisso com suas funções. O outro é de que modo seu papel é estruturado na rede interorganizacional (tradução livre).

¹¹ Focal Point is a high bureaucrat responsible for the link among the political leaders, as Ministries, President or Prime Ministry and the works developed in the WG. In Brazil, is a diplomat the Ambassador Jaguaribe.

próprio Alexander (1993), essa unidade é formada primariamente para coordenar e implementar as decisões de relevante peso no sistema interorganizacional em razão de sua grande autonomia. "The coordinating unit does not have any «line» functions, nor does it implement any of the tasks it is charged with coordinating"[12] (ibidem). Compreende-se o Ponto Focal como uma ponte entre o setor político, representado pelo chanceler e pelo presidente, e o setor técnico, representando pelos Grupos de Trabalho; assim podemos entender o Ponto Focal como similar às unidades de coordenação descritas por Alexander (ibidem).

Apesar da complexidade e das múltiplas direções das ações da DIBAS, a Divisão pode ser entendida como uma "organização líder". De acordo com Alexander (1993), essa organização representa um arranjo em que a organização assume responsabilidades de coordenação das atividades das redes interorganizacionais. Há um *status* especial quando comparada com outras organizações existentes, pois existe a rede e ela ainda responde por outras responsabilidades funcionais.

Contudo, parte do processo de implementação deve ser dividido com as demais organizações envolvidas. Isso se torna evidente quando observamos as atividades desenvolvidas pelos dezesseis grupos de trabalho e a implementação das atividades do Fundo IBAS.

The lead organization is a higher-level coordination structure. It describes an overall framework of institutional relations between major participants in an interorganizational system, rather than the detailed mechanism through which concerted decision-making is ensured[13] (Alexander, 1993, p. 338).

---

[12] A unidade de coordenação não tem nenhuma função linear, nem responde pela implementação de tarefas, estando apenas encarregada da coordenação (tradução livre).

[13] A organização líder é uma estrutura de coordenação de alto nível. Ele descreve um quadro global das relações institucionais entre os principais participantes em um sistema interorganizacional, sendo mais do que um detalhado mecanismo mediante o qual se garante a tomada de decisão (tradução livre).

Existem muitos tipos de unidades de coordenação na estrutura doméstica do IBAS. As atividades do Fórum IBAS estão baseadas nessas interações intragovernamentais e posteriormente implementadas. Em resumo, estas são as mais importantes estruturas que podemos encontrar na estrutura burocrática desenvolvida para o IBAS.

Implementando as ações do IBAS

Para implementação das atividades do IBAS os GTs mantêm encontros periódicos para controlar melhor suas ações e definir planos de ações a serem implementados tanto para cada um dos países, como para os três Estados simultaneamente. Os encontros ocorrem tanto em paralelo a eventos multilaterais de organizações internacionais sobre temas mais específicos, quanto ao largo dos eventos gerais do IBAS, como reuniões de Pontos Focais, Comistas ou Cúpulas. Esse aproveitamento é estratégico, uma vez que serão deslocadas representações dos três Estados para comparecerem a esses eventos. No ensejo são marcadas reuniões dos GTs, de forma a facilitar o andamento de suas atividades.

São os GTs que efetivam as ações de cooperação do Fórum e implementam as políticas definidas no âmbito dos três Estados traçadas pela burocracia envolvida nesses Grupos. A gestão dos GTs no Brasil é compartilhada entre o MRE, outros Ministérios e alguns Órgãos Federais, como a Receita Federal. A cooperação entre essas agências, dentre os modelos descritos por Alexander (1993), é realizada a partir de grupos interorganizacionais, uma vez que pode haver intercâmbio de informações entre os órgãos participantes dos GTs, sem que haja a necessária prevalência hierárquica de uma das partes como coordenador das atividades.

Para cada GT há uma representação de cada um dos três países participantes do IBAS. No Brasil essas delegações são compostas em parte por funcionários dos ministérios ou agências e/ou órgãos federais, bem como por funcionários do MRE. Localiza-se no MRE a iniciativa das atividades, porém seus coordenadores hoje encontram-se distribuídos por toda a estrutura do governo federal. Entretanto, alguns GTs apresentam estrutura divergente da maioria, pois, para alguns temas trabalhados nos GTs não há setor correspondente em funcionamento no MRE, estando o acompanhamento de suas atividades sob responsabilidade do órgão federal, como o GT de Administração Pública.

Também existem GTs que não mantêm correspondentes nos órgãos e ministérios, ficando as atividades do grupo sob responsabilidade apenas do MRE, como, por exemplo, o GT de Cultura. Esses dois casos justificam-se pelas atividades desenvolvidas tanto pelos GTs quanto pelos órgãos neles envolvidos. No caso do GT de Administração Pública, suas atividades estão concentradas no Ministério do Planejamento, restando à DIBAS manter o relacionamento intergovernamental quando necessário. Já no caso de Cultura, é parte da responsabilidade do MRE, por meio do seu Departamento Cultural, a promoção da cultura brasileira, em contrapartida cabe ao Ministério da Cultura a gestão interna das políticas culturais. O mesmo argumento pode ser utilizado para os demais GTs, razão pela qual em alguns casos o Ponto Nodal estará localizado na estrutura do MRE, quando preponderantemente interessar à PE as atividades desenvolvidas pelo Grupo, caso contrário espera-se que o Ponto Nodal seja proveniente do órgão para o qual mais importa o desenvolvimento das atividades do Grupo.

É comum na estrutura de todos os GTs a existência de um Ponto Nodal, que é uma função exercida por um funcionário designado a representar o GT em encontros trilaterais. Ainda fazem parte das responsabilidades dos Pontos Nodais gerenciar as atividades dos Grupos, além da interlocução entre os órgãos envolvidos nas atividades do GT, bem como entre os componentes dos GTs dos outros dois Estados participantes do Fórum. Na classificação de Alexander (1993) o Ponto Nodal por ser o coordenador formal, que é o responsável pela gerência das atividades do GT.

A partir da designação de um coordenador específico para cada GT (Ponto Nodal), verifica-se, um certo grau de independência dos GTs, uma vez que há uma interlocução direta feita entre os grupos e seus representantes em cada um dos países, além da autonomia para decidir sobre a implementação de políticas, além de alguma liberdade para marcar encontros e desenvolver as atividades do GT, sem haver nenhuma interferência externa, cada um no seu ritmo e no tempo necessário de cada um dos Grupos.

Desse modo, as articulações domésticas dos órgãos envolvidos com a execução do IBAS no Brasil criaram uma rede de coordenação e cooperação estabelecida na burocracia doméstica brasileira que está mais bem apresentada a partir do detalhamento da estrutura e do funcionamento dos GTs, que têm dinâmicas próprias e estão estruturados a partir de estruturas diferentes da burocracia federal.

Essas diferentes burocracias geram diferentes ritmos de atividade para os GTs, pois quando se trata das interações intraministeriais o tradicional insulamento do Itamaraty somado ao profissionalismo de sua burocracia, gerem interesses menos conflitivos entre os grupos em interação acarretando maiores avanços na política de cooperação. Um claro exemplo do bom andamento das atividades do Fórum se dá no GT de Comércio e Investimentos, que ao longo desses cinco anos conquistou um aumento considerável no fluxo comercial entre os países.

A corrente comercial entre Brasil e África do Sul cresceu de US$ 936 milhões, em 2003, para mais de US$ 1,8 bilhão em 2006; já com a Índia passou de US$ 1 bilhão para mais de US$ 2,4 bilhões. Projeta-se que o estímulo à cooperação produzirá aumentos reais nos fluxos comerciais, alcançando a cifra de US$ 15 bilhões para 2010,[14] bem como, o sucesso no desenvolvimento nos acordos comerciais entre os blocos econômicos Mercosul-

---

[14] Dados disponíveis no site www.mre.gov.br/index.php?option=com _content&task=view&id= 1938&Itemid=1564.

-SACU-Índia, sob responsabilidade da Divisão de Negociações Extrarregionais do Mercosul I.

Já quando se consideram as relações intragovernamentais, vislumbram-se alguns problemas na manutenção e desenvolvimento das atividades, em que situações simples como a de mudança de funcionários nas instituições causam lapsos de atividades, sobretudo quando comparada às atividades desenvolvidas pelos GTs que envolvem mais setores do MRE do que os demais. Há visível descompasso entre a priorização do IBAS para as atividades de PE, com os demais órgãos e ministérios envolvidos nas atividades do IBAS. Essa afirmação deve ser amenizada quando há uma estreita ligação entre o responsável pelo IBAS fora do Itamaraty e a própria instituição, como no caso do GT de Saúde, no qual o ministro Eduardo Barbosa, diplomata de carreira é o Ponto Nodal.

Cabe, entretanto, ainda destacar a sensibilidade de alguns temas tratados no Fórum IBAS como interesses dos três países e sua relação mais direta com o desenvolvimento das atividades dos GTs em cada um dos Estados. Para o Brasil, o desenvolvimento de temas biocombustíveis e a questão das energias renováveis; já para Índia o GT de defesa interessa mais a si do que aos demais membros, em virtude de sua posição geoestratégica, além dos constantes conflitos com seus vizinhos; já na África do Sul a questão da saúde, em especial a aids, aparece como tema mais prioritário.

Deve-se, portanto, considerar que não apenas as relações interburocráticas ditam a evolução das políticas desenvolvidas nos GTs, mas também a prioridade com que cada um dos assuntos é tratado pelos Estados devem ser considerados nesta análise. São muitos os fatores a serem levados em conta, além das características burocráticas próprias de cada um dos Estados membros, pois mesmo considerando apenas o Brasil, o modo de reação dos outros dois membros, causam impactos a serem considerados.

Organograma do IBAS no Brasil

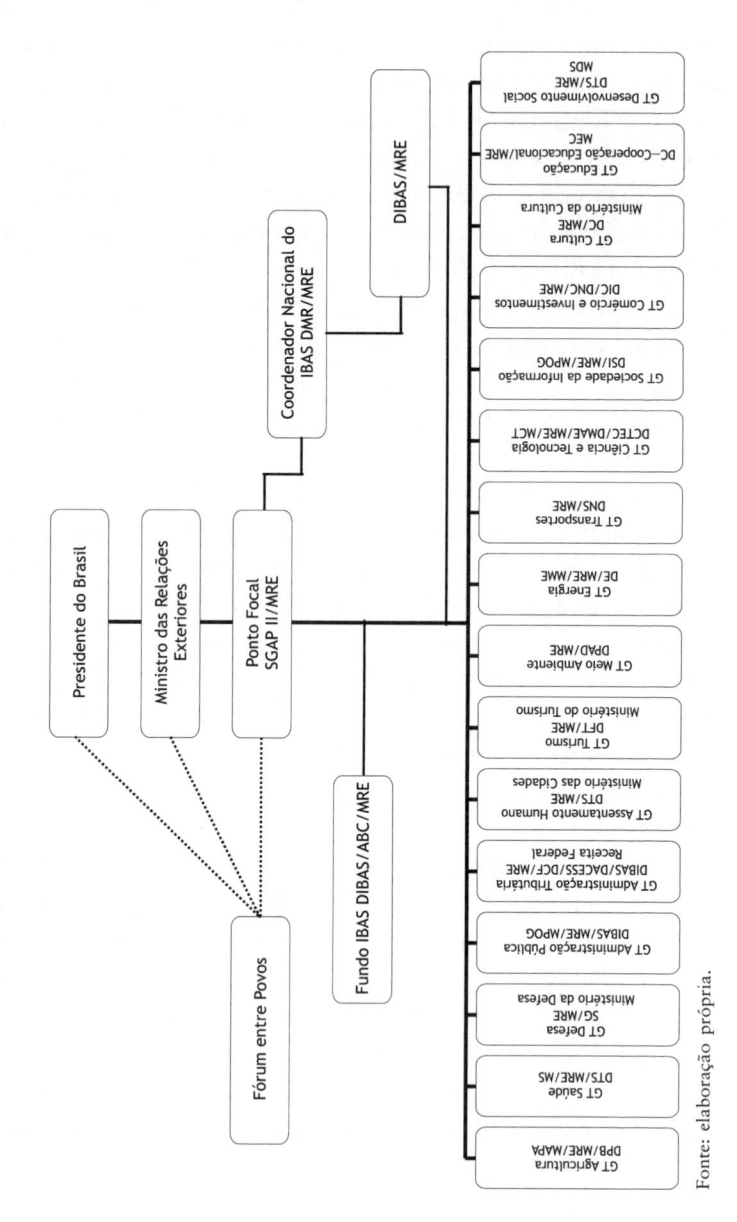

- Presidente do Brasil
- Ministro das Relações Exteriores
- Ponto Focal SGAP II/MRE
- Coordenador Nacional do IBAS DMR/MRE
- Fórum entre Povos
- Fundo IBAS DIBAS/ABC/MRE
- DIBAS/MRE

Grupos de Trabalho:
- GT Agricultura — DPB/MRE/MAPA
- GT Saúde — DTS/MRE/MS
- GT Defesa — SG/MRE Ministério da Defesa
- GT Administração Pública — DIBAS/MRE/MPOG
- GT Administração Tributária — DIBAS/DACESS/DCF/MRE Receita Federal
- GT Assentamento Humano — DTS/MRE Ministério das Cidades
- GT Turismo — DFT/MRE Ministério do Turismo
- GT Meio Ambiente — DPAD/MRE
- GT Energia — DE/MRE/MME
- GT Transportes — DNS/MRE
- GT Ciência e Tecnologia — DCTEC/DMAE/MRE/MCT
- GT Sociedade da Informação — DSI/MRE/MPOG
- GT Comércio e Investimentos — DIC/DNC/MRE
- GT Cultura — DC/MRE Ministério da Cultura
- GT Educação — DC—Cooperação Educacional/MRE MEC
- GT Desenvolvimento Social — DTS/MRE MDS

Fonte: elaboração própria.

Considerações finais

> The foreign policy bureaucracy is no longer confined to ministries of foreign affairs, but extends horizontally across most governmental departments, provoking new problems of coordination and control[15] (Hill, 2003, p. 72).

Compreende-se, portanto, o IBAS como elemento importante na atual estratégia de condução da política externa brasileira, especialmente quando se consideram as ações implementadas pela burocracia envolvida com o Fórum que trabalha no Itamaraty. Contudo, nos demais ministérios envolvidos com o IBAS, ele não é necessariamente um projeto prioritário, porquanto há desinformação sobre seus objetivos e falta compreensão sobre seus resultados. Todavia, executam-se suas ações no sentido de respeitar a hierarquia proveniente da Presidência da República, para o qual as ações de cooperação do eixo Sul-Sul são importantes mecanismos de redefinição do Brasil no sistema internacional.

Contudo, em âmbito interno, é necessário que o Itamaraty, ultrapasse a barreira de seu tradicional insulamento e articular melhor, com os demais interessados e envolvidos na implementação das ações políticas do IBAS, projetos de divulgação não apenas sobre o Fórum e sua importância na política externa. Devendo, ainda, serem realizados balanços periódicos dos resultados, com o objetivo de não apenas melhorar a cooperação entre as partes, mas também avaliar a razão de existência desse Fórum e quais devem ser os próximos passos.

Este, portanto, é o momento de olhar para as ações do passado, agir no presente e pensar no futuro. O IBAS é, sem dúvida,

---

[1] A burocracia da política externa não está mais confinada ao Ministério das Relações Exteriores, mas se distribui horizontalmente nos muitos departamentos governamentais, acarretando novos problemas de coordenação e controle (tradução livre).

não apenas pelo ineditismo de sua proposta de ação e de seus objetivos, uma aposta até então acertada na PEB, que pode manter-se pelo potencial político-econômico dos três países membros. Todavia, conforme salienta Lima (2006), apresenta riscos e oportunidades. As relações intraministeriais, pelo que foi analisado aqui, apresentam-se eficientes. Contudo, o relacionamento intragovernamental ou interministerial precisa ser melhorado. O Itamaraty e seu tradicional insulamento em termos de formulação e implementação de PE não são mais suficientes para sustentar a complexidade das relações exteriores no Brasil. É necessário derrubar os muros, abrir as portas da Casa e passar a visitar seus vizinhos, de modo a compartilhar interesses, valores e tornar correntes os objetivos da PEB.

Referências

ALEXANDER, Ernest R. Interorganizational coordination: theory and practice. *Journal of Planning Literature*, vol. 7, n.º 4, pp. 328-43, 1993.
ALLISON, Graham T. & MORTON, H. Halperin. Bureaucratic politics: a paradigm and some policy implications. *World Politics*, vol. 24, pp. 40-79, 1972.
ALLISON, Graham T. & ZELIKOW, Philip. *Essence of decision. Explaining the Cuban missile crisis*. Nova York: Longman. 1999.
ALMEIDA FILHO, João Genésio de. O Fórum de Diálogo Índia, Brasil e África do Sul (IBAS): análises e perspectivas. Tese apresentada ao XLIX Curso de Altos Estudos. Brasília: Instituto Rio Branco, 2005.
ART, Robert J. A critique of bureaucratic politics. *Policy Sciences*, vol. 4, pp. 467-90, 1973.
BRASIL, Decreto n.º 5.979, de 6 de dezembro de 2006. Aprova a Estrutura Regimental e o Quadro Demonstrativo dos Cargos em Comissão e das Funções Gratificadas do Ministério das Relações Exteriores, e dá outras providências. Brasília, *Diário Oficial*, 7 de dezembro de 2006.

LIMA, Maria Regina Soares de. A política externa brasileira e os desafios da cooperação Sul-Sul. *Revista Brasileira de Política Internacional*, ano 48, n.º 1, pp. 24-59, 2005.
LIMA, Maria Regina Soares de & HIRST, Mônica. Brazil as an intermediate state and regional power: action, choice and responsibilities. *International Affairs*, vol. 82, n.º 1, pp. 21-40, 2006.
MOURA, Gilberto F. G. de. O Diálogo Índia, Brasil, África do Sul – IBAS: balanço e perspectivas. Texto apresentado no Seminário IBAS-Índia-Brasil-África do Sul, realizado pela FUNAG, em 29 de agosto. Rio de Janeiro, 2008.
OLIVEIRA, Henrique Altemani. *Política externa brasileira*. São Paulo: Saraiva, 2005.
PECEQUILO, Cristina Soreanu. A política externa do Brasil no século XXI: os eixos combinados de cooperação horizontal e vertical. *Revista Brasileira de Política Internacional*, ano 51, n.º 2, pp. 136-53, 2008.
SARAIVA, Miriam Gomes. As estratégias de cooperação Sul-Sul nos marcos da política externa brasileira de 1993 a 2007. *Revista Brasileira de Política Internacional*, ano 50, n.º 2, pp. 42-59, 2007.
SENNES, Ricardo. *As mudanças da política externa brasileira nos anos 80. Uma potência média recém-industrializada*. Porto Alegre: Ed. da UFRGS, 2003.
SNYDER, Richard C.; BRUCK, H. W. & SAPIN, B. *Foreign policy decision-making (Revisited)*. Nova York: Palgrave Macmillan, 2002.
SOUZA, Celina. Federalismo: teorias e conceitos revisitados. *Revista Brasileira de Informação Bibliográfica em Ciências Sociais*, n.º 65, pp. 27-48, 2008.

SOBRE OS AUTORES

Adriana Mesquita C. Bueno
Mestre em Relações Internacionais pelo Programa de Pós--Graduação em Relações Internacionais San Tiago Dantas (Unesp, Unicamp e PUC-SP), com ênfase em Política Externa Brasileira. Possui experiência e publicações de trabalhos na área de Ciência Política, principalmente em Política Internacional e Cooperação Sul-Sul. Atualmente, trabalha na Secretaria de Relações Internacionais da Embrapa (Empresa Brasileira de Pesquisa Agropecuária) e acompanha projetos de cooperação técnica com países do Oeste Africano.

Chris Alden
Reader em Relações Internacionais do Departamento de Relações Internacionais da London School of Economics and Political Science.

Daniel Flemes
Cientista político, com especialização em Relações Internacionais e América Latina. "Schumpeter Fellow" da Fundação Volkswagen, no Instituto Alemão de Estudos Globais e de Área (GIGA), e também coordenador da equipe de pesquisa sobre

Estratégias de Política Externa no Sistema Multipolar e Coordenador da Divisão Brasil do GIGA Instituto de Estudos Latino-Americanos. Foi pesquisador visitante na Universidade Católica do Rio de Janeiro, no Human Sciences Research Council, em Pretória e na Universidade Jawaharlal Nehru em Nova Délhi. Suas publicações mais recentes incluem artigos sobre distintas perspectivas de segurança e de política externa sobre os países IBAS.

Garth Le Pere
Doutor em Ciência Política pela Universidade de Yale, Estados Unidos, ex-diretor executivo do Institute for Global Dialogue (IGD), sediado em Johanesburgo, África do Sul e atualmente parceiro sênior da DAJO Associates. É professor visitante de Relações Internacionais na Universidade de Pretoria. Pesquisa e publica no campo da Teoria das Relações Internacionais, relações entre Estado e sociedade na África, política externa sul-africana e comércio multilateral.

Janis van der Westhuizen
Professor associado do Departamento de Ciência Política da Universidade de Stellenbosch, África do Sul. Além de escrever sobre a política externa sul-africana, interessa-se por política econômica comparada, e especificamente África do Sul e Brasil.

Joana Laura Marinho Nogueira
Mestre em Relações Internacionais pela Pontifícia Universidade Católica de Minas Gerais, 2009.

Maria Regina Soares de Lima
Doutora em Ciência Política pela Universidade de Vanderbilt. Professora e pesquisadora do Instituto de Estudos Sociais e Políticos (IESP), da Universidade do Estado do Rio de Janeiro (UERJ) e coordenadora do Observatório Político Sul-Americano

(OPSA/IESP-UERJ). Foi co-coordenadora do Programa IBAS de bolsas para pesquisa da Fundação Ford, no Instituto Universitário de Pesquisas do Rio de Janeiro. Suas áreas de pesquisa incluem análise de política externa, política internacional da América do Sul, estudos sobre os países emergentes.

Marco Antonio Vieira
Doutor em Relações Internacionais pela London School of Economics and Political Science, UK. Professor assistente do Departamento de Ciência Política e Estudos Internacionais da University of Birmingham, Inglaterra. Autor de diversos artigos sobre o papel dos países emergentes na política internacional contemporânea. Coautor de *The South in World Politics* (Palgrave Macmillan, 2010).

Monica Hirst
Doutora em Estudos Estratégicos pela Universidade Federal do Rio Grande do Sul. Professora do Departamento de Economia da Universidade de Quilmes, Buenos Aires, bolsista doutor no Programa de Cooperação Internacional para o Desenvolvimento do IPEA/Brasília, Professora do Departamento de Ciência Política e Estudos Internacionais da Universidade Torquato di Tella, Buenos Aires. Autora de livros e artigos sobre cooperação internacional, política externa do Brasil, segurança e integração regional.

Romy Chevallier
Pesquisadora sênior do programa de Governança de Recursos da África no South African Institute of International Affairs (SAIIA). Seu trabalho tem como principal foco a mudança climática no continente africano. Contribuiu com pesquisas sobre a integração entre desenvolvimento e mudança climática para a Convenção Quadro das Nações Unidas sobre Mudanças Climáticas (United Nation's Framework Convention for Climate Chan-

ge — UNFCCC). Atualmente seus trabalhos lidam com a política da mudança climática, analisando o posicionamento da África do Sul e da região em processos de negociação. Outros trabalhos de pesquisa focam as alianças entre países em desenvolvimento (como o IBAS) e a cooperação em temas relacionados ao clima.

Taiane Las Casas Campos
Doutora em Administração pela UFMG. Professora de Relações Internacionais do Programa de Pós-Graduação da Pontifícia Universidade Católica de Minas Gerais com especialização em economia política internacional. Cocoordenadora do Grupo de Pesquisa sobre Relações Internacionais do Atlântico Sul do CNPq, seu atual trabalho de pesquisa enfoca o estudo comparado da integração regional na América Latina e na África subsaariana. Foi pesquisadora visitante na Birmingham Business School, Inglaterra, e pesquisadora de pós-doutorado no Instituto Universitário de Pesquisas do Rio de Janeiro (IUPERJ). Coorganizadora do livro *Os novos rumos do regionalismo e as alternativas políticas na América do Sul* (PUC-Minas, 2011). Suas últimas publicações incluem trabalhos sobre a atuação do Brasil e da Índia no âmbito das negociações multilaterais, em especial, no G-20.

Uttam Kumar Sinha
Pesquisador associado do IDSA (Institute for Defence Studies & Analyses), professor adjunto do Malaviya Centre for Peace Research, Banares Hindu University, e pesquisador visitante do International Peace Research Institute Oslo. Foi Chevening "Gurukul" Scholar na London School of Economics and Political Science. Sua pesquisa enfoca aspectos não tradicionais no campo da segurança com particular atenção a questões relacionadas à mudança climática e águas transfronteiriças.